遊牧英雄とロシア帝国

あるクルグズ首領の軌跡

秋山 徹

東京大学出版会

Nomadic Hero and the Russian Empire:
The Path of a Kyrgyz Leader

Tetsu AKIYAMA

University of Tokyo Press, 2016
ISBN978-4-13-026152-4

目　　次

　　凡例　iv
　　地図　v

序章　ロシア支配と遊牧英雄の黄昏 ………………………………… 1
　1　ロシア帝国史の見直しと現地協力者（コラボレーター）　2
　2　協力者と抵抗者の狭間で　6
　3　ナショナル・ヒストリーを越えて　8
　4　近代に生きた「遊牧英雄」　11
　5　史料について　14
　6　本書の構成　22

第1章　コーカンドとロシアの狭間で …………………………… 25
　1　「戦の時代」におけるクルグズの概況　27
　2　「マナプ制」生成の歴史的脈絡　32
　3　コーカンド・ハン国の協力者としてのジャンタイ　39
　4　ジャンタイとロシアの接近　42
　5　活発化するロシアの軍事侵攻とジャンタイ　45
　6　軍事・統治機構の確立とジャンタイ　51

第2章　統治改革と軍事侵攻の狭間で …………………………… 59
　1　初代総督カウフマンによるマナプの赦免　62
　2　郷制度の施行とマナプ＝バートゥル①：バイティク　64
　3　郷制度の施行とマナプ＝バートゥル②：トレゲルディ　67
　4　郷制度の施行とマナプ＝バートゥル③：オスマン・タイリャク　69
　5　ロシア権力の前に姿を現わすシャブダン　71

6　掠奪・襲撃から「軍事奉仕」へ　76
　7　ロシア権力と諸勢力との仲介役　79
　8　シャブダンを警戒するコルパコフスキー　82

第3章　ロシア統治の協力者か，闘争の相手か……………………87
　1　シャブダンへの軍事官位の授与　88
　2　貴族になれなかったシャブダン　92
　3　顕在化する「対マナプ闘争」①：萌芽　95
　4　顕在化する「対マナプ闘争」②：実相と展開　97
　5　ロシア統治の障害としてのシャブダン　102

第4章　遊牧的価値観の体現者としてのシャブダン……………109
　1　形骸化するマナプ層の権威　110
　2　軍事指導者から実業家へ　114
　3　強調される遊牧的権威①：勇敢なバートゥル　118
　4　強調される遊牧的権威②：気前の良さ　120
　5　強調される遊牧的権威③：仲裁者　123

第5章　先鋭化する土地問題とシャブダン………………………127
　1　土地収用の手段としての「定住移行」　129
　2　「対マナプ闘争」の新たな担い手としての移民事業団　133
　3　露呈するロシア軍政当局とマナプの癒着　136
　4　シャブダンの土地戦略　140

第6章　聖地を目指す遊牧英雄……………………………………149
　1　クルグズとイスラーム　150
　2　ムリードとしてのシャブダン　152
　3　バートゥルから「バートゥル・ハージー」へ　153
　　〈補説〉イスラームの系譜に結びつけられる部族系譜　159

4　イスラームの代弁者としてのシャブダン　161
   5　ロシア支配との相互関係　164

第7章　協力者から叛乱のシンボルへ……………………………………169
   1　シャブダンの葬儀とロシア軍政当局　170
   2　供養行事「アシ」を巡るシャブダンの息子たちの思惑　172
   3　アシを巡るロシア軍政当局の対応　180
   4　介入を強めるロシア軍政当局　183
   5　1916年夏：協力関係の決定的崩壊　186

終章　現地協力者のミクロヒストリーから見えてくるもの………189

   註　199
   参考文献　209
   初出一覧　228
   あとがき　229
   索引　237

凡　　例

1. 本書の年月日は，原則としてロシアのユリウス暦によって算用数字で示す．19 世紀においては，ユリウス暦に 12 日を，20 世紀においては 13 日を加えると現行のグレゴリウス暦となる．
2. 本書で用いられるロシアの面積の単位「デシャチナ」は，1.09 ヘクタール，距離の単位「ヴェルスタ」は 1.067 キロメートル，また，重量の単位「プード」は 16.38 キログラムに相当する．
3. クルグズやカザフをはじめとするテュルク系民族の人名を表記する場合は，可能な限り現地語での呼び方に従う．ただし，ロシア語表記の公文書史料においてはロシア式の人名表記法が採用されている場合が多い．このため引用史料中においてはそれに従う．例えばシャブダンの名前を現地式で表記すると「シャブダン・ジャンタイ・ウリ」（直訳すると「ジャンタイの子シャブダン」を意味する）となり，一方のロシア式では「シャブダン・ジャンタエーフ」となる．なお，人物によってはロシア式表記がそのまま現地語において通用している場合がある（例えばワリハノフなど）．そうした人物については，慣例に従いロシア式表記を用いる．
4. 地名の表記についても人名と同様に，可能な限り現地語での呼び方に従うものとする．なおロシア帝国は行政区画の名称として現地の地名を採用することがあったが，現地語での発音とは違った形で取り込まれている場合が少なくない．その最たる事例は本書で頻出する「イシク・クリ」郡と「アラタフ」管区である．それらを現地語の発音に忠実に表記すれば「ウスク・キョル」郡と「アラトー」管区となる．ただし，これらはロシア人による誤りというよりは，ロシア語的な「解釈」として受け取られるべきものであろう．そうした事情を考慮して，行政区画を示す場合に限りロシア式名称を採用することとし，現地語に即した名称を（ ）で補記する．
5. 史料原文を引用する際は，ラテン字で転写して表記する．転写方法は，小松他編［2005］付録の翻字表に従う．その際，テュルク系諸語はローマン体，ロシア語はイタリック体で表記する．
6. 引用文中の〔 〕は筆者の補足を示している．また〔…〕は引用文の省略を意味する．

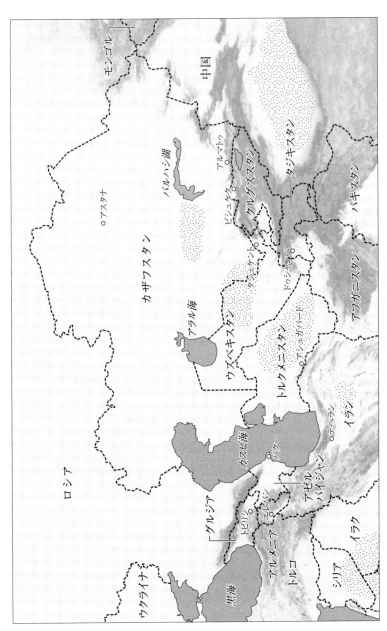

地図 中央ユーラシア主要部

序章　ロシア支配と遊牧英雄の黄昏

　ユーラシア大陸の内陸部をほぼ東西に貫く広大な乾燥地帯——中央ユーラシア[1]．中央ユーラシアと言えば，モンゴルからウクライナまで広がる草原地帯をまず連想するが，世界有数の山岳・高原地帯の存在も忘れるわけにはゆかない（図 0-1）．

　そうした山岳・高原地帯の中でも，中央アジア[2]南部に聳える天山山脈を生活圏としてきたのがテュルク系の遊牧民族クルグズ（キルギス）である[3]．彼らはソ連体制のもとでクルグズ・ソビエト社会主義共和国を形成するとともに，1990 年代初頭にソ連邦が解体した後は，独立国家クルグズ共和国（通称クルグズスタン）を形成し，今日に至っている．しかし，彼らは 20 世紀初頭に至るまで国家を有したことはなく，相互に独立性の高い部族集団が天山山岳地帯周辺に割拠してきた歴史を持つ．とりわけ 19 世紀中期から 20 世紀初頭にかけて彼らはロシア帝国の支配下にあった．

　本書は，19 世紀中期から 20 世紀初頭にかけてクルグズが経験した，ロシア帝国の軍事侵攻とその支配の実態，ならびに社会の変容について考察することを目的としている．考察に当たって本書が着目するのは，部族を統率した首領層である．後述するように，歴史上，クルグズ全体に共通の「首領」を表す統一的な称号は存在せず，時代や地域によってまちまちであったものの，19 世紀中期から 20 世紀初頭にかけて，現在のクルグズ共和国のほぼ北半分に相当する地域を遊牧する諸部族の首領は「マナプ」（manap）という称号を有していた．とりわけその中でも，本書はシャブダン・ジャンタイ（1839-1912）（図 0-2）という，ある一人のマナプに焦点を当てたい．

　このように本書はシャブダンという特定の個人に着目しながら考察を進める点に大きな特徴がある．そうした手法を採用する理由は，シャブダンがロシア

図 0-1 クルグズ共和国上空から見た天山山脈（筆者撮影）

帝国による中央アジアの軍事征服から支配に至る約半世紀に及ぶ過程を包括的に経験した希有な存在であったことによる.

具体的な人物やローカルな経験から歴史を読み解く潮流は「ミクロヒストリー」という名前で知られ，1970年代以降のヨーロッパを皮切りに現在に至るまで数多くの業績が積み重ねられてきた[4]. ミクロヒストリーは，ギンズブルグやラデュリの作業が示しているように，元来はヨーロッパ中世・近世史研究において発達してきた手法であるが，近年では当初の射程を越えたより広い範囲に応用されるようになってきている.

本書が考察の対象とする19世紀から20世紀初頭という時代も例外ではない. この時期にはロシア帝国を含む列強諸国は植民地や勢力圏の獲得競争を行ない，世界を分割していったことが知られている. いわゆる帝国主義の時代である. これまで，帝国主義ならびに，そのもとで創出された植民地を巡っては，マクロな政治経済的システムの解明に重点が置かれてきた. しかし近年においては，帝国史研究にもミクロヒストリーの手法が導入されるようになってきており，植民地という舞台で展開した，ミクロかつローカルな個別の経験の諸相に関心が向けられるようになってきた[5].

本書も，こうした研究潮流を踏まえた上で，シャブダンというミクロな切り口を通してロシア支配下の中央アジア遊牧社会の描出を試みるものである. それでは，こうした手法を主眼に置く本書はどのような意義を持ち得るのだろうか. 先行研究とも関連づけながら以下に説明しておこう.

1 ロシア帝国史の見直しと現地協力者（コラボレーター）

本書は大きく二つの柱から成り立っている. その一つは，ロシア帝国がシャブダンをどのように扱ったのかを通時的に明らかにすることである. この作業は，ロシア帝国史研究の中で昨今著しい進展を経験しつつある異民族統治史の

図 0-2 シャブダン（左から三人目）．左端は息子のアマン（1908 年撮影）
出典）TsGA KR, f. 77, op. 1, d. 1, l. 1.

中に位置づけることが可能であろう[6]．

　ロシア帝国は，16 世紀にジョチ・ウルスの後継政権であるカザン・ハン国を滅ぼしたのを皮切りに，以後 20 世紀初頭に至るまで，アジア方面へ向けて領土拡大を進めていった．その過程でロシア帝国は様々な非ロシア系異民族を支配下に収める広大な「陸の帝国」へと成長していった．その過程を中央アジアとの関わりから概括すれば次のようになる．すなわち，ロシア帝国は 17 世紀から 18 世紀にかけて，カスピ海の北に位置するヴォルガ・ウラル地方を版図に組み込み，同地のタタールやバシキールを支配下に組み込んだ．これを契機に中央アジアにも触手を伸ばしはじめ，19 世紀初頭にはカザフ・ハン国を解体し，カザフ草原を支配下に組み込んだ．その後もロシア帝国は中央アジアへの軍事膨張を続け，19 世紀中期には天山山脈のクルグズ，さらに 19 世紀後半には南部定住オアシス地域を根拠地とするコーカンド・ハン国ならびにトルクメンを征服し支配下に組み込んでいった[7]．

　ところで，ロシア帝国の異民族支配を巡る研究にかつて大きな影響を与えたのは，レーニンの民族理論に基づいた，いわゆる「民族の牢獄」論である．その中で強調されてきたのは，支配者であるロシア人が，被支配者である非ロシア人を過酷に抑圧するという構図である．しかしこうした「民族の牢獄」パラ

図 0-3 旧陸軍参謀本部庁舎（ロシア・サンクトペテルブルグ）
（筆者撮影）

ダイムは大幅に見直されるようになってきている[8]．とりわけ，1990 年代初頭以降，ソ連邦の解体にともなってロシア帝国史研究が興隆する中で，ロシア帝国は従来捉えられていたような「民族の牢獄」だったのではなく，むしろ，ロシア正教やロシア語の普及に一定の努力を払いつつも，概してそのもとに多様な文化や宗教を曖昧なかたちで共存させる多元的な性格を有するものであったことが指摘されるようになった［塩川 2008］．

こうして，ロシア帝国の多様性や重層性が明らかにされる過程で浮かび上がってきたのは，かつて「民族の牢獄」パラダイムのもとでイメージされていた，ロシア帝国の「強さ」ではなく，むしろ「弱さ」である．このことについて，宇山智彦は，ロシア支配下の中央アジアにおけるロシア正教の布教と徴兵制の導入を巡る論考の中で，「ロシア軍人や行政官たちの根底には中央アジア諸民族への猜疑心があり，そのため彼らは無理な統合・ロシア化を進めるよりは，むしろその時点での消極的な安定を保とうとしていた」と指摘する［宇山 2006: 54］．また，別の論考において宇山は，「支配が末端にまでいき届かないという意味で，日常レヴェルでは原住民がある程度自由に振る舞える一方で，何か不穏な情勢になった場合には，行政当局が原住民に過剰な警戒感を持ち，粗暴な取り締まりや懲罰を行なった．ロシア支配の暴力性と寛容さは，結局どちらも統治能力の低さに由来していた」とも指摘している［宇山 2003: 58][9]．

宇山がいみじくも述べたように，果たして，ロシア帝国は，中央アジアにおいて現地民のロシア化を志向しつつも，それを実質的に進展させることはできなかった．総じてロシア帝政期を通して，中央アジア諸民族は帝国の法制度の上で「異族人」（inorodtsy）として位置づけられたことが指摘されてきたが[10]，それはロシア帝国の統治能力の低さや同化力の欠如を端的に示す証左であったと言えよう．

　以上の経緯からも明らかなように，ロシア帝国を言わば一枚岩の絶対的な強者とする見方は大幅に見直されてきているのである．

　このようなロシア帝国のあり方への研究上の見直しに大きな貢献を果たしてきたのが，帝国中枢の動向のみに着目するのではなく，帝国の支配下に入った地域や集団に焦点を当てる研究手法である．中でも本書が着目するのは帝国と現地社会の間に立って両者の媒介役を果たした存在である．このような，帝国支配の「協力者」（コラボレーター）は，1972年に発表されたロナルド・ロビンソンの著名な論文「ヨーロッパ帝国主義の非ヨーロッパ的基盤」[Robinson 1972] をはじめとして[11]，欧米列強の植民地統治研究を中心に以前から注目されてきたものの，ソ連史学のもとではそうした存在は階級闘争史観を背景に，概して「封建上層」といった否定的なレッテルを貼られることを余儀なくされ，本格的な研究の対象となることはなかった．

　しかし，前述のようなロシア帝国史研究の進展にともない，同帝国の異民族支配における協力者の存在にも光が当てられるようになった．特に中央アジアとの関わりにおいて注目されるのは，ロシア帝国が同地域に影響を及ぼす上で重要な役割を担った，ヴォルガ・ウラル地方のタタール人である．彼らは中央アジア諸民族同様にテュルク系の言葉を話し，また，宗教面でもムスリム（イスラーム教徒）であったことから，主に18世紀から19世紀にかけてロシア帝国がカザフ遊牧民をはじめとする諸勢力と交渉し，彼らを支配下に組み込んでゆく際に，通訳など，両者の橋渡し役として重用されたことが知られている [Remnev 2006]．

　さらに近年においては，中央アジア現地社会の内部に存在していた協力者にもまた注目が集まるようになってきた．中央アジア定住地域やカザフを中心にそうした現地有力者を巡る論考が出されるようになってきている[12]．そして，

本書で中心的に扱われるシャブダンも，19世紀中期から20世紀初頭にかけて，ロシア帝国の軍事侵攻と支配に協力した人物であった．本書は，現地協力者としてのシャブダンに対するロシア帝国の対応を約半世紀にわたって通時的に観測することを通して，前述のようなロシア帝国の多様性や重層性，ひいては「弱さ」を具体的な形で示すことになるだろう．

2 協力者と抵抗者の狭間で

本書の第二の柱は，ロシア帝国の軍事侵攻と支配に対してシャブダンがどのように対応していたのかという点を明らかにすることである．

ロシア支配下の中央アジア現地民の動向を巡っては，前述の「民族の牢獄」パラダイムに基づいて，帝国の過酷な支配によって抑圧された現地民による抵抗運動，とりわけ叛乱に関心が向けられた．実際に，ロシア帝国支配下の中央ユーラシアの諸地域において大小様々な叛乱が起こったことが知られている．例えば，17世紀から19世紀前半にかけて，ヴォルガ・ウラル地方のバシキールはたびたび叛乱を起こし[13]，また，カザフ草原においても各地で叛乱が発生した[14]．さらに，第一次世界大戦中の1916年には，戦時労働力の不足を背景として，中央政府がにわかに徴用令を発すると，クルグズやカザフといった遊牧民地域のみならず，ムスリム定住民地域をも含むロシア帝国統治下の中央アジア全域において大規模な叛乱が起こり，それは帝政の崩壊とロシア革命の呼び水となっていった[15]．

こうした現地民の叛乱を巡って多くの研究が蓄積される一方で，1980年代後半に進展したペレストロイカとソ連邦解体を契機として，中央アジア現地民の主体的な活動に主眼を置く中央アジア地域研究者たちを中心に，叛乱とは別の側面にも光が当てられるようになった．

こうした中で研究の焦点となったのが，現地民出身の近代的な知識人（インテリゲンツィア）である．とりわけ，我が国や欧米の知識人研究において特筆すべき点は，知識人の活動を自己完結したものとして捉えるのではなく，ロシア支配との関わりにも配慮している点である[16]．このことに関して，宇山は，カザフ知識人をはじめとして，ロシア帝政期のムスリム知識人全般に言える傾

向として，彼らは「ロシアを通して近代文明を学び，ロシアから分離せずロシア人を排斥せず，共存しながら自民族を発展させる道を探っていた」［宇山 1997: 23］と指摘する．実のところ，知識人はロシア帝国支配の協力者としての側面をも有していた．一例を挙げれば，カザフ知識人はロシア当局が発行する植民地官報『ステップ地方新聞』において積極的に記事を執筆した［Uyama 2003］だけでなく，1914年に第一次世界大戦が始まると，戦時体制を支援した．さらに，1916年に前出の徴用令が発せられると，彼らはそれに従うよう民衆に呼びかけるとともに，叛乱に反対する姿勢を見せた［Uyama 2001][17]．

ただし，こうしたロシア支配への協力的な姿勢をもって，彼らがロシア帝国に従順な，言わば「道具」であったと断じることはできない．宇山も指摘するように，そうした協力の念頭にはロシア帝国におけるカザフの権利向上が意図されていたのであり，彼らの協力とはそうした戦略のもとに行なわれた政治的バーゲニングとして位置づけられるべきであろう．このように，近年では叛乱の視点から歴史を見るのではなく，体制に協力的だったエリートの動向や，諸民族がロシア帝国の諸制度を宗教上・民族上の利益やアイデンティティ形成のために活発に利用した側面に注目が集まっている［松里 2006: 149][18]．

このように，帝国による支配を一方向的に捉えるのではなく，帝国と現地社会との相互作用に目が向けられるようになってきたことは，知識人研究の進展にともなう一つの大きな成果であったと言えよう［Brower and Lazzerini 1997］．

さて，こうした知識人を巡る研究が進む一方で，近年においては土着の有力者層の存在にも目が向けられるようになってきた．知識人を，在地社会や共同体の枠組みにはとどまらず，そうした次元を離れて比較的自由に思考し，活動した人々であったとするならば，土着の有力者たちは現地社会に根を張った人々であった．えてして彼らは汚職や腐敗といったマイナスのイメージで語られることが多く，同時代の知識人たちからは自民族の後進性を示すものとして批判の眼差しを向けられることも稀ではなかった[19]．しかし，ロシア帝国による支配が，そうした土着勢力の協力があって初めて可能となったことも動かし難い事実である．にもかかわらずロシア帝国支配下中央アジア遊牧社会に関して見る限り，こうした土着勢力に焦点を当てた研究は，依然として手薄であると言わざるを得ない[20]．彼らの行動を，ロシア支配との相互作用という観点

から実証的に解明する作業は,依然大きな課題として残されているのである.

とりわけ,本書が扱うロシア支配下のクルグズ遊牧社会の状況を考える際には,そうした土着の有力者の存在を無視して論じることはできない.というのも,19世紀後半から20世紀初頭にかけて,近代的な知識人が新たな指導者層として確実に成長しつつあったカザフやウズベクなどとは違い,クルグズ社会では知識人層の発達はきわめて遅れていた［Loring 2008: 20-32］.20世紀初頭に至るまで,クルグズ社会内部で実質的な指導者として大きな存在感を有していたのは,冒頭でも述べた「マナプ」(manap)という称号で呼ばれた部族の首領層であった.彼らの多くはロシア支配のもとに組み込まれ,協力者となっていったが,ロシア帝国の従順なる僕ではなかった.実際に本論で検討するように,土地をはじめとする様々な側面において,シャブダンはロシア支配の協力者としての立場を戦略的に利用してゆくのである.

ただしここで,たといシャブダンとロシア帝国の間で相互関係が形成されていたとしても,そのことは必ずしも両者が安定的かつ調和的な関係にあったことを意味するものではないということを強調しておきたい.シャブダンは生涯にわたってロシア支配に対して反旗を翻すことはなかった.しかし,双方の間には埋めがたい亀裂や齟齬が横たわっていたこともまた事実であった.20世紀に入ると,そうした対立はとりわけ土地問題を巡って先鋭化し,さらに,シャブダンの死から程なくして起こった1916年叛乱——彼の息子の一人はその指導者となった——において,決定的な局面を迎えることになるのである［Usenbaev 1997: 85; 西山 2002: 171-173］.

このように,「協力者」とは決して固定的なものではなく,状況によってはいとも簡単に「抵抗者」に転化しえた.すなわち,「協力者」と「抵抗者」の区別は絶対的なものではないばかりでなく,状況によって抵抗者と協力者を使い分けることもあった点に留意しなければならないのである［栗本・井野瀬 1999: 14］[21].

3 ナショナル・ヒストリーを越えて

以上のような問題意識に基づきつつ,シャブダンとロシア帝国との相互関係

を微視的に明らかにしてゆくことは，ソ連邦解体後に成立したクルグズ共和国における歴史研究の動向に対していかなる意義を持ち得るのだろうか．

ソ連邦解体後の中央アジア新生独立諸国の歴史研究において顕著になっているのは，各国の基幹民族を中心とするナショナリズムの強調と，それに基づく国史や民族史（ナショナル・ヒストリー）の構築である．こうした動きと密接に連動しているのは，いわゆる

図 0-4 「クルグズ国家性 2200 年」記念切手上のシャブダン

「民族英雄」の顕彰であり［帯谷 2002・2005b］，そうした傾向はクルグズ共和国の歴史学界にも鮮明な形で見出すことができる．このことに関して，クルグズ共和国科学アカデミー歴史研究所所長のジュヌシャリーエフは「ソ連時代に搾取者として位置づけられた民族の英雄や指導者を，民族史における相応の場所に位置づける」作業が必要不可欠であり，それは「クルグズスタン歴史学の最重要課題」であると力説している[22]．こうした潮流は，オムルベコフによる『クルグズスタン史における偉大な人物の役割と位置』［Ömürbekov 2003］や，元クルグズ共和国大統領のアカエフによる『クルグズの国家性と民族英雄叙事詩「マナス」』［Akaev 2004］として結実している．このような民族英雄の顕彰は，アカデミズムの世界だけに限定されるものではない．実際にクルグズ共和国では，一般読者を対象とした小冊子形式の偉人伝シリーズや歴史小説が多数刊行されたほか[23]，首都ビシュケク市内の通りには民族英雄の名が冠せられるとともに，市内各所に彼らの銅像が建立されている．

現在のクルグズ共和国におけるシャブダンの位置づけも，上述の潮流を反映したものとなっており，クルグズ民族の英雄として高く賞賛されている．こうした潮流は彼らの民族感情を推し量る上できわめて興味深い現象である．しかしながら，民族や現代国家の枠組みを歴史研究に安易な形で投影させることには慎重である必要がある．むろん筆者はクルグズという民族集団が 20 世紀初頭に人工的に創出されたものであると言うのではない．実際にそれ以前からク

ルグズの名を冠する民族集団が存在していたことは確かであり，シャブダン自身も自らがクルグズ人であることを自覚していたことは間違いない．とくに，シャブダンの最晩年に当たる20世紀初頭においては，主に近代的な知識人を中心に民族というまとまりがより明確な形で意識されるようになったものの，シャブダン本人にはそうした政治運動の単位として民族を自覚していた形跡はなく，彼をクルグズ・ナショナリズムの指導者として位置づける見方は，シャブダン自身の軌跡とそこから窺える意識に照らす限りにおいては誤りと言わざるを得ない．確かに，米国の研究者ダニエル・プライアーが指摘するように，クルグズ・ナショナリズムの形成において，シャブダンをはじめとするマナプ層による英雄叙事詩の作成といった彼らの「文学環境（literary milieu）」が媒介となっていた［Prior 2006a, 2006b, 2013b］ことは否定できないものの，シャブダンの行動を検討するに当たっては，現代的文脈における民族や国家の枠組みを取り払う必要があろう．

　こうしたナショナル・ヒストリーの相対化を巡っては，近年，ローカルかつミクロな視点に敢えて立つことによって，単なる国民国家を形成する部分の歴史を再構成するのではなく，一国史を越え出て，より広い世界との結びつきを描き出す可能性が指摘されている［秋田・桃木 2011: 20］．この意味においても，シャブダンという一人の首領の動向を微視的に描出することは，クルグズ・ナショナリズムの相対化を図るための一つの参照点を提供することにもつながるだろう．

　事実，シャブダンの行動を精密かつ包括的に検討すれば，それがクルグズ共和国という現代国家の領域の枠内には収まりきらない豊富な含蓄を有していることが明らかとなる．例えば近年，ロシア帝国支配下の中央ユーラシア現地民の動向を，帝国の枠組みを越えたイスラーム動態との関係から考察する研究が相次いで出されるようになっているが[24]，20世紀初頭にイスラームの聖地であるマッカとマディーナへの巡礼を行なったことが顕著に物語るように，シャブダンもそうした動きと密接に関わっていたのである．その詳しい検討は本論に譲りたい．

図 0-5　岩壁に描かれた古代の騎馬遊牧民
出典）山田［1985: 41］.

4　近代に生きた「遊牧英雄」

　上述のクルグズ・ナショナリズムの相対化とも密接に関わる点として，本書はシャブダンというクルグズの一首領をより大局的な見地から中央ユーラシア遊牧社会の歴史の中に位置づけることも意図している．

　中央ユーラシアは古代より遊牧民が活躍する舞台となってきた．彼らは遊牧騎馬軍団の圧倒的な軍事力を背景に周辺の定住民世界に対して優位に立ち，遊牧国家／帝国を築きあげた．スキタイ，匈奴，突厥，ウイグル，モンゴル帝国，ティムール帝国──その名を挙げればきりがない．中央ユーラシアの歴史は遊牧国家／帝国が興亡を繰り返す歴史であった．しかし，ユーラシア大陸を席巻したモンゴル帝国をピークとして，遊牧民が主導権を握る時代は次第に過ぎ去ってゆく．すなわち，ヨーロッパ勢力を主体とする海上交易の発達により，かつて遊牧国家を潤し続けてきた内陸交易ルートはその規模の縮小を余儀なくされ，また，火器の登場により遊牧民の騎馬軍団の意義は明らかに低下していった．さらに 18 世紀から 19 世紀にかけて，中央ユーラシアの遊牧世界は清とロシアという二つの巨大な帝国の中に組み込まれてゆく運命をたどることになる．

　さて，中央ユーラシアの遊牧民の歴史を巡るこれまでの研究の比重は，彼らが世界史の原動力として活躍した近世以前──モンゴル帝国を顕著な例として──に置かれてきたと言ってよい．中でも，「遊牧国家論」や「モンゴル時代史」をはじめとして，この分野における我が国の研究水準の高さは世界的に知られており，現在に至るまで独創的かつ画期的な研究が積み重ねられてきた[25]．

加えて，ユーラシア世界を席巻したこの時代の遊牧民の歴史は人々のロマンをかき立てることもあって，専門の研究者に限らず，一般社会においても関心と認知度が比較的高い傾向にある．

このように，近世以前において歴史の立役者であった遊牧民の歴史が言わば「陽」のイメージでとらえられてきたのに対し，それ以降の遊牧民には「陰」の存在としてのイメージがつきまとう．そうしたイメージに引きずられる形で，近世以降の遊牧民は一般の関心の外に置かれていた他，研究の進展という点においても，それ以前の時代に比すれば手薄であったと言わざるを得ない．こうした歴史上の「空白」の存在は，長らく中央ユーラシア史研究における課題であった．こうした観点から近年の研究動向を見るとき，ジューンガル帝国やカザフ・ハン国の末路を清やロシアとの関係から描き出した野田仁と小沼孝博の研究［野田 2011; 小沼 2014］は大きなインパクトを有している．彼らの研究の大きな特徴は遊牧政権の動向を国際関係史や外交史の脈絡の中に位置づけた点にあった．

本書は，これまで「陰」の存在であった近世以降の遊牧民の歴史に光を当て，彼らの動向を周辺勢力との関わりから明らかにするという点においてはこれらの研究と同様の立場をとる．ただし本書は，国際関係史よりもむしろ社会史的な側面に比重を置きつつ，彼らの活動にアプローチすることを試みたい．というのも，筆者は，遊牧民が政治勢力として退潮を余儀なくされていったことはあらがえぬ事実だとしても，彼らの心性や価値観は，近代における帝国統治下のみならず，現代に至るまで民衆の集合意識の中で連綿と受け継がれてきたと考えるからである．

中央ユーラシア遊牧社会の特徴として，個人の資質を重視する実力主義的な傾向が指摘されているが［江上 1967: 100; 堀 1995: 291］，その中でも本書が着目したいのは，勇敢な軍事指導者としての資質である．そうした資質に対する尊称の一つに「バートゥル（バガトル）」(baatïr) がある．モンゴル帝国史研究者の村上正二の定義によれば，それは「戦場において偉大な英雄的武勲を樹てた人々が遊牧英雄としての威厳を示すために用いた外的標識」であった［村上 1993: 154］という．この尊称は古くから中央ユーラシアのテュルク・モンゴル系の遊牧民世界において使用されており，例えば匈奴の単于の「冒頓（ぼくと

つ)」は「バートゥル」を漢字で音写したものであるとされる［沢田 1996: 21］[26]．

冒頓が生きた時代から 2000 年以上の時を経た現代においてもなお，バートゥルは様々な形で「生き」続けている．実際に，クルグズ共和国においてバートゥルは人名として用いられているだけでなく，民族や国家を統合するためのシンボルとしても重要な位置づけがなされている[27]．すなわち，それは叙勲制度の中に取り込まれるとともに，クルグズ共和国の統合の象徴でもある英雄叙事詩の主人公マナス（図 0-6）

図 0-6　ビシュケク市中心部の広場に聳えるマナス像（筆者撮影）

もまた，民族の偉大な「バートゥル」としての位置づけを与えられているのである．

本書の考察の焦点となるシャブダンも，遊牧英雄バートゥルの尊称を有していた．ただし，シャブダンが生きた 19 世紀末から 20 世紀初頭にかけては，クルグズ社会において現代的な文脈でのクルグズ民族としての意識が広く共有されていたとは言い難く，先にも述べたように，シャブダン自身もクルグズ・ナショナリズムとは一線を画した存在であった．したがって，シャブダンは狭義の「民族の英雄」と言うよりは，広く中央ユーラシアの遊牧民の心性や価値観の中に位置づけられるべき「遊牧英雄」として捉えられる必要がある．本書のタイトルを「遊牧英雄とロシア帝国」とする所以はそこにある．

フランスの歴史家フェルナン・ブローデルは，気候や植生といった地理的要因から文化に至るまで，人間集団の行動や精神のあり方を何世紀にもわたって規定するものを，短期的な出来事の歴史や国家や戦争の歴史と区別して「長期持続」と呼んだ[28]．この基準に即すならば，遊牧英雄とは，古代から現在に至る長い時間にわたって，中央ユーラシアに生起した様々な遊牧集団のあり方を規定してきた長期持続と言っても決して大袈裟ではあるまい．もちろん，筆者はそれが普遍的なものであると言うのではない．重要なのは，シャブダンとは――このような言い方が許されるのであれば――遊牧英雄という長期持続が，ロシア支配や，その他の様々な状況と交錯する中で立ち現われた，ある一つの

具体的現象であったということなのである．それゆえ，本書は，シャブダンが遊牧英雄バートゥルの尊称を有していたことを根拠に，彼を歴史の華々しい主役として描くことを意図するものではない．そうした皮相な次元での再評価ではなく，むしろロシア支配という状況下にあって，なぜ彼がバートゥルたり得たのか——その条件を実証的に明らかにする必要があるものと考えられる．

5 史料について

以上で述べた問題意識に基づきながら，シャブダンの動向を微視的に描き出すためには，豊富な同時代史料が不可欠となることは言うまでもない．とはいえ，周知のように，遊牧民は文字史料中にまとまった痕跡を残すことが稀であった．このため，研究の比重は，彼らの豊かな口頭伝承文化を背景に生み出された英雄叙事詩や，フィールドワークに基づく人類学的研究を中心に進展してきた［坂井 2002; 若松 2001・2003・2005; 吉田 2004; 藤本 2011; Jacquesson 2011, 2013］．ところが，前述のように，ロシア支配の特別な協力者であったことから，シャブダンに関しては比較的豊富な文字史料が残されている．それは大きく四つのカテゴリーに分類することができる．すなわち，(1) ロシア帝国の植民地軍政文書，(2) 同時代の新聞や雑誌に掲載された記事や論説，旅行記，(3) クルグズによって書かれた歴史書や系譜書ならびに (4) 民間所蔵資料である．

まずはじめに本書の根幹史料をなすロシア帝国の植民地軍政文書について見てみよう．その特徴を説明する前提として，ロシア帝国の中央アジア統治システムの概要に触れておく必要があろう．

先に述べたように，ロシア帝国の統治構造は重層的なものであった．とりわけ中央アジアのような軍事征服を経て獲得された帝国辺境地域はツァーリ政府が直接的に統治していたわけではなく，それらの地域に創設された「総督府」(general-gubernatorstvo) によって管轄された[29]．総督府は軍事征服の進展に従って再編されていった．19世紀後半に至るまで，主にカザフ草原を中心とする中央アジアの統治に当たっていたのはオレンブルグ総督府と西シベリア総督府であったが，軍事膨張を背景として1867年にはトルキスタン総督府が新たに創設され，1882年には西シベリア総督府を再編する形でステップ総督府が創

序章　ロシア支配と遊牧英雄の黄昏　15

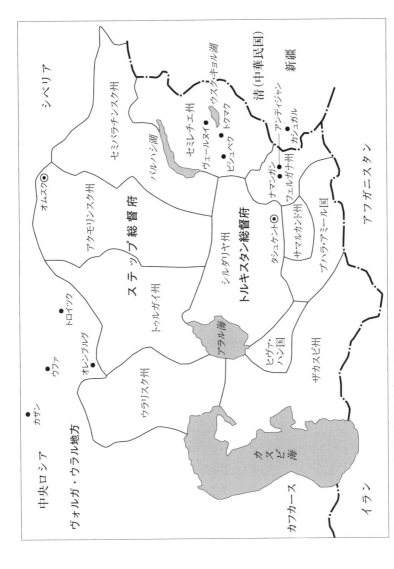

図0-7　ロシア帝国統治下の中央アジア

設され，トルキスタン総督府と並存した．これら総督府は1917年にロシア帝国が崩壊するまで存続していたが，それらは基本的に陸軍省の管轄下に置かれた．総督府はいくつかの「州」（*oblast'*）に，各州は複数の「郡」（*uezd*）に分けられた[30]．本書の考察の焦点となるシャブダンの行政区画上の帰属を示せば次のようになる．

　　　陸軍省―トルキスタン総督府[31]―セミレチエ州―トクマク郡[32]

なお，植民地現地で実際に統治に当たったのは，総督以下，陸軍軍人であり，彼らは軍事のみならず民政をも管轄した．こうした事情を考慮して，本書は植民地のロシア権力を総称する場合には「ロシア軍政当局」という表現を用いることとする．

　史料の解説に話を戻そう．本書の主要史料である植民地軍政文書は，統治機構の重層性に応じて以下に示す三つの次元に分類することができる．すなわち(a) 帝国中央レヴェルと総督府レヴェル間で取り交わされた文書，(b) 総督府レヴェルと州レヴェル間の文書，(c) 州レヴェルと郡レヴェル間の文書である．

　(a) に関しては，ロシア国立歴史公文書館（RGIA）のフォンド（所蔵分類）391（移民局），ロシア国立軍事歴史公文書館（RGVIA）のフォンド400（陸軍参謀本部アジア部），ウズベキスタン共和国国立中央公文書館（TsGA RUz.）のフォンド I-1（トルキスタン総督官房），カザフスタン共和国国立中央公文書館（TsGA RK）のフォンド64（ステップ総督官房）を利用する．次に (b) に関しては，TsGA RUz, f. I-1 と TsGA RK, f. 64 に加えて，カザフスタン国立中央公文書館のフォンド3（アラタフ管区長官），フォンド19（セミレチエ移民事業団主管），フォンド44（セミレチエ州庁），フォンド374（シベリア・キルギズ国境官庁），ウズベキスタン国立中央公文書館のフォンド I-336（トルキスタン州軍務知事・軍団司令官）を参照する．なお，これら一連のフォンドには，州庁と郡レヴェル間で交わされた文書（c) も含まれている[33]．

　これら植民地軍政文書の多くの部分を占めるのは，主にロシア人軍政官同士の間で交わされた報告書や書簡の類であり，それらは原則としてロシア語で書かれている．その他，植民地軍政文書群には，アラビア文字表記のテュルク語

で執筆された．クルグズをはじめとする現地民から提出された請願や訴願，決議文なども含まれる．さらにこうした公文書史料を補足するものとして，ロシア帝政期から現在に至るまで刊行されてきた史料集も利用する．それらは編纂された時代によって史料の選択に偏向が生じている点に留意する必要がある．しかしながら，現在では逸失し，あるいは公文書館で閲覧が許可されない貴重な文書が収録されている場合が少なくないことから，参照に値する．

第二の史料群は，本書が考察対象とする 19 世紀前半から 20 世紀初頭にかけて発行された新聞や雑誌，旅行記や民族誌の類である．

図 0-8　ロシア帝国植民地軍政文書
出典）TsGARK, f. 44, op. 1, d. 695, l. 2.

中央アジアを統治するに当たって，ロシア軍政当局は新聞を刊行したことが知られている．そのうち，本書はトルキスタン総督府によって刊行されていた『トルキスタン通報』，ステップ総督府によって刊行されていた『ステップ地方新聞』ならびにセミレチエ州庁によって刊行されていた『セミレチエ州通報』を中心に参照する．これらの新聞には，政府や植民地軍政当局によって発せられた命令や人事彙報のみならず，クルグズをはじめとする中央アジア現地民に関する民族誌を扱った記事も頻繁に掲載されたことが特筆される．

それらの記事は主としてロシア人軍政官たちによって執筆されたものであるが，実のところ彼らの中には，現地社会の民族誌の収集と叙述に熱心な者も少なからずおり，彼らは「軍人東洋学者」(*voennyi vostokoved*) と呼ばれた［Baskhanov 2005］．もちろん彼らの記述には，中央アジア現地民に対する「文明」の高みからの「野蛮」視や帝国意識が相応に反映されていることは否めない．しかし，彼らのそうした帝国主義的オリエンタリズムを差し引いてみても，現地社

図 0-9 セミレチェ州庁のロシア人軍政官たち（前列右から二人目がアーリストフ）
出典）TsGA KFFD KR, no. 0-54988.

会に肉薄することで得られた情報は貴重であり，ロシア支配を微視的な視点から考察することを試みる本書にとって必要不可欠な史料となる．

とくに本書との関わりで言えば，トクマク（ピシュペク）郡長として勤務したザグリャジスキーやタルィジン，そしてセミレチェ州庁に勤務したアーリストフは典型的な軍人東洋学者であった．中でもアーリストフ（図 0-9）はクルグズを巡る浩瀚な民族誌『クルグズあるいはカラ・キルギズ——西部天山の歴史概略と住民の生活様式』（1893 年，サンクトペテルブルグ）を執筆したことで知られる．同書中とりわけ目を惹くのは，1885 年にシャブダン本人からの聞き取りに基づいて作成された「自伝略歴」（avtobiografiya）である［Aristov 2001（1893）: 512-515］．アーリストフ自身が指摘するように，シャブダンの語りには誇張された側面が少なからず見受けられるものの，少年期から壮年期に至る半生をシャブダン自らが語った史料として大変貴重であることに変わりはない．

こうしたロシア人の手で書かれた新聞や民族誌に加えて，20 世紀初頭にロシア帝国内で刊行されたテュルク系タタール語雑誌『シューラー』（Shūrā）に掲載されたいくつかの論説にも注目したい．その一つは Sh. V. という人物が 1911 年に同誌に寄稿した「クルグズについて」と題する論説である（図 0-10）．この人物の素性は不明であるが，記事では，クルグズのもとでの滞在体験に基づいて当時のクルグズ社会の状況が詳しく述べられている．また，もう一つは，1913 年に同誌上で数回にわたって掲載された「天山山脈の深い窪地から」という記事である．これはサブル・ガブドゥルマーンという人物によって書かれた，シャブダンの没後に実施された葬送儀式の様子を詳細にレポートしたものである．これらは 20 世紀初頭のクルグズ社会を，とりわけ本書の焦点となる部族首領層マナプの動向を中心に活写した大変ユニークな証言であり，そこには，ロシア人たちには見過ごされていた，クルグズの権威意識やメンタリティ

をはじめとする,きわめて重要な記述が含まれている.そうした史料的価値にもかかわらず,管見の限り,従来これらが研究に使用されたことはなく,その存在すら知られてはこなかった.本書ではこのシューラーの論考を議論のための重要な材料として用いた.

この他,本書が考察対象とする19世紀中期から20世紀初頭にかけての中央アジアでは,数多くの学者や探検家が調査旅行を行なっており,クルグズが暮らす天山山脈もその例外ではなかった.例えば,カザフ出身のロシア軍将校,チョカン・ワリハノフ(1835-1865)は1850年代にクルグズのもとで詳細な民族学調査を行なった人物であり,彼が残した膨大な調査記録は本書の考察にとっても大変重要な情報源となっている[34].

図 0-10 「クルグズについて」冒頭部
出典)Sh. V. [1911: 102].

第三の史料群はクルグズ自身によって書かれた歴史書や系譜書類である.本書ではとくに以下に挙げる三点を使用する.

一つ目は,『シャドマーンに捧げしクルグズの歴史』(Ta'rīkh-i Qirghiz-i Shādmānīya)である.本書はオスマンアリー・スドゥコフ(1879-1942)によってアラビア文字表記テュルク語で執筆され,1914年にウファのカリモフ=フサイノフ商会「東方」印刷所から出版された.著者のオスマンアリーは1879年にマナプの家系に生まれた人物であり,トクマク,ウチ・トゥルファンのマドラサで学んだ後,ブハラやウファにも遊学した経験の持ち主であった[35].この歴史書はシャブダンの資金援助を得て書かれたものであり,彼を中心とするクルグズ首領層の系譜がその功績とともに記されている.

二つ目に,ベレク・ソルトノエフ(1878-1938)によって書かれた『クルグズの歴史』(Kïrgïz Tarikhi)(フルンゼ,1934年)について見ておこう.ベレク・ソルトノエフはシャブダンと同郷の出身であり,植民地末端の現地民行政官として

 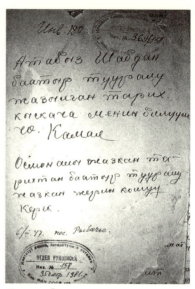

図 0-11 『シャドマーンに捧げしクルグズの歴史』（表紙）　　図 0-12 『シャブダン伝』（表紙）

の経験を持つ人物である．こうした公職の傍ら彼は 19 世紀末から 1930 年代にかけて各地でクルグズの古老からの聞き取りを積極的に行ない，文字史料として残りにくい口頭伝承史料を数多く収集したことが知られる．『クルグズの歴史』はまさにそうした貴重な情報に基づいて執筆されたものであった．

　三つ目に紹介するのは，『我らが父シャブダン・バートゥルの生涯』（*Atabïz Shabdan Baatïr tuuralï Jazïlgan Tarikhi*）である．これはシャブダンの息子のカマル・シャブダノフ（1882-1948）がその晩年の 1947 年に執筆した，父シャブダンに関する伝記である（以下本書では「シャブダン伝」と略記する）．本史料は，キリル文字表記のクルグズ語で執筆された，全 35 頁からなる手稿であり，その生い立ちから死に至るまでの 72 年間に及ぶシャブダンの生涯を描くものである．もちろん，本史料がシャブダンの実子によって書かれたものである以上，美化や誇張がなされている可能性は否めない．しかし，生涯を通じて学校教育を受けず，文字の読み書きを知らなかったシャブダン本人の「声」を聴き，彼の視点や考え方に肉薄する上で，この手稿は前述の「自伝略歴」とならんで大変貴重な史料となることは言うまでもないだろう．

第四の史料群は民間所蔵史料である．前述の通りシャブダンはロシア支配の特別な協力者であったが，そうした事情も手伝って，ロシア軍政当局とシャブダンの間ではしばしば文書が取り交わされていた．これらの文書はシャブダンの子孫によって現在に至るまで保管されており，その一部は，1999年に刊行された史料集［ShB］にも採録されている．筆者はご子孫のご厚意により，現物を閲覧・複写し，本書の貴重な情報源とすることができた．本史料群の呼び方については，上述の史料集に従って，「シャブダン・バートゥルの子孫の私蔵アルヒーフ」(*Semeinyi arkhiv potomok Shabdana baatyra*: SA) とする．この他，民間所蔵資料としては，シャブダンの没後1912年に彼の故郷に建てられた，アラビア文字テュルク語表記の墓碑も参照する．

　以上，本書が利用する主な史料について説明した．それらの大部分を占めるのはロシア帝国側によって作成された公文書であり，そこに記されているのはあくまでもロシア権力側の目に映ったシャブダンである．その意味で，これらの史料はその扱い方によっては，専らロシア支配の道具としての側面に偏ったシャブダン像を構築することにもなりかねない危うさを孕んでいると言える．こうしたことを念頭に置きつつ，本書はひとりシャブダンのみならず，同時代に生きた他のマナプたちの動向についても史料に基づいて可能な限り明らかにするとともに，中央ユーラシア遊牧民の伝統的な価値観やイスラームとの関連も併せて考察することで，シャブ

図 0-13　カマル（左端）
出典）TsGA KFFD KR, no. 2-4773.

図 0-14　シャブダンの墓碑
（筆者撮影）

ダンの動向を複眼的かつ相互関連的に描き出すことに努めたい.こうした営みは,ひいては,歴史学の他分野の例にもれず,地域・時代やディシプリンに依拠した専門分化と棲み分けがより一層進展しつつある中央ユーラシア史研究にあって,シャブダンという細部を通して,その近代史を,深層にまで立ち返って,全的に捉え直すことにも結びつくだろう[36].

6 本書の構成

以上のような問題意識ならびに史料に基づき,本書は具体的には以下のような構成をとる.

第1章「コーカンドとロシアの狭間で」は,シャブダンとロシア帝国との関係の基層を探る.まずクルグズの社会構造の特徴について,部族首領層マナプを中心に整理する.それを踏まえた上で,シャブダンの父ジャンタイに焦点を当て,1850年代後半から本格化する中央アジアへの軍事侵攻の過程でロシア側がジャンタイをどのように位置づけていったのか,そしてジャンタイはどのような動きを示したのかということについて,コーカンド・ハン国をはじめとする周辺勢力との関係にも配慮しつつ考察する.

第2章「統治改革と軍事侵攻の狭間で」は,1860年代後半から1870年代後半までを扱う.約10年に及ぶこの期間は,トルキスタン総督府の創設(1867年)を契機として施行された直轄統治体制と,中央アジアへの軍事侵攻が同時並行的に進展した時期であった.こうした二つの力学が交錯する状況下におけるロシア軍政当局側とマナプ側双方の動向を考察するとともに,そうした中からロシア統治の特別な協力者としてシャブダンが台頭してゆく様子を描き出す.

第3章「ロシア統治の協力者か,闘争の相手か」は,1880年代初頭から20世紀初頭に至るまでの期間に焦点を当て,中央アジアへの軍事侵攻が終息した後,ロシア軍政当局側がシャブダンをはじめとするマナプをどのように位置づけていったのかということについて考察する.本章で詳述するように,ロシア軍政当局側はマナプをクルグズ遊牧社会独自の貴族層として認知し,統治の媒介者として活用しようとする一方で,彼らを統治の障害として認識し,「闘争」の対象と見なすようになった.こうした「対マナプ闘争」を背景としてロ

シア軍政当局がシャブダンをどのように処したのかを明らかにする．

　第4章「遊牧的価値観の体現者としてのシャブダン」は，前章と同様に1880年代初頭から20世紀初頭までを扱う．本章は，前章で考察したロシア軍政当局側によるシャブダンの位置づけを踏まえた上で，同時期におけるシャブダンの行動を現地遊牧社会の内在的視点から検討し，彼が中央ユーラシアの遊牧民の伝統的価値観に合致すべく振る舞っていたことを明らかにしてゆく．

　第5章「先鋭化する土地問題とシャブダン」では，1905年革命後に成立したストルィピン政府の強い主導のもとで，クルグズの生活圏を含むセミレチエ州がスラブ系農業移民政策の重点的なターゲットとなる中で，ロシア軍政当局がシャブダンをどのように位置づけようとしたのか，そしてシャブダンはそれにどのように対応したのかを考察する．

　第6章「聖地を目指す遊牧英雄」は，20世紀初頭におけるシャブダンの行動をイスラームとの関わりから考察する．具体的には，シャブダンがハッジ（マッカ，マディーナへの巡礼）をはじめとする，可視性の高いイスラーム実践を通して，遊牧英雄としての従来の首領としての権威を強化するとともに，そうした次元を越えて，地域社会におけるイスラームの代弁者としての役割をも果たすようになっていったことを明らかにする．

　第7章「協力者から叛乱のシンボルへ」は，シャブダンが没した1912年から1916年までを対象とする．本章ではまず，シャブダンの没後に実施された葬儀と追悼供養行事を巡るシャブダンの息子たちとロシア軍政当局の動向を明らかにし，さらに後半ではシャブダン亡き後にロシア軍政当局が彼らをどのように処そうとしたのかを，「遊牧英雄」亡き後の協力関係の崩壊について，1916年叛乱における彼らの動向も含めて検討したい．

第1章　コーカンドとロシアの狭間で

　シャブダンは1839年にサルバグシ族トゥーナイ支系のマナプ，ジャンタイ・カラベク（1794-1867）の息子としてこの世に生を受けた．本章は，シャブダンの出生時から青年時代に至るまでの約28年間を考察の対象とし，青年シャブダンを取り巻く時代・社会状況を明らかにすることを目的とする．

　ここで，考察を行なう上で存在する一つの問題について述べておく必要があろう．それは当該時期におけるシャブダンについて書かれた同時代史料が，少なくとも管見の限りにおいては，一切存在しないということである．これはその当時，シャブダンがまだ部族を統べる首領の地位になかったためであると考えられるが，それがゆえに青年期のシャブダンの行動を跡づけることは難しく，後年に執筆された「自伝略歴」（1885年）や「シャブダン伝」（1947年）から推し量るしかないという状況にある．

　このような史料的制約に鑑みて，本章では，この当時，部族首領マナプとして政治の表舞台に立っていたシャブダンの父ジャンタイに焦点を当て，19世紀中期以降に活発化するロシア帝国の軍事侵攻に対して彼がどのように対応していったのかということについて，同時代の他のマナプたちの動向にも触れながら，公文書史料に基づいて検討してゆくこととしたい．このように，本章で具体的に取り扱うのはジャンタイである．ただし，現地社会における彼の行動やロシアとの交渉のあり方などは，その息子であるシャブダンが1867年以降ロシア権力と直接的に関係を築いてゆく際に少なからぬ影響を与えたものと考えられる．従って，本章の考察を通して，シャブダンとロシア帝国との関係構築の基層についても窺い知ることができるだろう．

　序章で述べたように，本章が考察の対象とする19世紀中期は，ロシア帝国が中央アジアへの軍事侵攻を活発化させていく時期に当たり，ジャンタイをは

じめとするクルグズ諸部族もその支配下に組み込まれていった.

ところで,異民族がロシア帝国の支配下に組み込まれてゆく過程は,ソ連時代には「併合」(*prisoedinenie*) 史という枠組みのもとで研究されていた.クルグズに関して見た場合,特に 1950 年代から 1960 年代にかけて,ロシア帝国への併合を巡る研究がクルグズ社会主義共和国の歴史学者の総力を挙げて行なわれた.クルグズ歴史学者のジャムグルチーノフによって著わされた『キルギジアのロシアへの併合』(1959 年,モスクワ) はそうした潮流を代表する業績であり [Dzhamgerchinov 1959],同書は,現在でも閲覧が禁止されている極秘文書類をも含む,公文書館史料の網羅的調査に基づいた精度の高い研究である.

しかし他方において,併合史研究は様々な問題を孕むものでもあった.一つ目の問題は,ジャムグルチーノフの研究書のタイトルが如実に示しているように,ロシア対クルグズという二者関係の構図に基づいた叙述がなされている点である.序章でも述べたように,クルグズが一つの民族集団として形成されていたことは確かであるとしても,それを単位とした国家や政治権力が形成されるのは,ソ連時代初期の 1924 年にロシア連邦共和国の一部としてクルグズ自治州が成立するのを待たなければならなかった.ところが,併合史研究においては,ソ連時代になって初めて創出された民族共和国の枠組みがあたかも元々実在のものであったかのように過去に遡って投影されることになった.そのため,これらの研究においては,あくまでもロシア帝国とクルグズの二者関係に焦点が絞られており,カザフやコーカンド・ハン国をはじめとする,クルグズと隣接する周辺諸勢力との関係が併合過程に与えた影響に配慮がなされたとは言い難かった.さらに,こうした点とも密接に関連する問題点として指摘しておかなければならないのは,併合史パラダイムにおけるクルグズ社会の描かれ方である.すなわち,ロシア帝国の軍事膨張の波に一方的に呑み込まれる,停滞的かつ静態的固定的で平板な伝統社会としての側面が強調された.

こうした問題関心に基づき,本章は,これまで併合史研究の枠組みのもとで描かれてきた既存の固定化された構図をジャンタイに焦点を当てながら再検討したい.まずその前提として本章前半では,ロシア帝国との本格的な接触が開始される前夜のクルグズ社会の状況を,ジューンガル政権崩壊後の地域情勢の脈絡の中に位置づけて概観する.そして,クルグズの部族首領層が有していた

称号「マナプ」（manap）を，彼らを取り巻く当時の時代状況と中央ユーラシア遊牧社会に通底する伝統的価値観が交錯する過程に位置づける．ソ連邦解体後から現在に至るまで，マナプは，クルグズの「国家性」（*gosudarstvennost'* / mamleketüülük）の堅固さの追求という，新生独立国家のプロパガンダを反映し，その起源の古さに注目が集まっているが［Dzhumagulov 1991; Osmonov 2003; Saparaliev 2006; Asanov 2006］，現地研究者によるそうした認識は近年，欧米の研究者たちによって見直されつつある［Sneath 2007: 84-88; Prior 2013a］．

以上を踏まえた上で，本章後半では，1840年代から本格化する軍事侵攻の中でロシア側がマナプをどのように位置づけていったのか，そしてマナプ側はどのような動向を示したのかということについて，ジャンタイに焦点を当てながら，コーカンド・ハン国をはじめとする周辺勢力との関係にも配慮しつつ明らかにしよう．

1 「戦の時代」におけるクルグズの概況

クルグズと呼ばれる遊牧集団が中央アジア史上に明確に姿を現わすようになったのは16世紀のこととされる．ウズベクやオイラート（カルマク），カザフといった，ほぼ同時代に同じく中央アジアに勃興した他の遊牧集団については，長年にわたって研究が着実に積み重ねられ，その実像がより詳細に明らかにされてきたのに対し[1]，クルグズの歴史——とりわけ16世紀から19世紀中期——については依然として未解明の部分が多い[2]．とはいえ，19世紀中期以降に本格化するロシア帝国の軍事進出とその中でのクルグズの動向を明らかにする上で，その前夜におけるクルグズ遊牧社会の状況の把握は欠かせない．そこで本節は，クルグズがロシア帝国と本格的な交渉を持つようになる19世紀中期以前の状況について，先行研究に依拠しながら整理しておきたい．

よく知られるように，ティムール帝国の崩壊を契機として，カザフやウズベク，オイラート（カルマク）をはじめとする様々な遊牧集団が中央アジアに勃興するようになったわけであるが，そうした中で，天山山脈周辺に姿を現わすようになった遊牧集団がクルグズであった．彼らはカザフやオイラート（カルマク）と同様に勢力を拡大し，モンゴル帝国を構成したチャガタイ・ハン国の

後裔で，天山を根拠地としたモグーリスターン・ハン国を圧迫した［Di Cosmo, Frank, Golden 2009: 267］．さらに，モグール勢力が天山以南の東トルキスタンへの移住を余儀なくされ，同地で定住化の傾向を強めてゆくと，クルグズはモグール勢に軍事力を提供するなど，少なからぬ存在感と影響力を有するようになったとされる［澤田 2005: 293-294］．

ところが，17世紀から18世紀初頭にかけてクルグズは，当時急速に拡大し一大遊牧帝国ジューンガルを築いたオイラート（カルマク）の攻撃を受けなければならなかった．17世紀末までに東トルキスタンのオアシス地域を征服したジューンガル帝国は，18世紀初頭にはカザフ草原東部や天山山脈周辺にも征服の手を広げ，カザフのみならずクルグズも支配下に置いていった．その結果，彼らは長年遊牧地としてきた天山を離れ，フェルガナ盆地以西へ退却することを余儀なくされていった．

しかし，そのジューンガル帝国も，折からの内紛と1758年から翌1759年にかけて行なわれた清朝の東トルキスタン遠征によって崩壊した[3]．それを契機に顕在化したのが，クルグズとカザフの東漸運動である．すなわち，彼らは従来の放牧地があったセミレチエやイリ川流域をも射程に含む，東方への移動を一斉に開始したのである［Bartol'd 1927: 527; 佐口 1986: 375-382］．このことについて，ロシア軍将校のカザフ人で19世紀中期にクルグズのもとで民族誌調査を行なったチョカン・ワリハノフは，クルグズからの聞き取りに基づいて次のように指摘している．

> ［…］ホンタイジ政権の内紛を契機に，クルグズは，アンディジャンから，現在の牧地であるチュイ及びイシク・クリ〔ウスク・キョル湖〕へ向けて移住を開始した．南からはカラ・キルギズ〔＝クルグズ〕が，北からはカザフがイリ川流域へ入っていった．［Valikhanov 1985a: 77］

この他，後年郡長としてクルグズの統治を担当することとなるロシア軍人で，ワリハノフと同じくクルグズの民族誌を積極的に収集したザグリャジスキー（第2章参照）も，「カルマク〔＝オイラート〕がチュイ川流域から立ち去ると，カラ・キルギズ〔＝クルグズ〕たちは一斉に東方へ向けて移動を開始した．ソ

第 1 章　コーカンドとロシアの狭間で　29

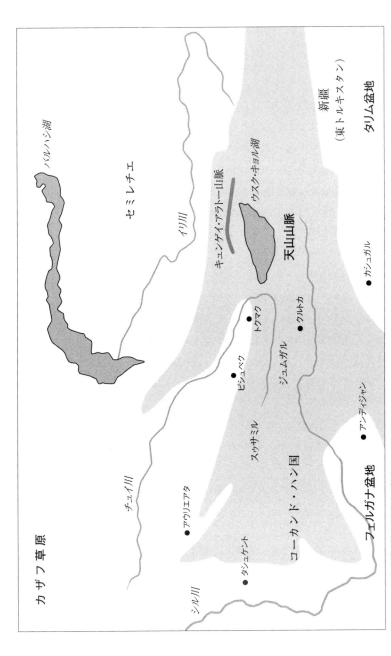

図 1-1　19 世紀初頭の天山山脈周辺

ルト族はアウリエアタ経由で、サルバグシ族の一部は山を通り越し、一部は山に残った。ジュムガルからスゥサミルに至る空き地にサヤク族が入り、〔ウスク・キョル〕湖〔の周辺〕にはブグ族が入っていった」という古老の語りを紹介している［Zagryazhskii 1874］[4]。

　さて、こうした東漸運動におけるクルグズとカザフの最大の懸案は、いかに放牧地を確保するかという点にあった。このことを背景として、クルグズ諸部族の間のみならず、クルグズとカザフの間でも放牧地の帰属を巡る大小無数の紛争が発生することとなった。中でも1770年にチュイ川流域で起こったジャイルの会戦（Dzhailnyn kyrgyny）は最大規模のものとされる。その際クルグズは、中ジュズ[5]のハン、アブライ率いるカザフ軍に決定的な敗北を喫することとなった。この会戦の後、双方の間で講和が結ばれ、クルグズはアブライにイリ川流域を引き渡し、イリ川から「〔キュンゲイ・アラトー〕山脈」までをカザフが、「〔ウスク・キョル〕湖」からチュイ川までをクルグズが領有することが取り決められたという［Valikhanov 1985a: 77-79; Andreev 1998（1785）: 51-52］。

　ところで、こうした係争に対して周辺勢力はどのような態度をとっていたのだろうか。この当時クルグズならびにカザフ双方に対して相応の影響力を有していたのは、ジューンガル帝国を滅ぼした清朝である。1757年にカザフの指導者アブライが清朝に帰順すると、翌1758年に乾隆帝はクルグズ——清朝史料において「ブルト」と称された——に対しても帰順を促す勅諭を発し、定辺将軍ジョーフイ（兆恵）らにクルグズの招服を進めるよう指示した。これを受けてクルグズ諸部族の指導者たちも清朝に帰順していった［小沼 2014: 188-190][6]。こうしてカザフならびにクルグズを支配下に収めた清朝であったが、放牧地の確保をめぐる双方の係争に際しては、概して不干渉の姿勢を示していたようである[7]。いずれにせよ、18世紀末の時点で同地域における清朝の影響力が低下傾向にあったことは否めず[8]、19世紀初頭から中期にかけて清朝はクルグズのテリトリーを含むいわゆる「西北辺疆」から撤退していったという［小沼 2014: 264-269］。

　クルグズがロシア帝国の支配下に組み込まれる19世紀中期以前の時期は、クルグズ語で「戦の時代」（jookerchilik zaman）と呼ばれることもあるが［Talip Moldo 1993: 525］、以上の経緯から見ても、クルグズがそう呼ぶにふさわしい状

況に置かれていたことが分かる．この「戦の時代」に関しては，1911 年に『シューラー』誌に掲載された論説「クルグズについて」の中にも的確な描写を見出すことができる．以下に引用してみよう．

> 〔…〕クルグズの古老たちが言うことには，ここ 30 から 40 年来，クルグズは比較的平穏に暮らし，平和である．それまでクルグズに平穏な生活はなく，女や子供たちと家で一緒にいることはできなかった．マナプは民を羊と同様に駆り立てた．ある時はカルマク〔＝オイラート〕と，またある時はカザフと戦い，さらにクルグズ同士でも戦った．勝った者は負けた側のあらゆる財産を奪い，彼らの妻子を捕虜として連れ帰った．程なくして，負けた側がやってきて報復した．こうして常時「戦」となっていた．民に平穏な暮らしが定着することはなかった．この「戦」で英雄らしさを示し，民衆を駆り立てていった者には「バートゥル」の尊称が与えられた．[Sh. V. 1911: 104]

この論説とほぼ時を同じくして刊行された，オスマンアリー・スゥドゥコフによる『シャドマーンに捧げしクルグズの歴史』の中ではクルグズについて，「かつて戦士になることを学んだ民族」と描写されているが ['Uthmān 'Alī 1914: 59]，この引用からはそれが決して誇張ではないことが分かる．もちろん，このような軍事的側面との関係は，この時代のクルグズに限られたことではなく，中央ユーラシアの遊牧民において古来より共通して見られる特徴である．ただしやはり，ジューンガル政権との抗争や同政権崩壊後の混乱の中で，クルグズにとって軍事的ファクターがとりわけ重要な位置を占めていたことが浮かび上がってくる．言うまでもなく，こうした軍事的ファクターはクルグズ社会のあり方に大きな影響を及ぼしていた．

中央ユーラシアの遊牧民に一貫した特徴として，彼らの社会が部族を単位とすることが挙げられるが [杉山 1997: 29-30]，クルグズの社会も同様の構造を有していた．クルグズにおいて，そうした部族は「ウルック」(uruk) あるいは「ウルー」(uruu) と呼ばれ [吉田 2004: 75]，以下に示すように，大きく「オン・カナト」(右翼)，「ソル・カナト」(左翼) そして「イチキリク」(内) の三

部に分かれていたことが知られている．

- オン・カナト（右翼）：サルバグシ，ソルト，サヤク，ブグ，チェリク族
- ソル・カナト（左翼）：チョン・バグシ，サルゥ，クシチュ，バスゥズ，ジェティゲン，ムンドゥズ，クタイ族
- イチキリク（内）：ムングシ，アディゲネ，モンゴルドル族

ここで注意しておかなければならないことは，以上で列挙した部族集団が必ずしも父系上の血縁原理にのみ基づいた純粋な親族集団ではなかったという点である．これも中央ユーラシアの遊牧民の社会構造に共通して見られる特徴ではあるが，部族集団は社会的・政治的背景によって形成された側面を有するものであった［赤坂 2005: 452］．実際に，先に引用した「クルグズについて」の一節からも窺えるように，「戦の時代」において頻発したクルグズ諸部族間の抗争の中で，劣勢な部族は優勢な部族によって征服され，その中に組み込まれることも少なからずあった．

とりわけ，ジャンタイ・シャブダン父子が属していたサルバグシ族は，「戦の時代」の中で大きな影響力を獲得していった部族集団であった．表 1-1 を見てみよう．これは 1847 年にロシア帝国によって作成されたクルグズの部族区分に関する記録を基にして，サルバグシ族の組成を整理したものである．ここから，「オン・カナト」に属するサルバグシ族の傘下には，「ソル・カナト」や「イチキリク」に属する様々な集団が支系として存在していたことが一目瞭然である．

このような，サルバグシ族に見られるような優勢な部族が生じたことと密接な関係にあったと考えられるのは，部族を統率する首領たちの動向である．このことについて以下で詳細に検討したい．

2　「マナプ制」生成の歴史的脈絡

クルグズはカザフと生活習慣や風俗などがよく似ているため，「兄弟民族」

表 1-1 サルバグシ族の組成 (1847年) (下線部筆者)

部族(rod) 名　称	支系(otdelenie) 名　称	首　領	左記の首領の傘下にある勢力	
			名　称	首　領
サルバグシ族	Esengul	Bii Ormon Niiazbekov Manap	Kalmaky kyrgyz	Bii Syuyunduk
			Azyk kyrgyz	Bii Kazubekbai
			Ozyuk kyrgyz	Bii Mirzabek
			Abla kyrgyz	Bii Rai
			Ishim kyrgyz	Bii Rai
			Chershik kyrgyz	Bii Iakub
			Mundus kyrgyz	Bii Mangyt
	Atek	Bii Dzhantai Karabekov Manap	Azyk kyrgyz	Bii Dzhuamart
			Tastar kyrgyz	Bii Narbach
			Dzhetigen kyrgyz	Bii Sarybai
			Doles kyrgyz	Bii Shirali
			Chertik kyrgyz	Bii Alik
			Chechei kyrgyz	Bii Ishimbek
			Mogaldyr kyrgyz	Bii Naiman
			Mogaldyr kyrgyz	Bii Karbazbai
			Ozyuk kyrgyz	Bii Muratbek
			Kel'dyk kyrgyz	Bii Abdir-batyr
			Kytai kyrgyz	Bii Kudaiberdy batyr
			Mundus kyrgyz	Bii Busurman
	Cherikchi	Bii Turegel'dy Abaidullin Manap	Krykavur kyrgyz	Bii Adzhibai
			Mundus kyrgyz	Bii Seit
			Azyk kyrgyz	Bii Chilpak
			Kel'dyk kyrgyz	Bii Ismailbek
			Raim Kalibek kyrgyz	Bii Baimursa
			Tagalok kyrgyz	Bii Kul
			Chertik kyrgyz	Bii Karagulbai
			Adigine kyrgyz	Bii Dzhanbulat
			Dzhedyger kyrgyz	Bii Argynbai
	Nadyrbek	Bii Kalygul Nadyrbekov Manap	Tastar kyrgyz	Bii Kumak
			Abyksulu kyrgyz	Bii Zarpek

出典）TsGA RK, f. 374, op. 1, d. 1669, l. 118-119, 129-133ob に基づいて筆者作成.

などと呼ばれる場合があるが，実は両者には社会構造の点で大きな違いがあった．その最たるものは，チンギス・ハンの血統に連なる首領の有無である．よく知られるように，カザフは，チンギス・ハンの息子であるジョチの後裔にあたるジャニベクとギレイを核として興った遊牧集団であり，以後，チンギス・ハンの血を引く彼らの子孫から，ハンやスルタンといった支配者——彼らは

「アク・スイェク」(白い骨) と呼ばれた——が輩出された．このようないわゆる「チンギス統原理」の流れを汲む首領を戴き，彼らを中核としてカザフ・ハン国を形成したカザフとは異なり，クルグズにはチンギス・ハンの血統に連なる首領は存在しなかった．こうした首領の出自を巡るクルグズとカザフの相違点について，ロシア帝国は比較的早い段階から認識していた．例えば，1814年にシベリア要塞線軍団司令官のグラゼナプは，時の外務大臣ルミャンツェフに宛てて次のように述べている．

> 〔…〕野蛮なキルギズ〔＝クルグズ〕は，その生活様式及び慣習において大，中，小オルダのキルギズ〔＝カザフ〕とはまったく異なっている．彼らにはスルタンや首領は存在せず，自らのビー (bii) によって治められ，かつ裁かれている．［KR: 95］

ここからは，クルグズが「ビー」と呼ばれる首領たちによって統べられていたことが分かるが，そのことは表 1-1 において，部族を構成する支系やその傘下にある様々な集団を率いる首領に「ビー」の称号が付されていることにも見てとることができる．

　こうしたビーの中から，より強い権限を持ち，他のビーに対して覇権を握る首領が出現するようになった．そうした首領に冠せられた称号こそが「マナプ」(manap) であったと考えられる．表 1-1 からは，サルバグシ族を構成する「支系」(otdelenie) レヴェルのビーが同時にマナプの称号を有していることが確認できる．むろん，マナプという称号がどのような経緯で出現したのかという点については，同時代の文字史料上に記録が一切残されていないものの，以下に引用するワリハノフの見解が妥当であると考えられる．

> 〔…〕現地民の説明によると，最初のマナプは強力で人を寄せつけない専制君主 (tiran) であり，彼はしばらく前にサルバグシ族に生まれた．マナプという名前のサルバグシ族のビーは最初の専制君主であった．マナプという称号 (manapstvo) は他の部族のビーたちの気に入るところとなった．
> ［Valikhanov 1985a: 38］

現代クルグズ共和国の民族学者の見解によると，マナプという名前のサルバグシ族のビーは，17世紀にジューンガル勢力との抗争において頭角を現わした人物であるという［Asanov 2006］．彼の名前から派生したマナプという称号は当初は同じサルバグシ族の内部で使用されていたようであるが，ワリハノフも指摘するように，次第に他の部族においても使用されるようになった．そしてそれは，19世紀中期から20世紀初頭にかけて，先に示した部族区分で言えばオン・カナト（右翼）に属するクルグズ諸部族の首領の称号として普及するようになったのである．

ところで，ワリハノフが強調するように，マナプが強い権限を有する「専制君主」であることは確かだとしても，他方において，同じく19世紀中期に採集された別の証言からは，マナプとしての地位と称号が固定的なものではなく，あくまでも民衆からの合意に基づいて決定されるものであったことが浮かび上がってくる．このことに関して，西シベリア総督府官吏のヤヌシケヴィチは手記（1846年6月7日付）の中で次のように記している．

〔…〕この民族〔＝クルグズ〕はスルタンを有さない．選出されたマナプたち（*vybornye manapy*）が部族を統べる．戦に際して，すべての民衆から専制的全権を賦与された，最も有能かつ果敢なマナプが全軍を率いる．（強調点筆者）［Yanushkevich 2006: 110］

これと同様に，1851年に『帝立ロシア地理学協会紀要』に発表された，クルグズに関する民族誌においても，「マナプは民衆の多数決によって選出される．マナプという称号は世襲ではない」と指摘されている［Svedeniya o dikokamennykh... 1851: 140-141］．以上のことを踏まえれば，マナプは世襲の称号ではなく，民衆から信頼を得て選出された首領に与えられたものであったことが分かる．

それでは，民衆から信頼を得て，マナプとして選出されるためには，いかなる条件が必要であったのだろうか．このことについてワリハノフは次のように述べている．

〔…〕〔クルグズのもとでは〕歴史上，部族の統治が中央集権化されなかった

ことと同様に，アリストクラート分子は存在しなかった．部族はビーによって統べられた．実のところ，マナプの中には覇権を獲得した者もいた．〔…〕しかし，彼らには，勇敢さ（*khrabrost'*）と並外れた知恵（*um*）という明白な取り柄があった．[Valikhanov 1985c: 169]

この他，19 世紀末にシルダリヤ州軍務知事のグロヂェコフによって編纂された民族誌にもマナプを巡るクルグズの語りが採録されている．それによれば，「チンギス・ハン家出身のマナプは誰一人としていなかった．勇敢さや気前の良さで民衆から傑出し，無秩序の中で民衆を率いた者がマナプとなった」[Grodekov 1889: 6] という．さらに，20 世紀初頭にクルグズの間で民族誌調査を行なった植民地官吏のソコロフに対して，古老たちは，「〔マナプに複数の息子がいる場合〕そのうち戦闘的（*voinstvennyi*）で統治に適格な息子がマナプの称号を得た」と語っている [Sokolov 1910].

以上の証言や回想を踏まえれば，民衆からの信望を得てマナプとして選ばれるためには，少なくとも勇敢な軍事指導者としての資質を有するか否かが大きな鍵となっていたことが分かる．前述のように，放牧地の確保を巡る紛争を有利に進める上で，勇敢な軍事資質を有する首領の存否は，クルグズ遊牧民の生存を大きく左右する重要な問題であったことは言うまでもない．以上の点を勘案すれば，マナプとは，クルグズが「戦の時代」を生き抜く中で形成された強力な統率権であったと言い換えることも可能だろう．

マナプにとって勇敢な軍事資質が必要不可欠だったことについては，以下に引用するように，シャブダン自身の証言も残されている．

まず，1885 年にセミレチエ州庁勤務のロシア人軍政官アーリストフの手で作成されたシャブダンの「自伝略歴」を見てみよう．その冒頭でシャブダンは，「〔…〕五歳になると，父〔でマナプのジャンタイ〕は私をとある貧しい者に預けた．この者のもとで私は乱暴な鍛錬を受けた」と回想している [Aristov 2001 (1893): 512]．このくだりからはジャンタイが息子のシャブダンを屈強な軍事指導者として育てようとしていたことが浮かび上がってくる．ジャンタイのこうした行動は，英雄叙事詩『マナス』において，「時にはひもじい思いもさせてやれ．〔…〕生意気な口をきいたら殴るなり叩くなりしてやれ．わしの息子を

鍛えてやってくれ」と言って息子マナスを知己の牧夫に預ける父ジャクィプの姿とも重なる［若松 2001: 86-87］．

　こうして幼少期に厳しい鍛錬を受けたシャブダンであるが，青年になると，今度は実戦において己の勇敢さをアピールしてゆくことになった．勇敢な軍事資質を社会に広く示す上でとりわけ重視されていたのは，襲撃ならびに掠奪行為である[9]．このことについて，「自伝略歴」は続けて次のように述べる．

> 〔…〕当時〔つまり 1840 から 50 年代にかけて〕，クルグズとカザフの重要な関心事は襲撃と掠奪であった．名声を得るためには，有力者や富者であってもそれを行なった．クルグズの間で名を成すために，私は襲撃に参加するようになった．はじめのころは失敗も多かったが，私はあきらめなかった．しまいに私は，私を襲撃の指導者として選ぶようになったトゥナイ族の中だけでなく，クルグズやカザフの他の部族の間でも影響力を持つようになった．［Aristov 2001（1893）: 512］

また，息子のカマルによって執筆された「シャブダン伝」は上述の経緯について以下のように伝える．

> 〔…〕13 歳のときシャブダンはカザフへの襲撃に参加し，馬の群れを奪うことを欲した．ジャンタイは，「行ってくるがよい．勇者となるか，死ぬかのいずれかだ」と答えた．息子に許しを与えると，ジャンタイは息子を案じて後をつけてゆき，〔…〕白い牝馬を屠って事の成就を祈った．この遠征でシャブダンは一人のカザフを槍で殺した．以後，シャブダンはジギト〔＝勇者〕を集め，自分で襲撃を行なうようになった．［ASh: 3-4］

ここからは，襲撃・掠奪の中で軍事の才覚を現わしたシャブダンの姿が窺える．この時代に書かれた史料中に直接的な記述は見出されないものの，この時点ですでにシャブダンには遊牧英雄「バートゥル」の尊称が与えられていた可能性が高い．そして，バートゥルとして認められたシャブダンは求心力を持ちはじめ，彼の周囲に有能な遊牧戦士が集い，強力な親衛隊（ジギト）を形成するよ

図1-2 クルグズの戦士（1850年代）
出典）IK [1984: 564].

うになっていたのである[10]。

　以上から総じて言えるのは，己の優れた軍事手腕を示すことで遊牧英雄バートゥルとして認知されることが，マナプが首領としての権力と権威を維持するために非常に重要だったということである[11]。この点に関連して，1860年代初頭にクルグズ社会を観察したロシア軍人のヴェニュコフは，「〔…〕マナプがバートゥルである場合，その権力は大きかった」と証言しており [Venyukov 1861: 108]，マナプたり得るための条件としてバートゥルの尊称を獲得することが不可欠であると言っても過言ではなかったことが分かる．

　こうしたマナプ＝バートゥルの存在は，クルグズの社会編成に大きな影響を及ぼしていた．すなわち，1860年代後半にクルグズのもとで民族学調査に従事したロシア軍人のホロシヒンがいみじくも指摘するように，「カザフのスルタンと民衆の関係に比べて，クルグズのマナプと民衆の結びつきは非常に強固」であった [Khoroshkhin 1872] という．

　このようなマナプと民衆との強い結びつきは，彼らの遊牧形態にも影響を及ぼしていたものと考えられる．例えばカザフ社会において，スルタンをはじめとする，チンギス統に属する「白い骨」は独自の牧村（アウル）を形成し，その他の一般牧民と一緒に遊牧することはなかった．これに対して，クルグズのマナプはカザフの「白い骨」層とは違って独立した牧村を形成せず，遊牧も一般牧民とともに行なっていた．このことに関連して，1860年代にクルグズのもとで民族学調査を実施したラドロフは，「カラ・キルギズ〔＝クルグズ〕はアウル〔＝牧村〕ごとに生活せず，部族全体で生活している．冬になると川岸に途切れなく列をなして天幕を設置する．その列はしばしば20ヴェルスタ以上にもなる．夏になると各天幕は山上へと移動して，各部族は各々の放牧地へと行く．このような遊牧方法は部分的には自然条件によって，部分的には民族の戦闘的性格（*voinstvennyi kharakter*）によるものである」（強調点筆者）と指摘して

図 1-3　クルトカ要塞
出典）Ploskikh [1977] 付録．

いるが［Radlov 1989（1893）: 348］，19世紀中期以降，ロシア帝国が本格的に交渉を持つようになるのは，バートゥルつまり遊牧英雄たるマナプを中核とするクルグズの部族集団だったのである．

3　コーカンド・ハン国の協力者としてのジャンタイ

以下，本章後半では，これまでに明らかにした「戦の時代」におけるクルグズ社会の特徴を踏まえた上で，シャブダンの父ジャンタイがどのような経緯を経てロシア帝国の支配下に組み込まれていったのか具体的に検討してゆきたい．

ジャンタイとロシア帝国との関係を考察する前提としてまず触れておきたいのは，ジャンタイをはじめとするマナプ゠バートゥルとコーカンド・ハン国との関係である．というのも，本章冒頭で指摘したように，併合史研究においてはクルグズとロシア帝国の二者関係が強調されたわけであるが，実際にはコーカンド・ハン国の存在が両者の関係に大きな影響を及ぼしていたと考えられるからである．

コーカンド・ハン国は，18世紀初頭から1876年に至るまで，フェルガナ盆地のコーカンドを首都として栄えたウズベク系政権であった．同国は18世紀後半から19世紀初頭にかけて，フェルガナからタラスにかけて遊牧するクルグズとカザフを支配下に置いた［Ploskikh 1977: 88-97］．さらに，チュイ川流域を遊牧するクルグズをも支配下に置き［Ploskikh 1977: 102］，1825年にはピシュペクとトクマク，1832年には天山山中のクルトカに要塞を建設した［Beisembiev 1987: 20］（図1-3）．

それでは，コーカンド・ハン国の進出に対してジャンタイはどのように対応

していたのだろうか．このことを検討するに当たってまず触れておきたいのは，同じくサルバグシ族エセングル支系のマナプ＝バートゥル，オルモン（表1-1）の動向である．オルモンは 19 世紀中期に「ハン」を宣言し，サルバグシ族のみならず，セミレチエやタラスを遊牧する他のクルグズ諸部族に対しても覇権をうち立てようとした人物として知られる［'Uthmān 'Alī 1914: 59; Dzhamgerchinov 2002］．だが，ソ連時代の民族学者アブラムゾンがいみじくも指摘するように，オルモンのそうした行動の念頭には，進出を強めるコーカンド・ハン国に対する強い警戒感と，それを牽制する意図があった点を踏まえる必要がある［Abramzon 1932: 86］．

しかし，コーカンド・ハン国の進出を背景にクルグズ諸部族に対して強い影響力を及ぼそうとするオルモンの試みは，他のマナプ＝バートゥルたちから賛同を得ていたわけではなかった．このことに関連して，ベレク・ソルトノエフによって収集された伝承史料の中には，以下に引用するような示唆的なくだりがある．

> 〔オルモンは〕トゥナイ〔支系のクルグズ〕を，貧しいトゥナイ，貧しいトゥナイと言って侮辱し，〔その首領である〕ジャンタイに断ることなく彼らを搾取した．こうした抑圧に耐えきれなくなったジャンタイはウズベクのベクたちに接近し，オルモンの命令を実行しなかったため，コーカンド・ハン国の役人たち（Kokonduktar）はオルモンよりもジャンタイを良く見なすようになった．［Soltonoev 2003: 288-289］

引用文中，「ウズベクのベクたち」とはコーカンド・ハン国の要塞に派遣されたハン国の代官のことを意味しているものと考えられる．この点を踏まえれば，ジャンタイが，覇権をうち立てようとするオルモンに反感を懐き，それに対抗するために，コーカンド・ハン国権力に近づいていたこと，またコーカンド権力の側もジャンタイを協力者と見なしていたことが読みとれる．

実際に，ジャンタイはコーカンド・ハン国の進出と統治に協力していた．このことに関して，ジャンタイの没後に歌われた挽歌（コショク）には，彼がコーカンド・ハン国と密接な関係を築いていたことが如実に示されている．以下

にその一部を引用しよう．

> ベクレルベクのもとで
> 精を出したハン，ジャンタイ
> コシュベギのもとで
> 勇猛果敢になったハン，ジャンタイ
> そのときビーたちは軽蔑されたそうだ
> ハン，ジャンタイは金〔＝貴重な存在〕であったそうだ[12]．[Radlov 1885: 592]

ここからは，ジャンタイがコーカンド・ハン国の軍事進出に協力していたことが窺われる．このように，ジャンタイは，コーカンド・ハン国に正面から対峙しようとするオルモンとは違って，むしろコーカンド権力と協調しつつ，その協力者となっていったと言えよう．コーカンド権力に対してそうした態度を示すマナプはジャンタイのみならず，その数も少なくなかったようである．このことに関連して，植民地官吏のソコロフは，クルグズの古老たちがコーカンド・ハン国の統治について，「〔クルグズは〕マナプを介してザカート〔＝税〕を支払った．マナプたちは税を携えてピシュペクのベクのもとに出頭した．税の取り立て人として，民衆に対するマナプの影響力は著しく増強された」と回想していることを指摘している［Sokolov 1910］．このことを考慮すれば，ジャンタイをはじめとするマナプたちの多くが，コーカンド権力の協力者としての立場を利用してクルグズ社会における影響力の維持と強化に努めていたものと考えることができるだろう．

このように，ジャンタイがコーカンド・ハン国の協力者としての側面を有していたことは確かであるとしても，そのことは，彼がコーカンド権力に完全に服従していたことを必ずしも意味してはいなかった．というのも，彼は1848年に西シベリア総督のゴルチャコフに宛てて送った書簡の中で，コーカンド権力との関係を次のように説明しているからである．

> 〔…〕私はこの地の要塞〔に駐屯する〕キプチャクたちと<u>うわべだけの好意</u>でつき合っている[13]．（強調点筆者）［KR: 132］

この言葉が端的に示しているように，コーカンド権力に対するジャンタイの態度は，面従腹背と言うにふさわしいものだったと考えられる．実際に，以下において検討するように，ジャンタイは1840年代になるとロシア帝国とも密接に関係を持つようになるのである．

4 ジャンタイとロシアの接近

さて，ジャンタイがロシア帝国と本格的に交渉を始めるきっかけとなったのは，カザフ草原とその周辺地域を巻き込みながら展開した，いわゆるケネサル叛乱であった．

ロシア帝国は，1822年に「シベリア・キルギズに関する規則」を施行したのを皮切りに，ハン位を廃してカザフ・ハン国を解体し，とりわけ小・中ジュズのカザフに対する支配の度合いを強めるようになっていた[14]．こうした施策に対して反感を抱き，叛乱を起こしたのが，アブライの孫に当たるケネサルであった[15]．ケネサルは，ハン位の復活を目論みつつ，カザフ草原を中心にロシア帝国に対する叛乱を展開したが，1840年代後半以降になるとセミレチエにも進出するようになり，同地域を遊牧する大ジュズのカザフのみならずクルグズに対しても攻勢をかけるようになっていた [Kenesarin 1880: 17-18]．

このように叛乱が広い範囲にわたって波及していたことなどを背景に，ロシア帝国は苦慮を強いられていた．そうした中，西シベリアのオムスクに拠点を置く「シベリア・キルギズ国境官庁」（*Pogranichnoe upravlenie sibirskimi kirgizami*）は，叛乱を討伐するためにジャンタイやオルモンをはじめとするクルグズ諸部族のマナプたちと直接的に交渉を持ち，彼らとの連携を模索するようになった [NO: 456-457]．果たしてそれは功を奏し，1847年ケネサルはジャンタイらの手にかかって殺害され，その首はオムスクのロシア権力のもとに送られた．このように，ジャンタイをはじめとするクルグズのマナプたちの協力によって，長年にわたる叛乱に終止符が打たれたのであった．

ケネサル叛乱の平定は，ロシア帝国のみならずジャンタイらクルグズの首領たちの動向にも少なからぬインパクトを与えることになった．以下ではその影響についてロシア帝国とクルグズ双方の視点から考察したい．

まずロシア帝国側の動向を見てみよう．ロシア帝国は，叛乱の平定を通して大ジュズのカザフを掌握し，彼らが遊牧するセミレチエの北部を帝国の版図に加えていった．こうした状況を反映して，叛乱鎮圧の翌 1848 年には，大ジュズのカザフを管理するために，西シベリア総督府の管轄下に「大オルダ・キルギズ官庁」（Pristav kirgizov Bol'shoi Ordy）がコパルを拠点に設置された．こうした経緯を経て，ロシア帝国は，カザフ草原東部を南下することによって，コーカンド・ハン国とより直接的に対峙するようになっていった[16]．

　さらに，叛乱平定の影響は，上述のような地政学的側面だけにとどまるものではなく，この時期にロシア帝国においてクルグズの存在が明確に認知されることになった点も見過ごすわけにはゆかない．そうした傾向を如実に表わしていると考えられるのは，1851 年に『帝立ロシア地理学協会紀要』に発表された「ディコカメンヌィ・キルギズ〔＝クルグズ〕に関する情報」である［Svedeniya o dikokamennykh... 1851］．むろん，それまでにも帝国内で出版される雑誌記事や書物の中でクルグズに言及されることはあった．しかし，それはあくまでもカザフに付随した形においてであり，クルグズが全面的にクローズアップされることはなかった．

　このようにクルグズの存在が認知される中で，従来未知の存在に等しかった彼らの社会に関する認識が定式化されていった．従来，ロシア帝国は，カザフのことを指し示す名詞「キルギズ」（kirgiz）に，「野蛮な」（dikii）や「山にいる，山並みの向こうの」（kamennyi, zakamennyi）といった形容詞を付加することで，クルグズをカザフと区別していた．例えば，ロシア人官吏のアンドレーエフは，1785 年に著わした『キルギズ・カイサクの中オルダの描写』の中で，クルグズを「野蛮で，黒い，すなわち山並みの向こうにいるキルギズ」（dikie, chernyie ili zakamennyie kirgistsy）と呼んでいた[17]［Andreev 1998（1785）: 50］．ところが 19 世紀中期以降，こうした長い言いまわしは簡略化され，「ディコカメンヌィ・キルギズ」（dikokamennyi kirgiz）という呼称が定着し，「カラ・キルギズ」（kara kirgiz）や「黒キルギズ」（chernyi kirgiz）という呼称とともにクルグズを示すものとして用いられるようになった．

　また，集団の呼称と並行して，クルグズの社会構造，なかんずく部族の首領の称号にも変化が生ずるようになった．従来，ロシア軍政当局との交渉におい

て，クルグズの首領は「ビー」という称号で呼ばれる場合が多かった．ところが，ケネサル叛乱を契機にクルグズの首領は「マナプ」という称号で統一されていった．このことは，1847年8月に，西シベリア総督介在のもと，カザフとクルグズとの間で締結された和議が，カザフの「スルタン，ビーたち」とクルグズの「マナプたち」の間で取り結ばれていることからも，明白に窺えるだろう[18]．

他方で，ケネサル叛乱の平定はジャンタイをはじめとするマナプたちの動向にどのような影響を与えたのだろうか．

ケネサル叛乱が平定された後も，ジャンタイとロシア帝国とのやり取りは続いた．この中でジャンタイは，軍事協力を背景にロシア側から利益を引き出そうと試みていたことが当時の史料から浮かび上がってくる．そうしたことを如実に示す史料として注目されるのは，叛乱平定の翌1848年にジャンタイが西シベリア総督のゴルチャコフに宛てて送った書簡である．その中で，ジャンタイは以下に示す二つの点を要求していた．

第一に，ロシア帝国からの褒賞である．ジャンタイは，書簡においてケネサル討伐への貢献と，その過程で自らが払った犠牲を強調しつつ，「ロシアのような偉大な国家」がそうした功績を見過ごすはずはないとして，「相応の褒賞」（*dostoinaya nagrada*）を要求した［KR: 131］．

さらに，こうした褒賞とならんでジャンタイが要求したのは，「ロシアによる庇護」（*pokrovitel'stvo Rossii*）である［KR: 132］．ジャンタイの書簡によれば，コーカンド・ハン国はクルグズを掌握するために大軍を送り込んでいたという．その背景には，ケネサル叛乱の平定過程でセミレチエにまで影響力を及ぼすようになったロシア帝国に対抗し，同地域における支配の引き締めを図ろうとするコーカンド側の意図が見え隠れする．こうした点を考慮すれば，ジャンタイは，ロシア帝国に服従してその臣民になろうとしたというよりは，むしろロシア帝国を引き込むことによって，コーカンド勢力を牽制しようとしたものと考えるのが妥当であろう[19]．

ただし，いずれにせよ，1840年代末から1850年代初頭の段階において，ロシア帝国側はジャンタイをはじめとして，クルグズのマナプたちからの働きかけに応じようとはしなかった．

5 　活発化するロシアの軍事侵攻とジャンタイ

　ところが，1850年代後半以降になるとロシア帝国は従来の態度を確実に変化させるようになり，その影響が及びつつある地域を確実に支配下に収め，中央アジアへの軍事進出を活発に進めるようになった．よく知られるように，そうした背景にはいわゆる「グレートゲーム」が色濃く影響していた．というのも，クリミア戦争での勝利を契機に大英帝国がインドを北上し，中央アジアへ進出するのを牽制するためには，同地域におけるプレゼンスを強固にしておく必要があると考えられたためである．

　こうした中，ロシア帝国は従来の態度とはうって変わって，臣従を求めるクルグズ側の請願を受け入れていった．その嚆矢となったのは，マナプ，ボロンバイによって率いられるブグ族である．この背景にはサルバグシ族のマナプ，オルモンの動きが深く関わっていた．1850年代初頭においてオルモンは遊牧地の拡大を画策していたが，彼は1853年にブグ族が遊牧するウスク・キョル湖周辺の遊牧地に侵入した．それは当然のことながらブグ族との間に紛争を引き起こすことになった．その中でオルモンが戦死すると，息子のウメトアリー（1810/12-1879）率いるサルバグシ族勢力からの報復を恐れたボロンバイはロシア帝国への臣従と引き替えに彼らの保護を求めたのである．

　こうして，1855年にブグ族が遊牧するウスク・キョル湖周辺が新たにロシア帝国の版図に加わったことを受け，大オルダ・キルギズ官庁は翌1856年に，セミパラチンスク州管轄下の「アラタフ〔アラトー〕管区」（*Alatavskii okrug*）として改組された．同管区は，1854年に建設されたヴェールノエ要塞（現在のアルマトゥ）を拠点とし，長官のコルパコフスキーのもと，1867年まで存続することとなる［Saparaliev 2004: 41］．当時，ロシア帝国の中央アジア進出は，アラル海からシル川に沿って征服を進める「シルダリヤ戦略線」と西シベリアから南下する「シベリア戦略線」という二つの戦略ルートに沿って進められていたが［Dzhamgerchinov 1959: 132］，アラタフ管区はシベリア戦略線の最前線に位置していた．

　さて，アラタフ管区の創設を通してブグ族がロシア帝国の統治下に組み込ま

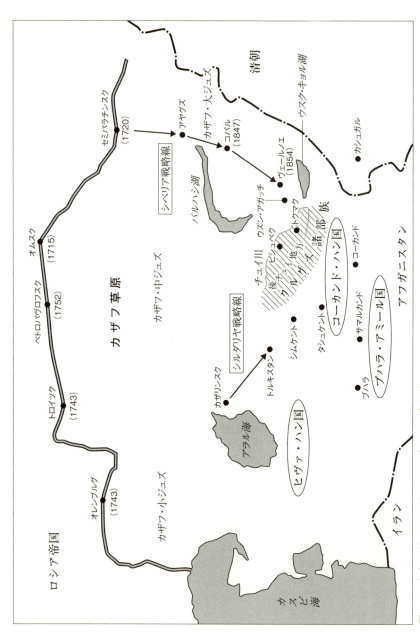

図1-4 中央アジアにおけるロシア帝国の軍事侵攻

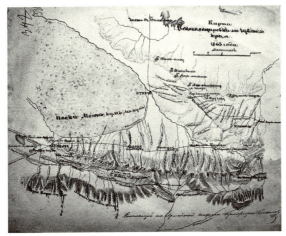

図 1-5　後チュイ地方の測地図（1863 年作成）
出典）TsGA RK, f. 3, op. 1, d. 222, l. 138.

れると，同管区の西側に隣接する地域が重要な戦略的地域区分としてにわかに注目されるようになった．それが，いわゆる「後チュイ地方」（Za Chuiskii krai）である．後チュイ地方とはロシア語で「チュイ川の向こう〔この場合は南〕側の地方」を意味するが，それはチュイ川以南の平野部ならびにコーカンド・ハン国に至る天山山岳地帯を指してそのように呼ばれた（図 1-5）．

　これにともない，ジャンタイが遊牧する地域はロシア帝国による征服の対象として鮮明に位置づけられることになったのである．

　後チュイ地方におけるロシア帝国の課題は，サルバグシ，ソルト族のクルグズをコーカンド・ハン国の影響力から切り離しつつ，ロシア帝国の支配下に組み込んでゆくことにあったと思われる．

　というのも，この当時依然としてコーカンド・ハン国は同地域のクルグズ諸部族に対する影響力を有していたと考えられ，実際に，シャブダンの「自伝略歴」にはそうした状況を窺わせる次のようなくだりがある．

　　〔…〕その当時，〔クルグズは〕サルト〔＝コーカンド・ハン国〕に服属していた．サルトは〔クルグズに対して〕襲撃を禁止しないばかりか，反対に，襲撃の指導者たちについて，コーカンドのハンに賞賛を交えて報告した．ピ

> シュペクのベクのアタベクは，クルグズから私を，カザフからバイセイ
> ト・トイチベクを選び，コーカンドのハンへ代表として送り出した．マッ
> リャー・ハン〔在位 1858-1862〕は私たちを好意的かつ気前よく迎え入れ，
> 金の軍刀，小銃やその他の武器，そして絹の上衣をくださった．［Aristov
> 2001（1893）: 512］

　ここから，コーカンド権力がクルグズの有力者であるジャンタイの忠誠を取り
つけ，それを確固たるものにしようとしていたことがまず分かる．こうした背
景には，マッリャー・ハンの治世下において，遊牧系勢力が影響力を有し，一
部のクルグズが政権に参画していたこともさることながら［Babadzhanov 2010:
232］，後チュイ地方におけるコーカンド・ハン国のプレゼンスを強化すること
で，同地方への軍事侵攻を強めつつあったロシア帝国を牽制する意図があった
ものと思われる．さらに，ジャンタイの側でも，そうしたコーカンド側の招き
に応じ，息子のシャブダンを派遣していたことも読み取れる．
　このように，ロシアの軍事膨張が強まる中で，実際にロシア軍とコーカンド
軍との間で軍事衝突が発生することになった．この経緯について，「自伝略
歴」は続けて以下のように言う．

> マッリャー・ハンは，将軍のカナト〔・シャー〕とともに私たちを送り返
> した．カナトはロシアと戦うために軍隊を伴っていた．戦闘はウズン・ア
> ガッチで起こった．サルトたちは撃破され，ピシュペクへ逃げた．〔…〕
> カナトは私を連れてタシュケントへ戻った．［Aristov 2001（1893）: 512］

ウズン・アガッチはロシアの拠点ヴェールノエの西郊に位置し，現在でも地名
として存在している（図1-4）．1860年10月同地で，カナト・シャー率いるコ
ーカンド軍総勢約二万名と，コルパコフスキー率いるロシア軍総勢約2000名
が激突した．「自伝略歴」からも明白なように，コーカンド軍の中にはシャブ
ダンもいた（父ジャンタイも参戦していた可能性が高い）．結果，人数的には圧倒
的な劣勢にもかかわらず，ロシア軍が勝利したことが知られる［Beisembiev
1987: 24］．

この戦いを境に，以後ロシア帝国はサルバグシ族のマナプたちに対する切り崩し工作をより活発化させていった．このことと関連して，同年コルパコフスキーが，メンデ，アディル，アジ，ルスクルベク，カリグル及びフダヤールといったサルバグシ族のマナプたちに以下のような書簡を送り，ジャンタイの孤立化を図っていたことが注目される．

> 〔…〕サルト〔＝コーカンド・ハン国〕へのザカートの支払いに同意しないことを理由に，同族のジャンタイが汝を抑圧しはじめたことを最近知った．〔…〕ジャンタイは汝より富裕かもしれないが，ジャンタイにはザカートを払わせておくがよい．〔…〕汝はメンデに合流し，彼とともに遊牧せよ．もし冬営地がないのならこちらに来るがよい．土地なら私があげよう[20]．

　このようにロシア側の圧力が強まる中で，いよいよジャンタイもロシアにつくことを決断していった．1862年，彼が率いるサルバグシ族トゥナイ支系は正式にロシア帝国に臣従した［Talyzin 1898: 33］．この経緯について，「シャブダン伝」は次のように記している．

> 〔…〕シャブダンがフダヤール・ハンのもとにいたとき，父親のジャンタイ・バートゥルはアルマ・アタ〔＝ヴェールノエ〕のコルパコフスキーという将軍のもとへ行き，ロシアの臣民となる協定を結んでいた．〔…〕ジャンタイ・バートゥルは，ロシアの長官たちに，「あなた方と近づく術である」と言って，マナプバイという息子を差し出した．［ASh: 6ob.］

　これ以後，ジャンタイ率いるトゥナイ支系は，トクマク要塞の建設をはじめとして，ロシア帝国の進出に協力していった［Dzhamgerchinov 1959: 283］．このようにロシア帝国は，ジャンタイ率いるトゥナイ支系との結びつきを強めつつ，後チュイ地方の征服を進めてゆくことになった．
　ところで，コーカンド・ハン国はウズン・アガッチの戦いでの敗北の後も彼らに対する支配を断念したわけではなかった．実際に1863年の末にはコーカンド・ハン国の将軍のムッラー・アーリムクルはジャンタイに対してコーカン

ド・ハン国への帰順をうながす書簡を送っている．しかし，ジャンタイはアーリムクルの要求に同意しなかったばかりか，その書簡をコルパコフスキーに引き渡したのであった [TK: 61-63]．このことによって，ジャンタイに対するロシア帝国側の「信頼性」（*blagonadezhnost'*）がより高いものとなったことは言を俟たない．

　しかし他方で，こうしたジャンタイの一連の協力的行動の背景には，ロシアの進出を利用して良好な遊牧地の確保を図ろうとする思惑があった点を見過ごすわけにはゆかない．ジャンタイがコルパコフスキーに宛てた1863年12月22日付書簡は，彼のそうした意図を鮮明に示しているものと考えられる．以下に引用してみよう．

> 〔…〕キプチャクたちがクルトカ〔要塞〕に来て補修を行ない，同地に100名を残していったという情報を入手した．〔…〕アウリエアタ方面では，メルケ要塞の補修のためにキプチャクたちがやってきて同族の者からベク——名前は不明——を選び，要塞を維持するために40名を残していった．〔ソルト族の〕マナプ，ジャンガラチは〔コーカンド・ハン国に対して〕献身を示すためにキプチャクのもとへ行った．〔…〕また，マイムルとトゥナリの二人のマナプもコーカンド・ハンのもとへ去った．〔…〕このようにチュイ川のこちら側〔＝右岸〕を遊牧するソルト族のクルグズは悪意を持ち，貴方を欺こうとしている．キプチャクたちはサルバグシ族のクルグズにも誘いをかけてくるが，私はいざこざを恐れて，キュンゲイへの移住を思い立った．もし，貴方が私にケミンの領有を認めてくださるのであれば，キュンゲイでの遊牧は一切行なわない[21]．

　キュンゲイとはウスク・キョル湖北岸一帯を指す地名であり，同地はブグ族のクルグズの遊牧地となっていた．このため，仮にジャンタイが同地への移住を敢行すれば，オルモンの時と同様に大きな紛争が発生するだろうということは明らかであった．だが実際のところジャンタイが求めていたのは，書簡にもあるようにケミンではなかっただろうか．ケミンはトクマクとウスク・キョル湖のほぼ中間に位置する地域であった（図1-6）．チュイ川支流の大・小ケミン川

が流れているため水資源も豊富で，良好な遊牧地に恵まれている他に，四方を山に囲まれた天然の要害でもあった．ジャンタイは，キュンゲイへの移住という大それた計画を持ち出すとともに，コーカンド勢力の影をちらつかせることで，ロシア側から譲歩を引き出そうとしたものと推測される．すなわち，ジャンタイはロシア帝国とコーカンド・ハン国の狭間に置かれた自らの立ち位置を利用し，協力の見返りとして，遊牧地の確保を図ろうとしたのである．

6 軍事・統治機構の確立とジャンタイ

1850年代末から1860年代初頭にかけて，中央アジアにおけるロシア帝国の征服活動は急激な進展を見せたことが知られる．そうしたことを背景に新たな戦略線が顕在化することとなった．すなわち，従来のシベリア戦略線とシルダリヤ戦略線を統合する形で，新たな戦略線「新コーカンド線」（*Novo-Kokandskaya liniya*）が創出されたのである．新コーカンド線は，ペロフスク，ジュレク，トルキスタン，シムケント，アウリエアタ，メルケそしてトクマクの各要塞を結ぶ軍事戦略線であった［Dzhamgerchinov 1959: 294］．その名称から推して知られるように，それはコーカンド・ハン国の将来的な征服を見据えて設置されたものであり，同国を北側から大きく取り囲む格好をしていた．

新コーカンド線が創設された当初，中央の陸軍省は中央アジア内部への軍事侵攻は行なわず，現状維持の方針を示していた．にもかかわらず，新コーカンド線長官のチェルニャーエフは無断で軍事侵攻を進め，1865年にタシュケントを占領した．しかし，この有名な「事件」はロシア帝国の中央アジア南部の本格的な攻略の契機となる一方で，彼らの予想を超えた別の事態を誘発することになった．すなわち，ロシア軍の侵攻を受け，コーカンド・ハン国の有力な将軍のヤークーブ・ベグは同国を離れ，東トルキスタンへ移住した．この当時，東トルキスタンは清朝の統治下にあったが，1862年に陝西で始まったムスリム叛乱は同地域にも及んでいた．この混乱に乗じてヤークーブ・ベグは同地で権力を掌握し，政権を樹立するに至った[22]．

こうした情勢に対応すべく，ロシア帝国陸軍大臣のミリューチンは，新コーカンド線周辺の新たな併合地域の強化と安全保障という観点から行政区画の創

設を急ぎ，1865 年 2 月 12 日に新コーカンド線は「トルキスタン州」(*Turkestanskaya oblast'*) に改組されてゆくことになった．

同年 8 月 6 日に公布された「トルキスタン州臨時統治規程」(*Vremennoe polozhenie ob upravlenii Turkestanskoi oblast'yu*) によれば，同州は「1864 年に後チュイ地方に創設された最前線とシルダリヤ〔戦略〕線を連結し，アラル海からイシク・クリ〔＝ウスク・キョル〕湖に至るまでの，中央アジア諸領と接するすべての地域」から成り立つものと規定された [PSZ, 1867: no. 41792/ 184]．同州は陸軍相の管轄のもとオレンブルグ総督府に組み込まれ，チェルニャーエフが州軍務知事に任命された．州は「中央」，「左翼」そして「右翼」の三部に分けられ，各々を「主管」(*Zaveduyushchii*) が管轄した．さらに主管に直属する役職として「原住民管理官」(*Upravliayushchii tuzemnym naseleniem*) が置かれた．こうした軍事的改編にともない，後チュイ地方を遊牧するクルグズはアウリエアタに拠点を置く左翼部に編入されることとなった．以下では，左翼部のもとでロシア帝国の支配下に正式に編入されたジャンタイがロシア側からどのように位置づけられていったのか，他のマナプたちの動向にも目を配りながら検討してみたい．

クルグズを統治するに当たって，ロシア軍政当局は「部族」(*rod*) とその下位区分の「支系」(*otdelenie*) を末端の統治単位として公認していった．さらに，「トルキスタン州臨時統治規程」第 31 項「軍務知事は現地統治を管理する現地民（キルギズの部族長，ビー，マナプ，サルトのアクサカル，ラルース及びカーディー）を任命・罷免する権利を有する」に従って [PSZ, 1867: no. 42373/ 880]，ロシア軍政当局は在地の有力者層を公認するとともに，その任命・罷免権を掌握していった．

この中で，クルグズの各部族の支系の統治者としてマナプが任命されていったことが特筆される．同時に，統治規程上明文化されてはいなかったものの，部族全体の統治者として「上席マナプ」(*Starshii manap*) が各部族に一名任命された．サルバグシ族ではジャンタイ，ソルト族ではバイティク，クシチュ族ではセルゴズィがそれぞれ上席マナプに任命された．このように，ロシア軍政当局は，上席マナプを頂点とするクルグズ諸部族を軍事指令系統の末端に組み込むことで，新コーカンド線の防衛・監視体制を構築しようとしたのである．

マナプの任命と並行して，ロシア軍政当局は，各々のマナプに対して遊牧範

囲を定めていった．図1-6は，1865年3月にトルキスタン州左翼部現地民管理官が軍務知事チェルニャーエフへ宛てた報告書に基づいて，マナプたちに割り当てられたおおよその遊牧範囲を地図上に整理したものである[23]．

　ここから，ウスク・キョル湖西端のクテマルディからタラス川上流域のアシュマルに至るまで，東西に延びるクルグズ・アラトー山脈に沿う形で，それぞれのマナプに対して遊牧範囲が定められたことが分かる．

　とりわけ，戦略上重要視されていたのは，ウスク・キョル湖西端のクテマルディからボーム渓谷（図1-7）に至る地域である．この地域はロシア帝国の一大進出拠点ヴェールノエに程近いことに加えて，天山山脈を経由して各地へと通じる交通の要衝でもあった．すなわち，同地点を東進すればウスク・キョル湖に，南下すればコチコルへ，さらにコチコルを西へ進めばジュムガル，スゥサミルを経由してフェルガナ盆地へと通ずる．また，コチコルを南下すれば，ナルンを経て清朝領東トルキスタン，カシュガルへと行くことができた．

　この重要地点の言わば「番人」として配置されたのが上席マナプ，ジャンタイを首領とするサルバグシ族トゥナイ支系のクルグズであった．左翼部主管のメディンスキーがチェルニャーエフへ送った報告書によれば，「最も信頼できる」（samyi nadezhnyi）マナプ，ジャンタイをクテマルディ及びボーム渓谷からカラクングズにかけて，また，ジャンタイの配下にあるマナプ，フダヤールをシャムス付近に配置した（図1-6：①・②）[24]．こうすることで，「ジャンタイがボーム，シャムス両道を監視することでサルバグシ族の逃亡を防ぎ，かつ左翼の内部にコーカンド〔・ハン国の〕勢力が進軍してきた際には，そのことを迅速に伝達する」体制が整えられた[25]．

　コーカンド軍への対策に加えて，ジャンタイらには，同じサルバグシ族テミル支系のマナプ，トレゲルディを監視する役目が与えられていた．というのもロシア軍政当局はトレゲルディを「あまり信頼できない」（menee blagonadezhnyi）と評価し，彼がロシアの支配圏から逃亡することを非常に恐れていたからである．トレゲルディに対するロシア側の警戒感の背景や理由については，公文書中に一切記述がなく判然としない．だが，おそらくは，彼が掠奪・襲撃の名手として名高い遊牧英雄バートゥルであったこと[26]とならんで，今は亡きオルモンの忠臣であったことが大きく作用していたものと推察される．後述する

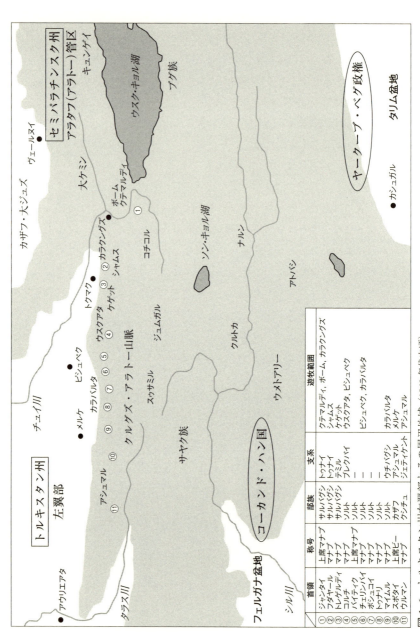

図1-6 トルキスタン州左翼部とその周辺地域（1860年代中頃）

ように，この当時オルモンの息子のウメトアリーは天山山中奥深くにあってロシアに従うことを拒んでいたのであり，彼がトレゲルディと結んでロシアに対する叛乱を引き起こす可能性はロシア人軍政官たちの脳裏を容易によぎったに違いない．こうした事情により，トレゲルディによって率いられるテミル支系のクル

図 1-7　ボーム渓谷（1856年当時）
出典）Valikhanov [1985a: 16].

グズは，ボームならびにシャムス西方のケゲットに配置され，ジャンタイとフダヤールの監視下に置かれることとなった（図1-6：③）．

　ロシア軍政当局による遊牧範囲の確定は，ジャンタイをはじめとするマナプたちにとっても相応の意味を有するものであったと考えられる．というのも，20世紀初頭に土地調査を行なった植民地官吏のルミャンツェフが，古老からの聞き取りに基づきつつ，

> […] [クルグズは] 1830年代前後にチュイ川付近に移住してきたが，以後30年間，同地に確固として定着することは叶わなかった．彼らは，キルギズ・カイサク〔＝カザフ〕が襲撃してきた際には，コチコルやジュムガルにまで後退することを余儀なくされていた．[MOM: 178]

と記すように，遊牧地の帰属は従来非常に流動的なものであった．それゆえ，マナプたちはロシアの進出に協力し，軍事行政機構にむしろ積極的に組み込まれることで，自らの遊牧地の帰属を明確にすることが可能となったものと推察される．20世紀初頭にクルグズのもとで民族学調査を行なった植民地官吏のソコロフに対して，クルグズの古老たちは，「現在の場所を確保したのは，ト

クマクにロシアがやってきたときだった」と語ったことはその裏付けとなり得るだろう [Sokolov 1910].

これまで検討してきたように，マナプたちの多くがロシア帝国の軍事侵攻に協力し，軍事・行政機構の中に取り込まれていった．だが，マナプの中にはロシアの進出を嫌い，その支配下に入ることを拒む者もいた．サルバグシ族エセングル支系のマナプで，オルモンの息子のウメトアリーはそれを象徴する存在であった．

ウメトアリーのたどった道は，ジャンタイのそれとは対照的であった．ロシア帝国の軍事侵攻が活発化する1850年代末から1860年代初頭にかけて，ジャンタイがロシアの進出に協力してゆく一方で，ウメトアリーは配下の牧民約1000天幕を率いて天山山脈の奥地へと移住していった [Soltonoev 2003: 375]. 同地において，彼はジギト部隊を率いて襲撃・掠奪を行ない，ナルン川上流のアトバシ付近を遊牧するチェリク族やサヤク族を従わせ，遊牧地を獲得していった．

ロシア軍政当局もこうした事態を決して放置してはおかなかった．ロシア軍政当局は，1860年代初頭にサルバグシ族とソルト族を支配下に組み込むと，天山山脈の内部にも遠征部隊を送り込み，ウメトアリーのもとに糾合したクルグズ諸部族の離反をうながしていった．当然のことながらウメトアリーはそのことに不満を抱き，1863年には，同地に派遣されたプロツェンコ大尉率いる遠征軍をジギト部隊とともに襲撃するに至った [Severtsov 1873: 212]. この事件の後もウメトアリーは，ロシア帝国はもちろん，コーカンド・ハン国にもヤークーブ・ベグ政権にも従わず，天山山中にあって襲撃・掠奪と移住を繰り返した．このように，ロシア軍政当局にとってウメトアリーは征服を進める上での一大懸念材料であり続けていたのである．このウメトアリーの顛末は次章での議論に譲りたい．

*

以上本章はロシア帝国の進出前夜におけるクルグズ遊牧社会の特徴をジューンガル政権崩壊後における地域秩序との連関において整理し，後半ではそれを

踏まえながらシャブダンの父ジャンタイに焦点を当て，彼がいかなる経緯を経てロシア帝国の支配下に組み込まれていったのかということについて考察した．その中から明らかになったことを簡潔にまとめておこう．

　ロシア帝国とジャンタイが関係を構築してゆく上で，その媒介となっていたのは軍事協力であった．それは大きく二つの側面に分けることができる．その一つは，ケネサル叛乱の討伐が象徴するように，実際の戦闘行為への参加である．すなわちロシア帝国は，遊牧英雄バートゥルたるマナプを核として，それに伺候するジギト部隊によって発揮される「戦闘性」を利用しながら軍事侵攻を進めていった．

　軍事協力のもう一つの側面は情報の提供である．本章ではジャンタイがロシア帝国へ送付した書簡を検討したが，そこからは彼が周囲のクルグズ諸部族とその首領たちの動向のみならず，コーカンド・ハン国の動向についても詳細に知らせていたことが分かる．このことは言い換えれば，ジャンタイは，近い将来に軍事征服が見込まれるコーカンド・ハン国の動向を巡る情報提供者としての役割を果たしていたことを意味してもいた．

　だが，ジャンタイがコーカンド側の情報を入手できた背景として，彼がコーカンド権力との間に強いパイプを構築していた点を看過するわけにはゆかない．事実，本章の考察からも明らかなように，ジャンタイはロシア帝国の進出以前からコーカンド権力の協力者としての側面を持ち，それはロシアの軍事進出が強まる1860年代初頭に至るまで一貫して継続していた．そして，次章から本格的に登場することとなるジャンタイの息子シャブダンは，1850年代末から1860年代初頭にかけて，ジャンタイとコーカンド権力とを結ぶ媒介者としての役割を果たしていたのであった．これはむろん推測の域を越えるものではないが，ロシア側がジャンタイを上席マナプに任命し，統治の多くを委ねた背景には，彼がコーカンド・ハン国の有力な協力者であったことが大きな要因としてあった，と言ってもあながち誇張にはあたらないだろう．以上のことからも明らかなように，ロシア帝国による「併合」過程とは，従来強調されてきたようなロシア対クルグズという二者関係のみによって捉えることはできないのである．

　他方において，ジャンタイの側でもロシアとコーカンドの狭間に置かれた自

らの立場を巧みに活用していた．ジャンタイによるロシアへの軍事協力は無条件になされたものではなかった．実際に，ジャンタイは軍事協力と引き替えに恩賞や遊牧地をはじめとする具体的な利益を引き出そうとした．こうしたジャンタイの姿には，ロシアとコーカンドという二つの大国の狭間に位置づけられた小規模遊牧勢力の生存戦略を見て取ることができるだろう．

第 2 章　統治改革と軍事侵攻の狭間で

　19 世紀中期以降に活発化した軍事侵攻とそれにともなう征服活動の進展を背景に，ロシア帝国は 1860 年代中頃になると，中央アジアにおける統治機構の再編を模索するようになった．その結果，1867 年 7 月 11 日，オレンブルグ総督府管轄下のトルキスタン州と西シベリア総督府管轄下のセミパラチンスク州南部を併せた領域に，トルキスタン総督府（*Turkestanskoe general-gubernatorstvo*）が創設された．同総督府はタシュケントを首府とし，シルダリヤとセミレチエの二州で構成された．このような統治機構の再編に際して，クルグズ諸部族はセミレチエ州に設置された二つの郡（トクマク，イシク・クリ（ウスク・キョル）郡）の管轄下に置かれることになった．

　トルキスタン総督府は陸軍省の管轄下に置かれ，総督以下，郡長に至るまで陸軍将校から選任された．彼らは割り当てられた行政区域の統治に当たる行政官としてのみならず，総督府内に駐留するロシア軍の指揮官としての役割と権限を兼ね備えてもいた．実際，総督府が創設された当時，その南にはコーカンド・ハン国をはじめとする諸政権が依然として存在し，それらの征服が大きな課題として残されていたのであり，彼らの文字通り軍人としての側面が現実味を帯びていたであろうことは想像に難くない（図 2-1）．

　このような軍事征服の遂行と並行して，トルキスタン総督府には別の使命が課せられていた．すなわち，それは総督府管内における統治改革の実施である．よく知られるように，クリミア戦争の敗北により近代化の遅れが痛感される中，アレクサンドル 2 世のもとで農奴解放をはじめとする諸改革が実施された．このいわゆる「大改革」を通して，ロシア帝国でも他の西欧諸国に遅ればせながら，「国民」の創出と統合が目指されてゆくこととなった．

　こうした大改革の理念はトルキスタン総督府の統治にも少なからず反映され

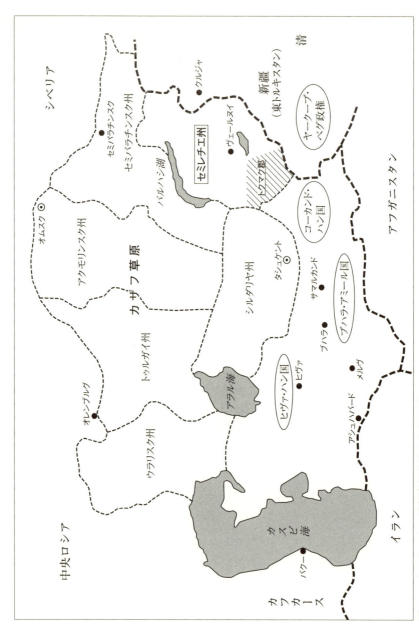

図 2-1 トルキスタン総督府創設時の中央アジア

た。とりわけ，現地民の統治制度は，
当時中央ロシア農村部で実施されて
いた改革の影響を受けていた。中央
ロシア農村部では，農奴解放を契機
に，伝統的な農村共同体が「村団」
と「郷」(volost')に再編され，地方
行政の最下層の単位として県・郡
(uezd)の下に位置づけられたが［鈴
木 1995: 99-100］，1867年に施行され

表 2-1　トルキスタン総督府の統治機構

陸軍省	陸軍大臣	
総督府	総督	
州	州軍務知事	ロシア人
郡	郡長	
	郡長上級補佐	
	郡長下級補佐	
郷	郷長	現地民
アウル(遊牧村落)	アウル長	
キビトカ(世帯／天幕)		

た「セミレチエ・シルダリヤ州統治規程案」(以下「統治規程案」と略記)によれ
ば，カザフやクルグズも，村団に相当する「アウル」(遊牧村落)で構成される
「郷」に編成され，「州」(oblast')と「郡」の下に位置づけられていった。この
ように，クルグズをはじめとする遊牧民は，旧トルキスタン州時代に末端の統
治単位として位置づけられていた「部族」ならびにその「支系」に代わって，
帝国内地のロシア人農民と同様に，領域的原理に基づいた郷の中に編成される
ことになったのである。

　郷制度の施行を巡る重要な点として明記しておかなければならないのは，マ
ナプが統治の媒介者としてもはや公式には認められなくなった点である。大
改革の一つの眼目として，旧来の諸階層の解体が挙げられるが，そのことは遊
牧民統治の文脈において，旧来の部族首領の権力を含む「部族原理」(rodovoe
nachalo)の弱体化に置き換えられていった。そうした理念に基づき，マナプを
はじめとする既存の部族首領は，「民衆」(narod)から選出される「郷長」(vo-
lostnoi upravitel')に取って代わられることが定められた［Proekt polozheniya... 1867:
129］。郷長とは，マナプのような部族を率いる首領ではなく，ロシア人の郡長
に直属し，領域的原理で編成された郷という行政単位の統治を担う現地民官吏
であった。

　このように遊牧民を郷制度の中に編成することは，ひいては遊牧民の「部族
原理」や「戦闘性」(voinstvennost')を弱め，ロシア帝国の一員としての「公民
性」(grazhdanstvennost')を向上させることで，帝国内地への「漸次的かつ有機
的な接近(sblizhenie)と融合(sliyanie)」を図ることが可能になると考えられた

のである.

　それでは，トルキスタン現地における統治規程案の施行はどのように進展したのだろうか．この問題に関する先行研究の比重は，統治規程案の起草を巡る政府中枢での議論に置かれるとともに [Pierce 1960; Mackenzie 1967; Vasil'ev 1999; Korneev 2001; Brower 2003]，現場での施行のあり方に関しては，新たな統治制度の概括に終始し，その実効性が主張されてきた [Talyzin 1898: 39; IK 1986; Saparaliev 2004].

　しかしながら，施行過程の実際は，先行研究において指摘されてきたほど単線的なものではなかった[1]．事実，本書の主人公であるシャブダンがロシア支配の特別な協力者として登用され，現地社会において以前にも増して大きな存在感を示すようになるのは，トルキスタン総督府草創期に当たる 1860 年代末から 1870 年代にかけてであった．それではなぜそのような事態が出来したのだろうか．本章は，こうした問題意識に沿いながら，セミレチエ州南部に設置されたトクマク郡に焦点を当て，同郡における郷制度施行の実相を具体的に検討してゆこう．

1　初代総督カウフマンによるマナプの赦免

　トルキスタン総督府現地における統治規程案の施行は，初代総督のカウフマンに全権が一任された．1867 年 10 月，セミレチエ州を視察に訪れたカウフマンは，初代セミレチエ州軍務知事のコルパコフスキーに宛てて，同州における統治規程案の施行に向けた訓示を発令した．その中でカウフマンは州内に設置された各郡（セルギオポル，コパル，ヴェールヌィ，トクマク，イシク・クリ（ウスク・キョル））に再組織委員会（*reorganizatsionnaya komissiya*）の設置を命じた．そこでは，同委員会に対して，郡内各地に赴いて遊牧民を郷とアウルに編成するとともに，郷長をはじめとする役職者を選出するよう指示した．その際，委員会の活動に反抗する現地民は逮捕して郡拠点に移送し，作業が終了するまで監視下に置くよう指示するなど，統治規程案の施行に向けた強い意志を示した.

　しかし同時に，カウフマンが，「民衆と有力者の双方から信頼を獲得すること」（強調点筆者）が施行作業の成否を握る鍵であると強調した点を看過するわ

けにはゆかない[2]．このことに関連して，セミレチエ滞在中にカウフマンがとった行動として特筆に値するのは，ロシア権力に反抗的なマナプに対して行なった一連の赦免（*proshchenie*）である．以下においてその具体例を見てみよう．

カウフマンがヴェールヌィに到着した際，同地には中国領への逃亡を企図したブグ族のマナプやカザフのスルタンら数名が拘留されていた．彼らは同年5月に陸軍大佐のポルトラツキーが率いる天山遠征隊によって捕縛され，野戦法廷への引き渡しとシベリアへの追放が決定されていた．しかしカウフマンは，カザフならびにクルグズの有力者たちの面前でその決定を覆して彼らを赦し，解放した〔KR: 320-321〕．

図 2-2 カウフマン
出典）TsGA KFFD KR, no. 0-29947.

これに次いでカウフマンは，長年にわたりロシアに対して抵抗し続けてきたサルバグシ族のマナプ，ウメトアリーがロシアに臣従することを容認した．ウメトアリーは上述のポルトラツキー遠征隊に随行する動物学者セヴェルツォーフを介してロシアへの臣従の意向を示していた〔Severtsov 1873: 245〕．それを受けカウフマンは，1863年にウメトアリーが起こしたロシア部隊への襲撃事件に関して，殺人に対する賠償を家畜で支払うことを定めた「クン」と呼ばれるクルグズの慣習に基づいて，死亡したロシア兵への賠償（馬375頭あるいは7500ルーブリ）の支払いを条件にウメトアリーを赦した．

さらにカウフマンは，ヴェールヌィからタシュケントへ向かう途上，アウリエアタの営倉に拘留中のソルト族のマナプ，バイティクに接見した．総督府が創設される前夜，バイティクは天山山中を遊牧するサヤク族に対して行なった襲撃と掠奪のために逮捕されていた〔Khoroshkhin 1872〕．このときの接見の様子について，後年，東洋学者のオストロウーモフは以下のように記している．

〔…〕監獄において総督〔カウフマン〕は拘留者たちの中にバイティクを見出して訊ねた——「汝は己の罪を自覚しているのか？」．バイティクは威勢

良く，堂々と答えた──「私は己の罪を自覚している．アラタフ〔＝クルグズ・アラトー〕の山々に等しい閣下の権力の前にあって，私は小山にしか過ぎないと感じている」．〔…〕カウフマンは，〔バイティクが〕慣習に基づいて〔襲撃と掠奪を〕行なったのだとして，賠償金の支払いを条件に彼を釈放するよう指示した．［Ostroumov 1899: 157-158］

以上で示した一連の赦免行為からは，カウフマンが有力なマナプ＝バートゥルの取り込みに熱心であった様子が浮かび上がってくる．その際，特に重要な鍵となっていたのが，襲撃と掠奪を巡るカウフマンの態度であったことが分かる．すなわち，カウフマンはマナプ＝バートゥルの権威の源とも言うべきそうした行為を真っ向から否定することはせず，むしろ伝統的な慣習として一定の理解を示すことで，現地遊牧社会の有力者の懐柔を図るねらいがあったものと考えられる．このことは言い換えれば，カウフマンが遊牧民の慣習を媒介にして現地民に温情を示し，鷹揚に振る舞うことで，「半ツァーリ」とも称されることになる自身の権威を現地社会に顕示する目的で行なわれた，ある種のパフォーマンスとしての側面があったとも言えるだろう．このように，統治規程案の施行は，カウフマンによる現地有力者の赦免を経て始動することになるのである．それでは統治規程案の施行作業がどのように展開したのか，次節において，その実相を検討しよう．

2　郷制度の施行とマナプ＝バートゥル①：バイティク

トクマク郡再組織委員会は，初代トクマク郡長に任命されたザグリャジスキーと旧トルキスタン州左翼部トクマク要塞軍事長官で，新たに郡長上級補佐に任命されたクルコフスキーを筆頭に，1868年1月から同年7月にかけて活動した．同委員会はチュイ盆地西部を皮切りに，コチコル盆地を経て，天山山岳地帯の順に郷を設置していった．

図2-3は，1868年4月9日に郡長ザグリャジスキーが州軍務知事コルパコフスキーへ宛てて提出した，「選出された郷長に関する簡単な特徴描写」とその他の統計資料を基に，トクマク郡に創設されたクルグズ諸郷の情報を整理し

第 2 章　統治改革と軍事侵攻の狭間で　65

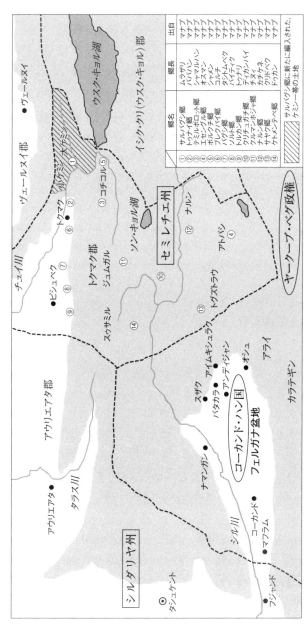

図 2-3　トクマク郡とその周辺地域（1860 年代末〜1870 年代中頃）

たものである．ここから，トクマク郡に設置された14のクルグズ郷すべてにおいて，マナプが郷長に選出されたことが一目瞭然である．また，14郷のうち二つの郷（図2-3：⑫ナルン郷，⑭ケトメンテペ郷）を除いて，郷の名前にはマナプが率いる部族集団の名称が採用されていることが分かる．

このように郷制度の施行に際して，マナプが存在感を示す結果となった背景には，この当時クルグズ社会において，マナプに代わり得る存在を見出すことが実質上不可能であった点がまず挙げられる．それと同時に，ロシア軍政当局側の意向も上述の結果に少なからず影響していたものと考えられる．このことに関して，後年ザグリャジスキーは自身のクルグズ統治を次のように振り返っている．

> カラ・キルギズ〔＝クルグズ〕は完全に首領の手中にある．従って民衆を統治するためには首領を統治する必要がある．［Zagryazhskii 1874］

この指摘を踏まえれば，ロシア軍政当局はマナプを排除して民衆の中に新たな統治の媒介者を見出すよりも，むしろ郷制度の中にマナプを積極的に取り込もうとしたと考えることができるだろう．以下では，郷の設置を巡るロシア人軍政官ならびにマナプたちの動向をより具体的に検討してみたい．

ソルト族のクルグズからはソルト郷，トルカン郷，ブレクパイ郷及びバグシ郷の計四郷が創設され，チュイ川右岸西部に設置された．この際，郷長にはバイティク，トゥナリ及びコルチをはじめとする，旧トルキスタン州時代にロシア帝国の進出ならびに統治の媒介者となっていたマナプたちが引き続き選出された（図2-3：⑥⑦⑧⑨）．こうした状況から判断すれば，ロシア軍政当局はソルト族のマナプたちを新しい統治体制から排除せず，むしろ郷制度への取り込みを図ったと言えるだろう．

しかしその一方で，ロシア軍政当局はソルト族のマナプ＝バートゥルたちの「戦闘性」を弱めようとした．とりわけその焦点となったのはバイティクである．例えば，郡長ザグリャジスキーは，セミレチエ州軍務知事に宛てた1868年9月13日付上申書の中で，バイティクのジギトのイレバイ・サトゥルガンがバイティクに伺候することを拒否し，自らの家畜群をバイティクのそれから

分離することを望んでいることを報告しているが[3],そうした動きの背景には,マナプ＝バートゥルの言わば「戦闘性」の中核を担うジギトをバイティクから切り離すことを企図するザグリャジスキーの教唆があった可能性が大きい. さらに,ザグリャジスキーは,同年9月に州軍務知事コルパコフスキーに対して以下のように述べ,バイティクの郷長職からの罷免はおろか,州外への追放さえも要請したのである.

> 〔…〕強盗で有名なこのバートゥル〔＝バイティク〕が郷長に選出されなければ〔…〕選挙人を襲いかねないという恐れから,キルギズ〔＝クルグズ〕はバイティクを郷長に選出した.〔…〕部族の中でマナプとしての地位にあった時分に習得された,30年来の横暴と強盗の習慣を矯正することは不可能である[4].

ザグリャジスキーの要請を受けて,カウフマンは流刑については認めなかったものの,バイティクは就任からわずか数カ月で郷長職から解任されることになった[5].

3　郷制度の施行とマナプ＝バートゥル②：トレゲルディ

コチコル盆地周辺をテリトリーとするサルバグシ族テミル支系のクルグズからはテミルボロット郷が創設された（図2-3：③）. 同郷長にはマナプ,トレゲルディの息子のシャマルハンが選出された. シャマルハンについて,郡長は「賢くない」（*ne umnyi*）という低い評価を下している[6]. にもかかわらず,彼が郷長に選出された背景にはいかなる理由があったのだろうか. この経緯に関して,ザグリャジスキーは以下のように記している.

> 〔シャマルハンの郷長への選出は〕実際に民衆を統べる彼の父親〔のトレゲルディ〕の指示によってなされた. 父親自らが語ったところによれば,自分はジャンタイ・カラベクの座に就く――すなわち全サルバグシ族を治める――ために郷長を辞退した[7].

この記述から分かるように，トレゲルディは郷長のポストを言わば意図的に辞退することで，部族の首領つまりマナプとしての地位を維持することを企図していたことが分かる．後年ザグリャジスキーは，自身のクルグズ統治の経験を振り返る中で，

> 〔…〕強力な部族首領は，自分自身は郷長にはならず，二流の人物を郷長に就かせ，自らはつとめて舞台裏にいることを好む．[Zagryazhskii 1871]

と指摘しているが，トレゲルディはまさにこうした部類の首領に位置づけられよう．

　それでは，トレゲルディのこのような対応の背景には，いかなる思惑があったのだろうか．推測を交えて言えば，トレゲルディは，ロシア人の郡長に従属し，郷という限られた範囲の中でその命令を遂行することを職務とする郷長に就任すれば，マナプ＝バートゥルとして従来有してきた権限が著しく制限されることを見抜いていたに違いない．

　とりわけ，トレゲルディの念頭にあったと考えられるのは，掠奪・襲撃を巡るロシア軍政当局の対応である．これまでも指摘してきたように，マナプ＝バートゥルにとって，それらの遂行は非常に重要な位置を占めていた．しかし，新たに導入された郷長職は，従来マナプ＝バートゥルに求められた掠奪・襲撃の指導者としての役割を否定する側面を有していた．事実，統治規程案第109項は，郷長の役割を次のように規定している．

> 郷長は郷の安寧と秩序の維持に——特に掠奪・襲撃（バランタ）が生じぬよう——責任を持つ．[MIP: 291]

ここから，掠奪・襲撃の発生防止が郷長に求められていたことが分かる．それゆえ，郷制度の導入によって，掠奪・襲撃の遂行という重要な役割が脅かされることに対してトレゲルディが警戒感を抱いたとしても決して不思議ではあるまい．事実，この点に関して，コチコル盆地での郷設置作業の際にトレゲルディに面会したザグリャジスキーは次のように記している．

〔…〕ロシア権力は掠奪・襲撃（バランタ）を抑止した．それこそがトレゲルディの富と影響力の源であった．それゆえ彼は我々に従わず，すぐさま反感を抱いた[8]．

また，20世紀初頭にベレク・ソルトノエフが収集した，トレゲルディに関する伝承史料によれば，晩年彼は，「私はロシアによって滅ぼされたのだ」と語っていたという [Soltonoev 1993: 93]．こうしたことからも，マナプ＝バートゥルにとって掠奪・襲撃の禁止がまさに死活問題であったことが分かる．

さて，このようにトレゲルディがロシア軍政当局に対する不信感を少なからず抱いていた一方で，ロシア軍政当局側も旧トルキスタン州左翼部時代に引き続いて，トレゲルディに対して相当の不信感を持っていたことが史料から浮かび上がってくる．実際，トレゲルディの動向を巡る一連の報告を受けた軍務知事コルパコフスキーは，シャマルハンを「好感が持てぬ人物」とした上で，「彼がその影響下にある父親〔＝トレゲルディ〕は，かつてその危険さと不穏さで抜きん出ていた．〔それゆえ〕郷の安寧を保つ素質を有さない」と述べ，「都合の良い機会を利用して別の人物に権力が移行するよう配慮しなければならない」と指示した[9]．

4　郷制度の施行とマナプ＝バートゥル③：オスマン・タイリャク

天山山中を遊牧するサヤク族のクルグズからはクリチュガチ郷，クルマンホジャ郷，サヤク郷及びケトメンテベ郷の計四郷が創設された（図2-3：⑩⑪⑬⑭）．同地域のマナプたちの中には，ロシア軍政当局に対してあからさまな抵抗に及ぶ者があった．例えば，マナプのメデットは「再組織委員会の活動に反感を示した」と郡長は記している．これに対して郡長ザグリャジスキーは，メデットが，「強盗や掠奪・襲撃（バランタ）に従事し，その不道徳さに更生の見込みはない」として逮捕している[10]．

さらに，同じくサヤク族のマナプ，オスマン・タイリャクは，ナルン地方のトグズトラウ地区において，郷の設置作業を行なっていた郡長ザグリャジスキー以下再組織委員会一行を襲撃した．ただし，この事件については，以下に指

摘するように，ヤークーブ・ベグ政権とクルグズの関係に対するロシア軍政当局側の過度な猜疑心とそれに基づく措置が誘発した側面を留保しておく必要がある．1868年4月の時点でオスマンはクルマンホジャ郷長補佐に選出されていた[11]．しかし，ザグリャジスキーは，オスマンとヤークーブ・ベグ政権との関係を察知すると，その息子マムルハンを逮捕してトクマクに移送した[12]．この措置への報復として，オスマンは，ブハラ・アミール国との戦争においてサマルカンドのロシア軍守備隊がシャフリサブズ勢によって包囲されたという噂に連動し，同族のマナプ，コイチをともなって郡長らを襲撃した［Aristov 2001 (1893): 527］．人質をとったオスマンはコーカンド・ハン国領を経由してカシュガルに至り，ヤークーブ・ベグ政権に投降した．後年カウフマンは「新しい統治規程の導入に対する反抗は皆無だった」としているが［Proekt Vsepoddaneishago... 1885: 8］，それが明白な誇張であることはこの事件一つとってみても明らかであろう．

　以上，ソルト族，サルバグシ族テミル支系及びサヤク族のもとにおける郷制度の施行状況とマナプ＝バートゥルたちの動向を検討してきた．ロシア軍政当局は，旧来の部族首領であるマナプが郷長に選出されることを必ずしも妨げなかったばかりか，むしろ積極的に取り込もうとさえしていた．しかし，ロシア軍政当局は彼らを自由放任にしたわけではなく，その活動範囲をあくまでも郷の領域に限定した．郷長の重要な責務として，郷の安寧を維持することが求められたが，それを乱す掠奪・襲撃行為は厳しく規制されていった．また，サヤク族のもとでの襲撃事件が示唆するように，天山山脈を挟んだ東トルキスタンのヤークーブ・ベグ政権とマナプ＝バートゥルたちの関係に対して，ロシア軍政当局は過剰なまでに警戒感を抱いていた点も指摘しておく必要がある．

　このことに関連して，マナプ＝バートゥルの中には，ロシア軍政当局の警戒感を利用して，政敵の破滅を企む者もあった．例えば，1868年3月にトルカン郷長でマナプのトゥナリは郡長ザグリャジスキーにある書簡を提出した．それは，バイティクがヤークーブ・ベグに宛てて書いたとされるもので，ロシアに対する叛乱とカシュガルへの逃亡をヤークーブ・ベグに約束するものであった．これを受けて，ザグリャジスキーはただちにバイティクの逮捕に動いた．これに対し，軍務知事のコルパコフスキーは左翼部時代にバイティクによって捕縛

されたマナプ，マイムルと親密であったトゥナリによる陰謀の可能性を指摘した．果たして，調査の結果，同書簡がトゥナリら，バイティクに敵意を抱くマナプたちによって作成されたことが明らかになったのである[13]．

さて，ロシア軍政当局が上述のような態度を示す一方で，マナプ＝バートゥルたちも郷制度を無条件で受け容れたわけでは決してなかった．とりわけ，トレゲルディの動向から顕著に窺えるように，マナプたちは郷長制度の導入に，掠奪・襲撃をはじめとする，部族首領としての権威にとって不可欠な従来の行動の制限を見て取っていた．ザグリャジスキーは，トレゲルディとバイティクがロシア権力の拠点であるトクマクを襲撃する計画を話し合っていたという噂を軍務知事に宛てて報告している[14]．もちろん，結果的にこうした襲撃が現実に実行に移されることはなかったものの，郷長制度の導入を巡って，彼らが少なからぬ反感を抱いていたことは確かであろう．1869年にクルグズの間で調査に従事した民族学者ラドロフは，クルグズが「わずかな抵抗すら示すことなく，新しい行政秩序を受容した」と回想しているが［Radlov 1989（1893）: 353］，以上の考察を踏まえれば，それはあくまでも表層的な次元のことであったと言うべきだろう．

以上の考察から，概して新たな郷制度の導入を契機に，マナプ＝バートゥルの力が殺がれる傾向にあったことは確かであると思われる．ところが，その一方で，存在感をより強固なものとしていったマナプ＝バートゥルもいた．このことに関して，次節ではシャブダンを巡る動向について検討しよう．

5　ロシア権力の前に姿を現わすシャブダン

サルバグシ族トゥナイ支系のクルグズからはトゥナイ郷とサルバグシ郷の二郷が創設された（図2-3：①②）．前者は左翼部時代のマナプ，フダヤール，後者はマナプ，ジャンタイ配下のクルグズから構成された（ちなみにジャンタイは1867年に没していた）．郷制度の導入を巡るトゥナイ支系の動向において注目に値するのは，前節において考察したサルバグシ族テミル支系と同様に，実質上部族を統べる有力なマナプ＝バートゥルたちが郷長職に就任していない点である．事実，トゥナイ郷長には，「善良で熱心だが，頭脳が優れていない」と郡

長から評されたマナブ,ババハンが,サルバグシ郷長には,ジャンタイの息子ではあるが,「利口ではなく,民衆の好意を得ていない」ムラザリが選出された[15]。

　それでは,なぜこのような選挙結果になったのだろうか。そのことを考える上で重要な手がかりとなるのが,サルバグシ郷における郷長選挙を巡るザグリャジスキーの証言である。

> 〔…〕シャブダン・ジャンタエーフは兄のマナプバイとともにサルバグシ郷を治めている。シャブダンがロシア〔権力〕の前に姿を現わすようになったのはつい最近のことで,それは私が着任してから後のことである。シャブダンは献身的かつ善良——キルギズ〔＝クルグズ〕は彼が質実〔prostoi〕であると言っている——で,誠実であり,民衆に大きな影響力を持つ。民衆はシャブダンを郷長に選出することを望んだが,彼は自ら進んで辞退し,その座を兄〔＝ムラザリ〕に譲った[16]。

　筆者が調べた限りにおいて,この記述は,シャブダンの動向について書かれた同時代史料としては最も古いものである。ここからはいくつかのことが読み取れるが,第一に指摘できるのは,シャブダンが民衆の支持を得ており,大きな権威を有していたことである。その理由として,ザグリャジスキーは,クルグズの言に従いつつ,シャブダンが「質実」であることを挙げている。だが,そうした側面のみをもって彼の影響力を説明することは難しいだろう。ここで,より重要な側面として,「剛健」さ,つまり勇敢さを付け加える必要がある。このことについて述べれば,シャブダンは「戦の時代」の申し子として,掠奪・襲撃の指導者として頭角を現わすとともに,1860年代初頭にコーカンド・ハン国の将軍カナト・シャーに同伴し,ウズン・アガッチの戦いでロシア軍と戦闘を交えた。以上の経緯については,第1章において指摘した通りであるが,さらにその後,ロシア権力の前に姿を見せるまでの数年間にシャブダンはバートゥルにふさわしい勇敢さを示していった。時代は少し前後するが,この経緯について「自伝略歴」を基にたどってみることとしよう。

　ウズン・アガッチの戦いの後,カナト・シャーとともにタシュケントに戻っ

第 2 章　統治改革と軍事侵攻の狭間で　73

たシャブダンはコーカンド・ハン国の内紛に巻き込まれ，タシュケントに 53 日間にわたる籠城を強いられることとなった．この際，カナト・シャーによる出撃命令にもかかわらず，「サルトは誰一人として最初に行こうとはしなかった．そのとき，私〔シャブダン〕はジギトのバヤケとともに壁をよじ登り，石段から地面に飛び降りた」．その後，サルトの兵士たちもシャブダンらに続き，敵を敗走させた［Aristov 2001（1893）: 512-513］．また，シャブダンが休暇で故地に戻ろうとした際，父親のジャンタイがロシア側についたことに怒ったピシュペク要塞のベク，ラフマットゥーリはジギトのバヤケを殴り，鞭打ち，シャブダンともども牢屋に閉じ込めた．しかし彼らは脱獄に成功し，故地に帰り着いた．

　このくだりに関連して想起したいのが，このときからさかのぼること約 2000 年前，匈奴の冒頓にまつわる次のようなエピソードである．月氏に人質として送り込まれた若き冒頓は，暗殺の謀略をかわして匈奴に帰還することに成功する［沢田 1996: 20-21］．この経緯が，冒頓の勇敢な資質を示す根拠の一つとなり，ひいては彼の権威を高めることにつながった点を勘案すれば，コーカンドの追手から逃れ，勇敢に帰還することに成功したシャブダンもまた，それを通して遊牧英雄バートゥルとしての権威を高めることになったに違いない．

　さらに，シャブダンは帰郷すると，掠奪・襲撃の指導者としての才を遺憾なく発揮していった．「自伝略歴」は続けて次のように言う．

〔…〕帰郷してしばらくすると，我々の親族でバグシ族のサルムサクという人物がサルトに捕まり，掠奪されそうになっているという噂を聞いた．私はクルグズを集めて彼を解放しに向かった．サルトたちを上手く打ち負かしたが，その際，その頭目──パシム・クラクとアリシェル──を私とジギトのバヤケとで一人ずつ殺した．一年後に帰郷すると間もなく，私は 40 名のジギトを率いて〔…〕テケス谷のクルジャ寄りに住むカルムィク〔＝オイラート（カルマク）〕を襲撃した．襲撃は成功し，我々は多くの馬を奪った．［Aristov 2001（1893）: 513］

以上の経緯から，質実にして剛健なシャブダンに民衆が大きな信望を寄せていたであろうことは言うに及ばない．後年，息子のカマルが執筆した「シャブダン伝」は，1867年当時のシャブダンについて，「〔…〕シャブダン・バートゥルは27歳となった．民衆の間での彼の権威はますます大きなものとなりつつあった」と記しているが［ASh: 23］，以上のことを踏まえれば，それが根拠のない誇張では決してないことが分かる．シャブダンが郷長職に推薦された背景には，遊牧英雄バートゥルとして，民衆から絶大な信頼を得ていたことが大きく作用していたものと考えられる．

　にもかかわらず，シャブダンは郷長職への就任を固辞した．彼のこうした対応の背景としてまず指摘できるのは，前で考察したトレゲルディ同様に，郷長職がマナプ＝バートゥルとしての活動を制限するのではないかという警戒感であろう．さらに，もう一つの背景として考えられるのは，郡長ザグリャジスキーによる登用である．事実，ザグリャジスキーは新たな統治制度の施行に当たって，故ジャンタイの人脈を活用していった．統治規程案第66項には，郡長の下にその「補佐」（pomoshnik）職を置くことが規定されており［MIP: 288］，トクマク郡には「上級補佐」（starshii pomoshnik）と「下級補佐」（mladshii pomoshnik）が設置された．本章でも述べたように，前者にはロシア人軍政官のクルコフスキーが任命されたが，他方で，下級補佐にはフダヤールの息子のソーロンバイとジャンタイの息子のマナプバイが任命された[17]．さらにザグリャジスキーは，統治規程案に規定された公式の役職とは別に，シャブダンを非公式な形で特別に登用していったのである．

　それでは，なぜザグリャジスキーは敢えてシャブダンを登用したのだろうか．その背景としては，彼が遊牧英雄バートゥルとして現地民の間で大きな影響力を有していた点もさることながら，サルバグシ郷やトクマク郡にとどまらず，コーカンド・ハン国をはじめとする広い範囲での活動経験と人脈を有していた点が考慮されていたものと推察される．仮にこのようなマナプ＝バートゥルがロシア支配を離れれば，統治を遂行する上で有望な人材を失うことを意味するばかりか，逆にロシア支配を脅かす危険な存在にもなりかねなかった．この地域はロシア帝国による征服から日が浅く，天山山脈を隔ててヤークーブ・ベグ政権やコーカンド・ハン国といった諸勢力と接していたのであるから，それは

なおさらのことであった[18]．

　こうした特別な登用を反映するように，ロシア軍政当局はシャブダンの勢力圏を細分化するよりは，むしろ補強していった．特に，サルバグシ郷の領域設定において特別な配慮がなされていたことが史料から浮かび上がってくる．

図 2-6　大ケミン谷（筆者撮影）

　前章において考察したように，旧トルキスタン州左翼部時代にシャブダンの父親で上席マナプのジャンタイ・カラベクはケミン一帯の領有をロシア軍政当局に求めていた．しかし，その要求はジャンタイ本人の存命中に叶えられることはなかった．ところが，新たにサルバグシ郷が設置される際に，ケミン一帯が同郷の領域として正式に編入されることとなった．事実，軍務知事コルパコフスキーは，1867 年 11 月 30 日付で再組織委員会に宛てて，「大ケミン谷をサルバグシ族トゥナイ支系に残すよう」，イシク・クリ〔ウスク・キョル〕―トクマク両郡境の修正を指示している（図2-3：斜線部）[19]．

　旧トルキスタン州左翼部時代にロシア軍政当局がソルト，サルバグシ族に対してチュイ川右岸での遊牧を認めず，左岸に配置する方針をとっていたことを踏まえれば，チュイ川右岸に位置する大ケミンの領有を認めたこの措置は特別なものであったと言えよう．

　だが，こうして大ケミン一帯がサルバグシ郷に割り当てられた影には，この地域を遊牧地として手放すことを余儀なくされた集団が存在したことも忘れてはならない．このことに関して，後年ベレク・ソルトノエフは，

> 〔…〕トゥナイは早くからロシアに従って親密になり，エセングルのサルバグシをその古くからの遊牧地である大ケミン，小ケミンならびにチュイ平野から外に追い出した．［Soltonoev 1993: 92］

と指摘している．実際に，マナプ，オスマン・ルスクルベクが率いるサルバグ

シ族エセングル支系は天山山中に位置するナルン地方の南方，アトバシに遊牧地が割り当てられた（図2-3：④）．また，ケミンはクルグズだけでなく，大ジュズのカザフが遊牧を行なってきた土地でもあった．トクマク郡に隣接するヴェールヌィ郡に編入されたカザフの中には，依然としてケミンの領有を主張し，同地での遊牧に及ぶ者もあった．興味深いことに，こうした係争に際してトクマク郡長は，ケミンがトゥナイ支系に帰属することを強く主張した．例えば，1869年6月に小ケミンの帰属を巡って発生した，ヴェールヌィ郡カステク郷のカザフとサルバグシ族のクルグズの間での諍いにおいて，郡長ザグリャジスキーは，「小ケミン谷は昔からサルバグシ族のクルグズに属している」と述べて[20]，ケミン一帯の領有の正当性を主張したのである．

　それでは，トクマク郡長から特別に登用されたシャブダンは具体的にどのような役割を担っていたのだろうか．このことについて，次節以降で具体的に検討しよう．

6　掠奪・襲撃から「軍事奉仕」へ

　本章でこれまで明らかにしたように，郷制度を施行するに当たって，ロシア軍政当局は郷の秩序を乱す恐れのある掠奪や襲撃を抑制していった．しかし，ロシア軍政当局は，掠奪や襲撃を含む「戦闘性」（*voinstvennost'*）を必ずしも完全に消滅させようとしたわけではなかった．というのも，以下で考察するように，ロシア軍政当局はシャブダンの「戦闘性」を活用していた側面が少なからずあったと考えられるためである．

　もちろん，ロシア軍政当局はシャブダンが辺り構わず掠奪・襲撃を行なうことを認めていたわけではなかった．ロシア軍政当局は，他のマナプと同様にシャブダンに対しても郷の枠内においては掠奪・襲撃を行なうことを禁じていた．また，シャブダンの側でも，掠奪・襲撃を巡るロシア軍政当局側のそうした措置を十分に認識していたものと思われる．例えば，郡長ザグリャジスキーの報告によれば，前節において触れた，遊牧地の帰属を巡って発生した，ヴェールヌィ郡カステク郷のカザフとサルバグシ郷のクルグズとの間での諍いに際して，シャブダンは以下のような態度を示したという．

〔…〕シャブダンはすでにロシアの規律に精通している．このため彼は部族の者たちを掠奪に仕向けて，カザフを粉砕するべく雄叫びを発することはなかった[21]．

しかし他方において，ロシア軍政当局は，郷の枠外においてシャブダンの「戦闘性」を有効に活用していった．以下ではその具体例を時系列に沿って見てゆきたい．

まず，1860年代末に郷の施行作業が実施された際，シャブダンと彼のジギト部隊は，トクマク郡長をはじめとするロシア人軍政官の護衛や警護に当たった．このように，ロシア軍政当局はシャブダンの「戦闘性」を機動力として活用したが，それだけにとどまらず，こうした任務の中で掠奪を命じることもあった．一例を示そう．本章第4節で考察したように，天山山中において作業に当たっていた再組織委員会がサヤク族のマナプ，オスマン・タイリャクによって襲撃される事件が発生した際，郡長ザグリャジスキーはオスマンらの討伐，追捕をシャブダンに命じた．その中でザグリャジスキーは，「〔オスマンらが〕命令に従わなければ」という条件をつけつつも，「掠奪せよ」と指示している[22]．

シャブダンと彼のジギト部隊は1875年から翌1876年にかけて行なわれたコーカンド・ハン国の征服作戦においても活用された．この経緯について，シャブダンは「自伝略歴」の中で次のように回想している．

〔…〕〔1875年に〕私は40名のジギトとともに，サルト〔＝コーカンド・ハン国〕領とロシア領の境界〔に駐留する〕シュタケリベルゲル〔伯爵〕のコサック騎兵中隊のもとにいた．カウフマン総督は，マフラム攻略後に逃亡したキプチャクのハン，アフタバチを追跡するために私を派遣した．カウフマンに招かれ，私はジギト部隊を率いてアンディジャンへ向かった．〔…〕スザクまでたどり着いたとき，プラト・ハンがアイムキシュラクからアンディジャンに向かう道を遮断したということを聞き知った．私がカウフマンのもとに派遣したジギトは行く手を遮られ，絞首刑にされた．突破することができず，我々はシュタケリベルゲルの到着を待って，彼の騎

兵中隊に合流し、ナマンガンへ向かった〔…〕．バタカラとスピスケン付近においても，プラト・ハンは我々の行く手を遮ったが，撃退した．〔この際〕私は二名のジギトとともに，敵 1000 名余を街の門に追い込むことに成功した．その翌日，私は 10 名のジギトとともに〔敵〕500 名余を敗走させた．〔…〕敵を撃退し，我々はナマンガンのカウフマンのもとにたどり着いた．同地より，私はカウフマンとともにアンディジャンへ向かった．当時，アンディジャンはスコベレフが包囲していたが，それを攻略できずにいた．〔…〕夜にシル〔川〕の方向に敵 200 余名を察知し，スコベレフとシュタケリベルゲルと私とコサック 3 名とで〔同〕川を渡り，敵を敗走させた〔…〕．[Aristov 2001 (1893): 513]

もちろん，このくだりにはシャブダンによる誇張も含まれているだろう．とはいえ，彼とそのジギト部隊が敵の追跡から撹乱に至るまで，征服作戦の最前線で活用されていたことが分かる．

さらに，「自伝略歴」を読み進めてゆくと，コーカンド・ハン国征服作戦においても，シャブダンには襲撃・掠奪が命じられていたことが分かる．それによれば，翌 1876 年，シャブダンはスコベレフ（図 2-7）の指示により，40 名のジギト部隊を率いて，オシュの南方に位置する山岳高原のアライ地方（図 2-3）への遠征に派遣された．その際，スコベレフはシャブダンに敵の集落への襲撃を命じた．その中で，シャブダンは 40 余名を捕虜にとるとともに，多数の家畜や家財道具を奪った [Aristov 2001 (1893): 514]．ここで注目に値するのは，掠奪品を巡るシャブダンの対応である．このことについて，「自伝略歴」は続けて次のように言う．

スコベレフは，敵から奪ったものをすべて受け取るよう私に勧めたが，私はロシア人に奉仕するためにやって来たのであって，掠奪のために来たのではないと言って，〔受け取りを〕断った．（強調点筆者）[Aristov 2001 (1893): 514]

このくだりからは，シャブダンがマナプ＝バートゥルとして従来行なってきた

襲撃・掠奪と，ロシア軍政当局の指示のもとで行なう同様の行為を明確に区別していた可能性が浮かび上がってくる．こうした対応の背景には，己の「戦闘性」を従来通り襲撃・掠奪行為として発揮するのではなく，あくまでもロシア帝国への「軍事奉仕」（*voennye uslugi*）という形で示すことで，ロシア軍人からの心証を良くしようとするシャブダンの思惑がはたらいていたものと考えられる．実際に，後述するように，シャブダンはスコベレフやカウフマンといったロシア軍人たちから高い評価を得ることに成功する．

図 2-7　スコベレフ
出典）Kostin [2000] 付録写真．

他方において，上述の経緯を現地遊牧社会の価値観の脈絡に照らしてみた場合，ロシア支配のもとで明らかに制約を受けるようになったことは事実である．というのも，本来の襲撃・掠奪行為であれば，掠奪物をジギトや民衆に分配することがマナプ=バートゥルに要求されたのに対し，もはやそうした行為が不可能になったからである．こうした状況が現地社会において当時どのように認識されていたのか，それを示す手がかりは残念ながら見出すことはできない．

しかし，いずれにせよ，たとい一定の制約があったにせよ，シャブダンは依然としてジギト部隊を率いる軍事指導者つまりバートゥルとして実質上活動することができたこともまた確かであろう．トレゲルディをはじめとするバートゥルたちがロシア軍政当局による襲撃・掠奪行為の抑止策を言わば真正面から受けとめて破滅を余儀なくされていったのに対し，シャブダンはそうした状況に柔軟かつ巧妙に対応することで，遊牧社会の文脈におけるバートゥルつまり遊牧英雄としての体面を曲がりなりにも維持することができたのである．

7　ロシア権力と諸勢力との仲介役

ロシア軍政当局によるシャブダンの活用は，上で見たような護衛や戦闘行為だけにとどまるものではなかった．シャブダンは，ロシア軍政当局とトクマク

郡内外の諸勢力の間を取り持つ仲介役としても利用されていた．本節では，シャブダンのそうした役割について，具体例を挙げながら見てゆこう．

シャブダンは，サルバグシ族エセングル支系のマナプ＝バートゥル，ウメトアリーとロシア軍政当局との間の仲介役を担っていた．すでに述べたように，ウメトアリーは1867年にカウフマンの赦免を経てロシア帝国への臣従を許されていたものの，長期間にわたってロシアに対して抵抗を続けてきたことなどから，ロシア軍政当局は彼に対する強い警戒感を保ち続けていた．こうしたことを背景に，ウメトアリーは特定の郷には配属されず，イシク・クリ（ウスク・キョル）郡に単独で編入された．シャブダンはこうして，郷制度の枠外に位置づけられた特別な存在であるウメトアリーの実質上の後見役を担った．彼はウメトアリーとロシア軍政当局との間の交渉を取り持つとともに，襲撃事件を巡る賠償金の準備や支払いを担った．

またシャブダンは，トクマク郡再組織委員会への襲撃を行なったサヤク族のマナプ，オスマン・タイリャク一族とロシア軍政当局との間の仲介役でもあった．オスマンの弟のトレハンは襲撃参加容疑で逮捕され，郡拠点トクマクに勾留されていたが，事件後の取り調べで彼が事件に関与していないことが判明したのを受け，ロシア軍政当局はトレハンとその家族を天山山中のナルン地方からシャブダンの本拠地であるケミンに移住させ，サルバグシ郷に編入させる措置をとった[23]．また，同じ事件に関与したとして逮捕されたサヤク族のマナプ，クルマンホジャも釈放後サルバグシ郷に受け入れられた[24]．

さらに，シャブダンはトクマク郡のみならずロシア帝国の枠を越えたコーカンド・ハン国支配下の諸勢力との交渉に際しても重要な役割を果たしていたことが史料から浮かび上がってくる．

1873年11月，サマルカンド州フジャンド郡長のノリデ伯爵のもとを，書簡を携えた二人のクルグズが訪れた．書簡によれば，彼らは，コーカンド・ハン国の支配下にあって，時の統治者フダヤール・ハンに対する謀反を企図するクルグズ勢力の代表者であった．まず，書簡前半部において，彼らはフジャンド郡長と「友」（tamïr）の契りを結んだことを確認し，謀反に向けて指示を仰いだ．そして注目すべきは，以下に引用するその後半部である．

〔…〕我々は，我々のクルグズであるクリマフメドとカムバル・サルケルをトクマクの長（*Tokmakskii starshina*）であるシャブダン・ジャンタエーフのもとに派遣し，〔彼に我々の〕友となってくれるよう頼んだ．〔また，これと併せて〕トクマクの少佐〔＝トクマク郡長〕にも〔我々の〕友となるよう，シャブダンに言づてを頼んだ．〔…〕少佐は，もし我々が部隊を欲するのであれば，与えると〔我々に〕指示した．その後，シャブダン・バートゥル自らが我々のもとを訪れ，ヤイチ・ビーを長とするよう話した．我々はその通りにした．さらに彼はアンディジャンを占領するよう話したので，我々は〔フダヤール・〕ハンの部隊と戦った[25]．（強調点筆者）

図 2-8　クルマンジャン・ダトカ
出典）Yubachev［1907: 957］．

ここから，コーカンド・ハン国の支配下にあるクルグズがトクマク郡のロシア軍政当局と関係を構築する際に，シャブダンがその仲介役を果たしていたことが分かる．また，ここからは同時に，1873年時点においてトクマク郡の外部のクルグズから，シャブダンが「トクマクの長」として，少なからぬ存在感をもって認知されていた点を確認することができる．

さらに，1875年から翌1876年にかけて実施されたコーカンド・ハン国征服遠征の際にも，シャブダンは戦闘活動のみならず，コーカンド・ハン国治下の様々な勢力との仲介や交渉役として活用された．

そうした点においてまず注目されるのは，コーカンド・ハン国治下のクルグズに対する投降工作である[26]．フェルガナ盆地南東部に位置する山岳地帯，アライ地方を拠点に遊牧するクルグズは，「アライの女帝」（*Alaiskaya tsaritsa*）の異名で呼ばれたその首領クルマンジャン・ダトカ（図2-8）を筆頭に，ロシア帝国の軍事侵攻に対して抵抗を続けていた．こうした状況を受け，スコベレフはシャブダンとそのジギト部隊を彼女のもとに派遣した．一カ月間に及ぶ粘り強い説得の末，シャブダンらはその投降に成功した［ASh: 9-10］．

次いで，この一件が解決すると，スコベレフはシャブダンを，アライの南西に位置し，パミール高原にも程近いカラテギン地方（図2-3）に派遣した．スコベレフの命を受け，シャブダンはジギト部隊を率いて同地の頭目のもとに赴き，同勢力とロシア帝国との境界を取り決めるために，その末弟を連れてスコベレフのもとに戻った［Aristov 2001（1893）: 514］．

以上の考察から明らかとなるように，シャブダンは，中央アジアにおけるロシア帝国の軍事侵攻の言わば尖兵として，護衛や戦闘行為から諸勢力との仲介役として，サルバグシ郷やトクマク郡はおろか，セミレチエ州の枠をも越えた広い範囲において活用されたのである．

8　シャブダンを警戒するコルパコフスキー

しかしながら，ロシア人軍政官の中には，シャブダンを特別な協力者として活用することに対して強い警戒感を抱く者も存在した．州軍務知事のコルパコフスキー（図2-9）である．コルパコフスキーは，トクマク郡長とシャブダンの密接な協力関係，とりわけ郡レヴェル以下での情報収集や交渉，仲介役としての活動に対して強い警戒感を示していた．いくつか具体例を示そう．

例えば，1869年10月，ケトメンテペ郷（図2-3：⑭）の郷長でサヤク族のマナプ，ドゥカン・ルスクルベクが「暴君として民衆を搾取している」という噂を受け，ザグリャジスキーは情報収集のためにシャブダンを現地に派遣した．ザグリャジスキーはシャブダンの報告に基づき，ドゥカンのシベリア流刑をコルパコフスキーに求めた[27]．ところが，以下に示すように，この報告に対するコルパコフスキーの反応は意外なものであった．

> 〔…〕長年にわたる私の経験から導き出されるのは，キルギズ〔＝クルグズ，カザフ〕の誠実さを巡るきわめて否定的な確信であり，シャブダンといえどもこの例外とするわけにはいかない．我々の行動に対する信頼を民衆に植えつけ，ロシアの支配権を認めさせるためにはきわめて慎重に行動しなければならない[28]．

第 2 章　統治改革と軍事侵攻の狭間で　83

このように，コルパコフスキーは，シャブダンを介在させた情報収集を強く問題視しつつ，ザグリャジスキーに対して情報を再度検証するよう要請したのである．

また，前節で触れたように，シャブダンがコーカンド・ハン国治下のクルグズとトクマク郡長の仲介役として活動していたことについて報告を受けたコルパコフスキーは，その真偽の調査と併せて，「仮にそれが事実ならばそうした関係をただちに絶ち，使節との間で取り交わした文書がシャブダンのもとにあれば没収して差し出すよう」指示した [KR: 337]．

図 2-9　コルパコフスキー
出典）TsGA KFFD KR, no. 0-27878.

さらに，シャブダンの活動に対するコルパコフスキーの警戒感や不審感を考察する上で避けて通ることができないのは，1869 年に天山山中のソン・キョル湖（図 2-3）において開催された民衆法廷臨時集会（*Chrezvychainyi s"ezd narodnykh sudei*）[29] である．統治規程案第 200 項によれば，ロシア軍政当局の役人が訴訟事案の裁定に介入することは厳しく禁じられていた [MIP: 299]．しかし，そうした規程にもかかわらず，ザグリャジスキーから同集会の監視役を命ぜられたシャブダンは，「自分は郡長の代理であり，不平を示せば営倉行きだと言って周囲を脅しつつビー〔＝民衆判事〕たちを排除し」，裁定に介入した．その中でも，シャブダンが，郡長襲撃事件に関与したサヤク族のマナプ，クルマンホジャに対する証拠隠匿の代償として，クルマンホジャに訴訟を起こさせ，それを独断採決することで家畜を得ていたことが明るみになったのである[30]．この経緯を知ったコルパコフスキーは，同件を「ロシア権力へのあからさまな嘲笑」とした上で，「言語道断である．罰せず野放しにすれば，一層深い根を張ってロシア権力の使命の害となろう」とした．さらに，シャブダンを，「郡長〔ザグリャジスキー〕が自身に接近させ，過度の信任を与えている有害人物」として強く非難し，その処罰を，1872 年に至るまで，総督カウフマンに繰り返し訴えたのである[31]．

しかし，コルパコフスキーからの再三の要求にもかかわらず，カウフマンは

この件に採決を下そうとはしなかった．ところが，事案の発生から七年後の1876年，コーカンド・ハン国征服作戦に一通りの決着がついたことを背景に，コルパコフスキーがこの事案の再開をカウフマンに願い出ると，事態は急展開することになった．すなわち，コルパコフスキーの要求に対して，カウフマンは次のような見解を表明したのである．

> 〔…〕コーカンド・ハン国でのこの前の作戦におけるシャブダンの功績は私の格別な注目を惹いた．彼は祖国と君主に献身を示したのであり，彼を他のいかなるキルギズ〔＝クルグズ〕よりも信頼することは正しいと私は考える．この戦において，彼は大きな様々な試練に遭遇したが，常にそれらを誠実に切り抜けた．このような人間こそ我々は支持しなければならない．苦難のときにこそ人間の真価は分かるものだ．以上の理由により，私は，本件を再開することをきわめて不快に思う[32]．

統治規程案に照らせば，コルパコフスキーが主張するように，シャブダンの有罪は明らかであった．むろん，カウフマンもこのことを重々承知していただろう．しかし，カウフマンはコーカンド・ハン国征服作戦における軍功を理由にシャブダンへの疑惑を不問に付したのであった．すなわち，カウフマンは，大改革の理念に従って統治規程案を厳密に施行することよりも，軍事侵攻の中で頭角を現わしたマナプ＝バートゥルを取り込むことを重視したと言い換えることもできよう．いずれにせよ，カウフマンのこうした見解に対してコルパコフスキーは不服を示さず，この事案は以上の経緯をもってただちに終結となったのである[33]．

*

クルグズ遊牧社会における統治規程案の施行は，征服から日が浅く，かつ軍事征服活動にとって依然として重要な意味を持つ地域に，ロシア帝国内地と同様の統治制度を導入する試みであった．軍事侵攻と統治改革という，同時並行する二つの課題が地域秩序の形成に大きな影響を及ぼすことになった．

統治規程案は理念上，部族原理の弱体化を理念とし，マナプは新たに導入された郷長によって置き換えられるはずであった．ところが，ロシア軍政当局はマナプをむしろ郷制度の中に取り込むことで，引き続き統治の協力者として利用しようとした．しかしながら，郷制度の枠組みだけでこの地域を統治することは不可能であった．それゆえ，公的な制度とは別枠で特別な協力者が必要とされた．こうしたことを背景に登用されたのがシャブダンであった．彼の活動範囲は郷の枠のみならずトクマク郡やセミレチエ州の枠をも越え，軍事侵攻の尖兵として幅広く活用された．他の多くのマナプたちが襲撃や掠奪を抑制される一方で，シャブダンはジギト部隊を率いる軍事指導者，つまり遊牧英雄バートゥルとしての体面を維持するとともに，優良な遊牧地を確保することが可能となった．以上の経緯もあって，シャブダンが現地社会において大きな存在感を持つようになるのは当然の成り行きであった．このことに関して，1876年にトクマク郡のあるクルグズは軍務知事コルパコフスキーに宛てて次のように訴えている．

〔…〕閣下が州の知事であるならば，シャブダンはトクマク郡のクルグズの知事である．老いも若きも彼を恐れている．この地方にロシア権力が確立して以来，彼はただの一度も訴訟事件で摘発されたことはない．18名いる郷長の中で統治者はシャブダンただ一人である[34]．

このような「トクマク郡のクルグズの知事」としてのシャブダンの存在感は，統治改革と軍事征服とが同時並行的に進展する中で生成された重層的統治構造の副産物であったと言えよう．そして同時にこのことは，軍事協力を媒介とするマナプ＝バートゥルとロシア軍政当局との属人的な関係が，直轄統治という新たな体制のもとで再生産されたことを意味してもいたのである．

第3章　ロシア統治の協力者か，闘争の相手か

　19世紀中期以降活発化した，中央アジアにおけるロシア帝国の軍事侵攻は1881年に終息を迎えた．本章は1880年代初頭から1890年代末までを対象とし，征服活動に終止符が打たれ，直轄統治が進展してゆく状況のもとでロシア軍政当局がシャブダンをどのように扱おうとしていたのか考察する．

　この問題を考えるための前提として，1880年代初頭に実施された軍事・統治機構の再編についてまず触れておきたい．征服活動の進展や清朝との戦争に対する危機感，そして大英帝国とのグレートゲームなどを背景に，中央アジアにおける軍事・統治機構は新たに再編されることとなった．こうした中で創設されたのが，オムスクに拠点を置くステップ総督府（Stepnoe general-gubernatorstvo）である．同総督府は旧西シベリア総督府の領域（アクモリンスク州，セミパラチンスク州）を引き継ぐ一方で，中央アジアにおける対中国西部国境をほぼ一元的に管理させることを目的として，トルキスタン総督府からセミレチエ州が移管された（なお，清朝との戦争の危機がなくなると，セミレチエ州は1899年に再びトルキスタン総督府の管轄に戻された）[1]．こうしてセミレチエ州のクルグズもステップ総督府の管轄下に入ることとなった．

　それでは，ステップ総督府管轄下においてロシア軍政当局はシャブダンに対してどのような政策をとっていたのだろうか．

　シャブダンのみならず，マナプならびにクルグズに対する当該時期のロシア軍政当局の政策が検討されたことは，筆者が調べた限りにおいてなかった．とはいえ，この問題を考える上で有効な示唆を与えてくれるのは，ステップ総督府管轄下におけるカザフ統治を扱った宇山智彦の論考である［Uyama 2003］．それによると，カザフ統治には，新ツァーリ，アレクサンドル3世（在1881-1894年）のもとでとられたいわゆる「愛民政策」の影響が見られるという．ア

レクサンドル3世の治世は反改革の時代とされ，政府は反政府・革命運動を弾圧するなど専制権力に挑戦する勢力への統制を一層強化しようとしたことが知られている．しかしその一方で，政府は国民各層の問題に個別的に手を打って，その利益を保護する政策をとった．愛民政策とは後者の政策傾向について，ロシア史家の和田春樹が言い表わしたものである[2]．宇山によれば，こうした政策傾向は民族政策の面において二つの方向性を持っていた．すなわち，帝国西部のポーランド人やウクライナ人に対して政府は抑圧の傾向を強める一方で，帝国東方に暮らす異民族に対しては概して保護主義的な政策をとった．その中で，カザフをタタール人などの外来勢力の影響から保護するとともに，郷長や民衆判事といった現地民官吏の不正や抑圧から民衆を保護する姿勢を示したとされる．

以下本章では，カザフ統治における上述の傾向を踏まえた上で，ロシア軍政当局がシャブダンをどのように位置づけていったのか，マナプ全般に対する施策にも目を配りながら，具体的に検討してゆくこととしたい．

1　シャブダンへの軍事官位の授与

本章冒頭において確認したように，19世紀末にカザフに対してとられた保護主義的な政策は，カザフの「伝統」を保護する姿勢として現われた．こうした傾向は，クルグズ統治を巡るロシア人軍政官の認識にも如実に反映されていたことが同時代史料から明らかになるのである．以下ではこのことについて具体的な事例を踏まえながら見てみたい．

そうした傾向を示す証左としてまず取り上げたいのが，「ステップ総督府のための統一的規程案のための覚書」(1884年) である．ステップ総督府の創設を受け，新たな統治規程の制定が大きな課題となっていたが，この覚書はそうした流れの中で執筆されたものであった．以下に覚え書きの内容を要約してみよう．

　　遊牧民族は太古から現在に至るまで部族原理に従って生きてきた．部族長すなわちマナプは選出されるのではなく，部族の名誉と利益に昔から奉仕

図 3-1　アレクサンドル 3 世の戴冠式の様子（右端下にアジア系民族の一団が見える）
出典）Dmitriev [2013: 175].

する特定の家系において，その出自に基づいて統治してきた．郷長選挙を巡る派閥抗争は買収をともない，このことが高利貸しを助長し，遊牧民に悪影響を与えている．このような動きを阻止するためには郷を部族や支系の区分に基づいて組織し，その統治をマナプに委任することで，かつての純粋な秩序が取り戻せるだろう[3]．

このように，覚書は遊牧民の「伝統」として彼らの「部族原理」を温存し，その首領であるマナプの積極的な利用をうながすものであった．

マナプをロシア支配の媒介者として重視する傾向は，1883 年にモスクワで開催された皇帝アレクサンドル 3 世の戴冠式（図 3-1）にも見出すことができる．ツァーリの戴冠式にはロシア人のみならず，ロシア帝国内の異民族の代表者も参列したことが知られているが[4]，ロシア支配下の中央アジアからも現地

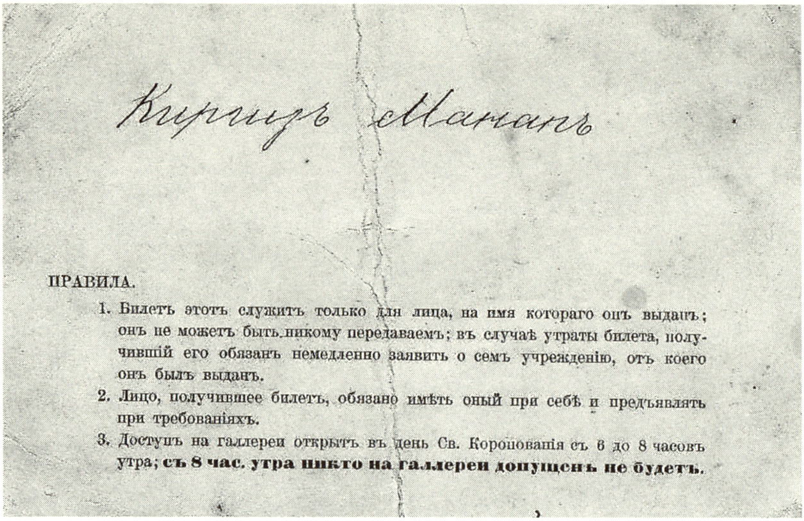
Киргизъ Манапъ

ПРАВИЛА.

1. Билетъ этотъ служитъ только для лица, на имя котораго онъ выданъ; онъ не можетъ быть никому передаваемъ; въ случаѣ утраты билета, получившій его обязанъ немедленно заявить о семъ учрежденію, отъ коего онъ былъ выданъ.
2. Лицо, получившее билетъ, обязано имѣть оный при себѣ и предъявлять при требованіяхъ.
3. Доступъ на галлереи открытъ въ день Св. Коронованія съ 6 до 8 часовъ утра; **съ 8 час. утра никто на галлереи допущенъ не будетъ.**

図 3–2　戴冠式会場への入場券（裏面）
出典）SA.

民の代表者が戴冠式に参列した.

戴冠式開催に先だち，その前年の 1882 年には帝国各地で参列者が選ばれていった．この選抜作業の詳細については不明な点が多いものの，少なくともセミレチエ州においては郡単位で推薦された候補者の中から参列者が絞られていったものと思われる．トクマク郡における候補者の選抜については，以下のような決議文（*prigovor*）が残されている.

> 1882 年 9 月 17 日．以下に押印するトクマク郡のカラ・キルギズ〔＝クルグズ〕の名誉ある者たちは，皇帝戴冠式へ出席する代表者として〔以下に列挙する〕マナプたちを選出した：シャブダン・ジャンタエーフ，バイティク・カナエフ，チヌィ・ドゥラトフ〔…〕[5]．（強調点筆者）

ここから，シャブダンを筆頭候補として，郡内主要部族（サルバグシ，ソルト，サヤク）のマナプが選ばれたことが一目瞭然である．このことに関連して興味深いのは，上記三名のうち実際に派遣されることになったシャブダンに対して陸軍参謀本部付アジア部長官のイワノフから事前に送付された，戴冠式会場へ

第 3 章　ロシア統治の協力者か，闘争の相手か　　91

の入場券 (*bilet*) である．図3-2は入場券の裏面であるが，そこに「キルギズ，マナプ」と明記されていることが分かる．1867年に直轄統治が開始されて以来，ロシア統治の公式な媒介者としては認められなくなったにもかかわらず，このような言わば公式の文書において，マナプという称号が明記されていることは注目に値する．概して皇帝戴冠式が，帝国各地の代表者が新ツァーリのもとに参集し，各集団が帝国のもとに統合されていることを確認することで，ひいては専制の強化を図る場であったとすれば，もはや非公認であったとはいえ，帝国への統合を媒介する存在としてマナプが依然として重視されていたと言えよう．

図 **3-3**　陸軍中佐位授与証明書（1883 年 12 月 24 日付　陸軍参謀本部発行）
出典）SA.

　さらに，戴冠式に関連する動きで見のがすことができないのは，シャブダンに陸軍中佐位 (*voiskovoi starshina*) が授与されたことである（図3-3）．中央アジアのみならず，帝国周辺地域の征服と編入を進めてゆく過程で，ロシア帝国が現地有力者に軍事官位を授けることは決してめずらしいことではなかった．しかし，トルキスタン総督府の創設とともに直轄統治が開始される前夜の1867年4月2日，政府は「戦闘性」の助長を避けるために，「公民性」が低いアジア系異族人（カザフ，クルグズ，バシキール，カルムィク（オイラート）など）への軍事官位の授与を禁ずる政令（*O zapreshchenii isprashivat' voinskie nagrady i v osobennosti voennye chiny Bashkiram, Kirgizam, Kalmykam i drugim inorodcheskim plemenam*）を出していた [PSZ, dopolnenie k XLII-mu tomu vtorogo sobraniya, 2 Aprelya, 1867: 8]．この政令が現地で実際に統治に当たるロシア軍政当局のもとでどのように受容されていたのかということについては，残念ながら筆者は史料を見出せていない．だが，断片的にではあれ，この政令が機能していたことを示す史料が存在してい

図 3-4 ロシア帝国の軍服を着たシャブダン
出典）TsGA KFFD KR, no. 2-2775.

ることも確かである．例えば，1880年，ロシア軍人でナルン部隊長官のナザーロフは，ナマンガン遠征部隊での活躍に応じてシャブダンに将校位を授与するよう，州軍務知事コルパコフスキーに願い出た．これに対しコルパコフスキーは，同政令を根拠に，同請願の却下が妥当であるという旨を請願書に鉛筆で書き込んでいる[6]．また，シャブダンの軍事的貢献を高く評価していた総督カウフマンも軍事官位の授与には慎重であったようである．「自伝略歴」によると，コーカンド・ハン国征服作戦においてシャブダンの上官であったスコベレフはシャブダンを陸軍中佐に任命するよう上申したが，カウフマンは，シャブダンが文盲であるという理由からその申し出を断ったという［Aristov 2001（1893）: 515］．

　こうした事情にもかかわらず戴冠式においてシャブダンに陸軍中佐位が授与されることになった直接的な経緯は不明である．とはいえ，その背後には専制権力の強化を目指すアレクサンドル3世体制の思惑や，中央アジアの軍事征服に関わったロシア軍人たちの意向があったことは確かであろう[7]．いずれにせよ，このことは，郷制度の施行によって部族原理を廃し，公民性の向上を理念とする直轄統治の創始から20年近くが経過する中にあってもなお，マナプのような部族首領層に軍事官位を授与するという旧来のパターンが繰り返されたという点で看過できない意味を持つ．このように，ロシア帝国はシャブダンというマナプ＝バートゥルへの軍事官位の授与を通して，帝国への統合をより押し進めようとしたものと考えられる（図3-4）．

2　貴族になれなかったシャブダン

　前節において考察したように，1880年代初頭においてもマナプはロシア支配の媒介者として位置づけられるとともに，そのことを裏づけるように，シャブダンには軍事官位が授与された．にもかかわらず，彼らの帝国への統合は決

して強固なものとは言えず，むしろ中途半端なものに終始したと考えられる．本節ではこうした点を推し量る上での有効な指標として，身分の側面に着目してみよう．

　ロシア帝国は非ロシア系諸民族を統合するに当たり，その支配層を帝国の貴族身分（*dvoryanstvo*）に取り込んでいったことが知られている．実際に，18世紀半ばに至るまで，ヴォルガ・ウラル地方のタタール人エリートの中には，ロシア正教への改宗を通して，ロシア貴族として帝国に取り込まれていった者が少なからず存在したことが知られている［濱本 2009: 81-126］．ところが，18世紀後半になると，エカテリーナ2世がムスリムに対して寛容な政策をとるようになったことを背景に，ムスリム系諸民族のエリートの中には，ロシア正教に改宗せずとも，貴族身分に列せられる者が現われるようになった．それでは，シャブダンならびにマナプ層は貴族身分に列せられたのだろうか？　このことについて，少し時間をさかのぼって検討してみよう．

　19世紀中期から直轄統治が開始される1867年に至るまで，ロシア人軍政官や学者たちはマナプをどのようなものとして認識していたのであろうか．このことに関して，例えば，1850年代中頃に天山山中で調査に従事した地理学者セミョーノフは，1865年に刊行された『ロシア帝国地理統計事典』の中で次のように記している．

> 〔クルグズは〕マナプの名で知られる，族長的部族指導者が統治する．マナプは「白い骨」つまりカイサク〔＝カザフ〕のスルタンのような，貴族に属するものとは見なされない．［Semenov 1865: 596］

このくだりから，マナプがカザフ社会の「白い骨」と同等の貴族層とは考えられていなかったことが明らかである．また，このような認識は，筆者が調べた限りにおいては，1870年代初頭までロシア人軍政官や学者たちの間で概ね共有されていたものと考えられる[8]．

　ところが，1867年以降ロシア帝国の直轄統治が始まると，ロシア人軍政官や学者たちのマナプに対する認識には明らかに変化が生じるようになる．例えば1871年に，ロシア軍人のコステンコが著作『中央アジア，及び同地方にお

けるロシア的公民性の扶植』の中で,「山向こうの野蛮なオルダ〔＝クルグズ〕には『白い骨』すなわちスルタンは存在せず,部族はマナプによって治められた．当初彼らは選出されたが,〔後に〕世襲されるようになり,独自の貴族〔層〕を形成した」と記されたことからも窺えるように [Kostenko 1871: 47],マナプはクルグズ社会における独自の貴族層として位置づけられるようになったのである．

　このような認識の画期をなすのは,初代トクマク郡長のザグリャジスキーである．彼は郡の統治に当たると同時に,現地社会の民族誌の収集と叙述にも従事した典型的な「軍人東洋学者」(*voennyi vostokoved*) であった．彼は総督府の官報『トルキスタン通報』を中心に数々の論説を発表したことが知られている[9]が,その中でも彼のクルグズ社会認識を包括的に示すものとして注目されるのは,『トルキスタン地方統計資料』(1876 年) に掲載された「諸身分及びそれらに授けられた諸権利を巡るキルギズの法慣習」である．以下に示すのはその要約である．

- 概してキルギズ〔＝カザフ,クルグズ〕は黒い骨と白い骨に分けられる．
- 白い骨とはスルタンとホジャ〔＝預言者ムハンマドの聖裔〕,黒い骨は自由民と奴隷からなる．野蛮な黒オルダ〔＝クルグズ〕にはスルタンやホジャは存在せず,マ・ナ・プ・が白い骨を形成する．
- スルタンとマナプは自身を白い骨と見なす．スルタンはチンギス・ハンに続くキルギズのハンの子孫を,マ・ナ・プ・はタ・ガ・イ・の子孫を自認する．

　　（強調点筆者）[Zagryazhskii 1876: 151-152]

ここで注目されるのは,クルグズ諸部族の伝説上の父祖とされるタガイが,マナプと直接的に関連づけられていることである．むろん,すでに 1850 年代初頭に執筆されたクルグズを巡る記述にはタガイに関する言及が散見される[10]ものの,タガイとマナプの直接的な関連性には一切触れられていなかった．ところが上述のように,1870 年代以降になると,マナプは「タガイ裔」という血統上の原理に基づくことが示され,カザフ社会のスルタンに対応するクルグズ独自の「白い骨」,つまり貴族として位置づけられるようになった．当時のロ

シア人軍政官や学者たちの言説に鑑みて，1870 年代初頭以降に，クルグズ独自の貴族としてのマナプ認識が彼らの間で定着していったことは確かである[11]．

しかしながら，これまでの検討から明らかになったように，マナプの貴族としての社会的地位が，実際に統治に関与するロシア人軍政官や学者によって認知されたものであったとしても，ロシア帝国の身分編成の中枢をなす貴族身分が与えられたわけではなかった．こうした状況を端的に物語っているのは，陸軍中佐位の授与に当たって作成されたシャブダンの勤務表（sluzhebnoi spisok）である．というのも同表の出自欄には次のように記されているからである．

マナプ（これはス・ル・タ・ン・，貴・族・に・相・当・す・る・）[12]（強調点筆者）

ここから，マナプが決して帝国の正式な貴族身分ではなかったことが分かる．もちろん，軍事官位を有するシャブダンには貴族身分に編入する途がひらかれており，実際に，シャブダンは 1899 年 12 月 1 日にツァーリ，ニコライ 2 世に宛てて請願を行なっている．その中で彼は，父ジャンタイを筆頭に己が示してきたロシア帝国への忠義とならんで，マナプが「カザフのスルタンと同等の称号である」であることを根拠に，息子たちと一緒に「世襲貴族身分」（potomstvennoe dvoryanskoe dostoinstvo）への転籍を求めたものの，それが認められることはなかった[13]．つまり，シャブダンは軍事官位こそ有してはいたものの，ロシア帝国の法律の上では「貴族」とは見なされず，ほかの一般牧民と同様に「異族人」であることに変わりなかったのである．

3　顕在化する「対マナプ闘争」①：萌芽

これまでの考察から明らかになったように，1880 年代前半においてシャブダンをはじめとするマナプはロシア支配の媒介者としてロシア軍政当局から重視された．しかし他方において，本章冒頭で指摘した保護主義的姿勢のもう一つの側面が政策に反映されるようになった．すなわち，ロシア軍政当局はマナプを民衆の抑圧者と見なして後者の利益の保護を訴えるようになり，さらに 1890 年代後半になるとマナプを「闘争」の対象として位置づけるようになる

のである．以下では「対マナプ闘争」の萌芽と実相を考察し，それを踏まえてシャブダンに対するロシア軍政当局の対応を「対マナプ闘争」との関わりから検討する．

「対マナプ闘争」の萌芽を検討するに当たって，その糸口として着目したいのは，19世紀末にピシュペク郡長を務めたタルィジンが1896年11月15日付でセミレチエ州軍務知事イワノフに宛てた上申書である．この文書は，クルグズがロシア帝国に編入された19世紀中期から19世紀末に至るまでの歴代トクマク郡長によるマナプへの対応を整理するものであった．本節では，タルィジンの上申書に依拠しながら，1880年代におけるロシア軍政当局のマナプへの対応について考察しよう．

上申書の冒頭で，タルィジンはまず，ロシア帝国の直轄統治草創期について，「初代四名の郡長のもとでは，〔民衆による〕マナプに対する訴願などはあり得なかった．すべてはマナプを通して実施された．マナプたちはロシア権力の要請を無条件に遂行し，郡内は完全に平静であった」と述べ，マナプたちがロシア統治の忠実なる協力者として郡を統べていたことを指摘した[14]．

ところが，1880年代以降こうした状況に変化が訪れる．上申書は，1880年代初頭に郡長を務めた陸軍大佐プーシチンについて，「思い切った方策を講ずることはなかったにせよ，マナプたちの権威を慎重に切り崩しはじめた最初の人物」と評価している[15]．このことと関連して注目されるのは，1884年3月に郡拠点ピシュペクで開催された民衆法廷臨時集会である．同郡の民衆法廷が依拠する「慣習」（*obychai*）を定めることを目的として開催されたこの集会には，民衆判事（ビー）だけでなく，マナプをはじめとする郡内の有力者が招集された．集会で定められた慣習は文書の形で記録され，郡長による承認を得ることになっていたが，それらの中にはプーシチンが承認を拒んだ，ある条項があった．それは，「貧民の負債を共同体や親族が代わりに支払う」ことを定めたものであった［MKO: 52］．プーシチンがこうした措置をとった背景については不明な点が多いものの，彼の念頭には，マナプたちが相互扶助を定めた同条項を利用して，自らの負債を民衆に肩代わりさせるのを防ぐねらいがあった可能性を窺わせる．

次いでタルィジンは，プーシチンの後任の陸軍中佐ナルブートが，「自らの

力を顧みずにマナプたちと精力的に闘った結果，彼のもとには〔マナプを告発する〕匿名の手紙が送られた．このため郡内は大変に動揺した」と指摘する[16]．タルィジンの報告書からは，ナルブートの施策の詳細を窺うことはできないものの，公文書館史料からは，この当時ロシア軍政当局にマナプを訴える訴願が実際に送られていたことが明らかになる．例えば，1887年3月にはソルト族のクルグズの諸郷（アラメディン，トルカン，スクルク，バグシ，カラバルタ，ブレクパイ）から，郷長，ビー，名望家，マナプたちが負債の返済を民衆に強要していることを訴え，郷の分割を要請する訴願[17]が出された．それと同時にスクルク郷からも，郷長でマナプのチョルパンクル・トゥナリンが，「慣習に基づいて，民衆に負債の返済を肩代わりさせている」ことを訴え，郷の分割を求める訴願[18]が提出されている．これらの訴願からは，前郡長プーシチンが承認しなかったにもかかわらず，負債の返済を巡る上述の慣習が実質的に機能し続けていたことが明らかである．これは推測の域を出るものではないが，そうした状況に際して，ナルブートは民衆に訴願の提出を教唆することでマナプの不正行為を取り締まろうとしていたものと考えられる．

　このような傾向は，1890年代に入るとマナプに対する「闘争」として，より明確に意識されるようになってゆく．以下において，この「対マナプ闘争」（bor'ba s manapami）の内実を検討し，当該時期におけるマナプの位置づけを明らかにしよう．

4　顕在化する「対マナプ闘争」②：実相と展開

　ピシュペク郡長のタルィジンは，マナプを「闘争」の相手として明確に打ち出した最初のロシア人軍政官であった．そのことは，彼がマナプを確固とした社会制度として認識していたこととも密接に関係しているものと思われる．その証左として，タルィジンは上官に宛てた報告書などにおいて，「マナプ」を派生させた「マナプストヴォ（マナプによる支配）」（manapstvo）という単語をよく用いている．この他，上述の上申書に添付された，「ピシュペク郡マナプ家系のキルギズの名簿」（Spisok kirgiz roda manapov Pishpekskogo uezda）[19]（図3-5）も注目に値する．この名簿には，マナプとその男性家族数，役職歴，民衆への影

図 3-5 ピシュペク郡マナプ家系のキルギズの名簿
出典）TsGA RK, f. 44, op. 1, d. 6619, l. 62.

響力の有無ならびに所有家畜数が記入され，ピシュペク郡全体で合計 1231 天幕，男性数にして 3955 名のマナプの存在が示された．このように，タルィジンは「闘争」の相手であるマナプ制度を数的な側面から包括的に示そうとしたと言えるだろう．

それでは，タルィジンの「対マナプ闘争」とはいかなるものだったのだろうか．このことについて，彼自身は，前述の上申書の中で次のように述べている．

〔…〕少しずつではあれ，民衆の中にはマナプの横暴が訴え得るものであるという認識が浸透しつつある．〔…〕赴任以来，私はマナプとの闘争を体系的に行なってきた．私は民衆に対して，現在ではマナプは他の家系のキルギズ〔＝クルグズ〕と同等であることを説明している．それと並行してマナプに対する訴願について文書 (delo) を作成しているが，残念ながらマナプの影響力は依然として大変強いため，訴願の多くが敗北する[20]．

ここから，タルィジンが民衆を教化することで，ロシア軍政当局にマナプからの抑圧を訴えるようにうながすとともに，提出された訴願に基づいて文書を作成していたことが分かる．

しかし，タルィジンの「対マナプ闘争」は彼の狙い通りには進展しなかった．その大きな要因として，民衆からいざ訴願が提出されても，その内容を立証することがきわめて難しかった点が挙げられる．タルィジンが続けて述べるように，訴願の内容を裏づけるために訪れた郡長に対して，民衆は決して口を開こうとはしなかったのである．

〔…〕これまでの五年間の勤務の中で，私はマナプたちが行なう徴税に関する民衆の噂を裏づけるために証拠集めを試みてきた．しかし証人が得られたことは一度もない．〔…〕私が訪ねていっても，民衆は皆，「訴願などはない．我々のところは至ってうまくいっている」と答えるばかりなのである[21]．

実際に，上申書に参考資料として添付された，「1894年から1896年の三年間に職務上の不正や民衆からの徴税のために告発されたピシュペク郡の原住民役職者及びマナプの名簿」には132件の捜査案件の経過とその結末が示されているが[22]，その大多数が途中で打ち切られ，有罪になったマナプは果たして皆無であった．

このように，タルィジンによる「対マナプ闘争」が実質的にはポーズに終始する[23]一方で，クルグズ・アラトー山脈以南に拡がる山岳地域 (zagornaya strana) において，それはまた別の様相を呈することとなった．

この地域は，直轄統治が施行された1867年の時点ですでにロシア帝国の支配下に組み込まれてはいたものの，19世紀末においてもロシア人口が少なく，ロシア軍政当局の監視が事実上行き届かない「陸の孤島」であった．しかし1880年代に入ると，同地域における監視体制強化の必要性が唱えられるようになった．こうした流れの中で，1895年に同地域に設置されたのが，ナルンを拠点とするアトバシ管区 (Atbashinskii uchastok) であった [SZ: 1170-1171]．同管区はピシュペク郡とプルジェヴァリスク郡にまたがる形で設置され，既存の郡の枠組みでは管轄しきれない広大な山岳地域の統治が委ねられた．

アトバシ管区における「対マナプ闘争」は同管区長官の主導のもとで，より先鋭的な形で実施されてゆくこととなった．長官はまず，ロシア人の郷書記を各郷に配置して住民の動向を間近で監視させた．このことに関して，後年ベレク・ソルトノエフが，「郷書記が住民の間をうろつくようになってから，以前のような〔マナプによる〕貧民の搾取は少なくなった」と回想しているように [Soltonoev 2003: 296]，この施策が一定の功を奏したことは確かであろう．しかし，同時にそれは多くの問題を抱えてもいた．すなわち，薄給のために現地のクルグズから賄賂を強要するなど，横暴をはたらく郷書記が少なからず存在し

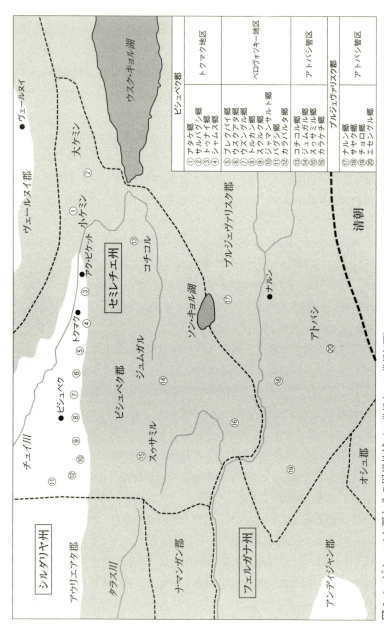

図 3-6 ピシュペク郡とその周辺地域（19 世紀末〜20 世紀初頭）
出典）TsGA RK, f. 689, op. 1, d. 33 (*Skhematicheskaya karta Semirechenskoi oblasti*) を参考に筆者作成.

た．実際に，そうした理由によって，1899年から1900年にかけて，同管区のチョロ郷とサヤク郷のロシア人郷書記が解任されている[24]．さらに，いみじくも管区長本人が指摘するように，ロシア人郷書記の中には現地のマナプに従属するなど，その本来の役目を果たせていない者も少なからず存在したのである[25]．

図3-7 山岳地域（筆者撮影）

こうした監視体制の強化と並行しつつ，アトバシ管区長官はマナプに対して，より強硬な手段に及ぶことがあった．それはマナプの流刑（*vyselenie*）である．実際に，山岳地域（図3-7）で大きな影響力を持つとされる二名のマナプが流刑に処された．一人は，サルバグシ族のマナプでエセングル郷に属するチョコ・カイドゥである．彼は1896年にヴェールヌィ郡のニジニイリ郷へ，1902年にはフェルガナ州オシュ郡へ，合計二度にわたって流された．もう一人はサヤク族のマナプでチョロ郷に属するカスムベク・バコタイであり，彼も1902年にフェルガナ州オシュ郡へ流された．

それでは，なぜこのような措置がとられたのだろうか．理由の一つとしてまず，流刑というインパクトの強い施策を遂行することによって山岳地域におけるロシア権力のプレゼンスを示すねらいがあったものと考えられる．しかし，実際のところ，流刑はむしろ消極的な要因，すなわちロシア権力の脆弱さと統治能力の低さに由来するものであった．事実，以下に示すように，こうした点についてロシア軍政当局も自覚的であった．「トルキスタン地方統治規程」第15項の取り決めにより，流刑には内務省の合意が必要とされていたが［SZ: 1128］，同省は「地元の行政権力と一般法秩序の枠内での解決が可能である」として流刑には非常に消極的であった[26]．これに対して，トルキスタン総督は，「それ〔つまり，内務省の指示〕を遂行するに足る力，人員及び資金の欠如」を強く訴えて，同省に流刑を認めさせたのである[27]．

いずれにせよ，流刑には期待されたほどの効果はなかった．例えば，民衆に対する横暴と違法な徴税を理由に流刑されたチョコ・カイドゥは，流刑先のヴ

ェールヌィ郡にいながらにして，エセングル郷長らを通じて同郷の民衆から合計 700 ルーブリを徴収したという[28]．さらに 1901 年に刑期を終えて帰還すると，チョコは民衆から再度徴税を行なったという[29]．

以上の考察から明らかになるように，その実効性は別として，ロシア軍政当局はマナプを植民地統治の障害として位置づけるようになった．こうした事態は，中央アジアにおける軍事侵攻の終息を反映して，ロシア軍政当局がマナプを介さずに，より直接的にロシア権力のプレゼンスを現地社会に示そうとしたことの表われであったとも言えるだろう．

5　ロシア統治の障害としてのシャブダン

マナプを植民地統治の障害として問題視する傾向は，シャブダンを巡るロシア軍政当局の認識にも当然のことながら反映されていった．

筆者が調べた限りにおいて，シャブダンを巡るそうした認識は，1880 年代後半に作成された軍政当局の公文書の中に見出すことができる．1888 年 8 月に「サルバグシ郷のすべてのカラ・ブカラ〔民衆〕たち」が軍務知事イワノフに宛てて提出した訴願を巡る一件がそれである．その中で彼らは，「マナプ，特にジャンタイ一族と郷長による不正と抑圧のために生存の可能性を完全に失った．〔…〕全セミレチエで私たちほど抑圧されている人間は見つからないだろう」と記して，郷の分割を要請した[30]．この訴願に対するイワノフの対応からは，ロシア軍政当局が当時シャブダンをどのように見ていたのかを窺い知ることができる．イワノフは郡長ナルブートに対して次のように指示している．

> 〔…〕噂によれば，シャブダンは民衆の駱駝で自らの負債を返済しているようだ．マナプであることを利用してシャブダンが完全に民衆の負担で生きていることを私は確信するに至った．〔…〕マナプのための徴税やそれに類するものは法律で一切禁じられていることをシャブダンに宣告するように．また，民衆の中でのシャブダンの活動を秘密裏に監視するように[31]．

ここから，ロシア軍政当局がシャブダンを民衆との関係の中に位置づけ，後者

からの搾取を諫める姿勢を示していたことが分かる．こうした姿勢は，かつて1870年代においてロシア軍政当局が，シャブダンによる民衆からの徴発行為を実質上不問に付していたのとは大きな変化である．また，1890年にはステップ総督のタウベがセミレチエ州への巡撫を行ない，その中でピシュペク郡を訪れた際，総督は前述の訴願における民衆の要求を聞きいれる形でサルバグシ郷の分割を命じた32)．こうした対応からも，ロシア軍政当局がシャブダンを牽制し，民衆の利益を重視する姿勢を示そうとしていたことが分かる．

さらに，ロシア軍政当局のこうした施策がシャブダン本人のみならず彼の周囲に及んでいたことも看過できない．例えば，ジギトとしてシャブダンに長年伺候してきたバヤケは，当時サルバグシ郷の民衆判事となっていたが，セミレチエ州当局は，バヤケによる家畜の強奪や偽判決の作成に対する民衆の訴えを重視し，バヤケから公職への被選出権を剥奪する措置をとった33)．

しかしながら，ロシア軍政当局がこうした姿勢を示す一方で，ロシア軍人の中には，軍事征服の功労者であるシャブダンをロシア支配の特別な媒介者として重視し，それを積極的に支援する者もあった．シャブダンの扱いを巡る二つの姿勢は，1890年代半ばに生じたある事案において顕在化することになる．それは，シャブダンの年金増額の是非を巡る一件（1895-1896年）である．

本章ですでに述べたように，アレクサンドル3世の戴冠式に出席した際，シャブダンには陸軍中佐位が授与されたが，それに付随して彼には年額300ルーブリの年金が支給されていた．事の発端は，シャブダンが1895年にその増額を求めたところにあった．年金の増額に当たっては，セミレチエ州軍務知事ならびにステップ総督の推薦が必要であったが，興味深いことにシャブダンは彼らに直接要求するのではなく，かつてコーカンド・ハン国征服作戦における上官で，当時ザカスピ騎馬コサック隊指揮官を務めていた陸軍少佐シュタケリベルゲル伯爵にはたらきかけを行なった．この要請を受けた同少佐は，1895年12月に，上官でザカスピ州軍務知事のクロパトキンに書簡を送り，年金額引き上げへの賛同を求めた．クロパトキンもこの要求に同意し，翌1896年1月に少佐の書簡の写しを添えてセミレチエ州軍務知事イワノフにはたらきかけた34)．以上の経緯から明らかになるように，シャブダンは征服戦争をともに戦ったロシア帝国の上級将校たちとのコネクションを利用して，年金の増額を図

ろうとしていた．他方で，以上の経緯の中で交わされた文書からは，シュタケリベルゲルやクロパトキンがシャブダンをロシア支配の特別な媒介者として重視し，それを積極的に支援するべきであると考えていた点が浮かび上がってくる．クロパトキンに宛てた書簡の中で，シュタケリベルゲルはコーカンド・ハン国征服作戦におけるシャブダンの軍功を確認した上で，次のように述べている．

〔…〕シャブダンは現在においても，トルキスタン及びステップ両軍管区を遊牧するキルギズ〔＝クルグズ，カザフ〕とキプチャクに対して絶大な影響力を持つとともに，それをロシア政府の利益へと導いている[35]．

このように，シュタケリベルゲルは，シャブダンの影響力が郷をはるかに越えた広い範囲に及ぶことを強調しつつ，彼をロシア支配の特別な媒介者として支援することを求めたのである．

しかし，ロシア統治の媒介者としてのシャブダンの有用性を強調し，彼を積極的に支援することを求めるこうした動きに対して，セミレチエ州の軍政当局は概して消極的であった．そうした態度の背景としては，当時シャブダンがロシア支配の媒介者として実質的に何らかの具体的な役割を担っていたわけではないという事情があったものと考えられる．というのも，シャブダンは陸軍中佐という軍事官位を有してはいたものの，それは，何らかの部隊を率いるなど，実際の軍事上の権利を有するものではなかったからである．

もちろん，あらかじめ留保しておくならば，ロシア軍政当局にとってシャブダンは完全な無用の長物では決してなかった．このことについて，1896年3月に軍務知事イワノフ宛の報告書の中で，郡長タルィジンは「シャブダン・ジャンタエーフはキルギズ〔＝クルグズ〕の派閥抗争を解決する上で，現在でもたまに有益なことがある」と記している[36]．また，その証左として実際に，1892年にタルィジンは，ピシュペク郡南部の山岳地域を遊牧するサヤク族のもとで勃発した激しい派閥抗争を解決するためにシャブダンを現地に派遣し，仲裁に当たらせている[37]．こうしたことから，ロシア軍政当局にとってシャブダンは，治安を維持する上では有用であり，実際に彼に依拠する場面が少なく

なかったことが明らかである.

　しかしながら，治安維持という次元を超えて，新たな政策を導入しようとするとき，ロシア軍政当局にとってシャブダンは協力者たり得なかった．そのことを如実に示すのが，以下に示す，学校事業を巡るやり取りである.

　ロシア軍政当局は，1880年代中頃にタシュケントにおいて「ロシア語・現地語学校」(russko-tuzemnye shkoly)の設立を開始したが，その流れは19世紀末になるとカザフ草原やセミレチエにも及び，「ロシア語・キルギズ語学校」の建設が検討されるようになった[38]．こうした中，1896年3月，ピシュペク郡長タルィジンは郡内の有力者たちに対し，ロシア語・キルギズ語学校の開設を打診した．これに対するシャブダンの反応について，タルィジンは次のように記している.

> 〔…〕私は有力者たちにキルギズ〔＝クルグズ，カザフ〕のロシア語教育の問題を提起した．その際，彼らの多くが無条件で賛成した．しかしシャブダンだけが，この学校をモスクの付属とすること，及びイスラーム教の習得を必須とするという条件をつけてきた．このため私は他のキルギズ〔＝クルグズ，カザフ〕たちとともに学校事業に着手した．すべての有力者が同意した際，シャブダンは皆から後ずさりし，〔しぶしぶと〕合意した[39].

このくだりから，学校事業のありかたを巡ってシャブダンとタルィジンとの間で齟齬をきたしていたことがわかる（また，ここからはシャブダンがイスラームへの強いこだわりを示していることが明白だが，このことに関しては第6章で詳しく扱う）．こうした経緯を踏まえ，タルィジンはシャブダンについて，「〔…〕〔シャブダンの〕影響力は，行政事案〔を遂行する上〕で，直接的な害悪はないにせよ，有益なものではまったくない」と総括した[40]．こうした評価を受け，軍務知事イワノフもクロパトキンに宛てて，「シャブダンの現在の活動の中に，年金を増額するにふさわしい功績を見出すことはできない」として，上申を却けたのであった[41]．このように，たといかつての軍事征服の功労者だったとしても，現実に進行する政策の媒介者たり得ないシャブダンを，ロシア軍政当局は支援しようとはしなかったのである.

さらに，こうしたことだけに留まらず，シャブダンの排除がロシア軍政当局の念頭にのぼることもあった．とりわけ，以下に示すように，軍務知事イワノフ（図3-8）にとって，シャブダンは目障りな存在として映っていた．上述の報告書の中でタルィジンがシャブダンを「あたかも郡長補佐のようだ」と喩えたのに対し，イワノフは「これは容認できない」（*Eto ne mozhet byt' terpimo*）と書き込んでいる[42]．さらに，同年9月にピシュペク郡を巡察した際に，マナプによる横暴や徴税，そして不正行為に関する多数の情報を耳にしたイワノフは，「それを絶つためにはマナプのうちの誰かを流刑に処すことが必要である」と巡察日誌に書きつけていたが，シャブダンはその筆頭候補として挙げられていた[43]．結局のところシャブダンが流刑に処されることはなかったものの，以上の経緯から，ロシア軍政当局が彼を植民地統治の障害として位置づけるようになっていたことは明らかである．

*

以上，本章は1880年代初頭から20世紀初頭にかけて，ロシア軍政当局がシャブダンをどのように位置づけていたのか考察してきた．総じて，シャブダンの帝国への統合は決して強固なものとは言えず，ロシア帝国の支配エリートとしての側面から見た場合，中途半端で不安定な存在であったと言える．すなわち，1880年代初頭にシャブダンは皇帝戴冠式に列席して，陸軍中佐位を授与される反面，帝国の正式な貴族身分には組み込まれなかった．さらに，1890年代半ば以降になると，ロシア統治の媒介者というよりは，むしろその障害としての側面が強く意識されるようになったのである．

さらに，こうしたことに付け加えて，19世紀末になると，シャブダンとは別のマナプがロシア統治の媒介者として頭角を現わすようなった点についても指摘しておく必要がある．この当時のロシア軍政当局の公文書からは，ピシュペク郡長タルィジンのもと郡庁に勤務する二人のマナプの存在が浮かび上がってくる．一人はシャムス郷出身で，当時郡庁で通訳を務めていた，ムハンマド・ムラットアリーであり，もう一人はトゥナイ郷出身のデュル・ソーロンバイ（図3-9）である．出自という側面から見た場合，彼らは両名ともにサルバ

第3章 ロシア統治の協力者か，闘争の相手か　　107

図3-8　イワノフ
出典）TsGA KFFD KR, no. 0-54993.
l. 62.

図3-9　デュル
出典）Kïrgïz... [2003: 168].

グシ族トゥナイ支系に属するマナプであり，シャブダンの近親者に当たる者たちであった．

　しかし，彼らは，シャブダンと同族の出身でありながら，彼とは明らかに異なる存在であった．まず，彼らはクルグズがロシア支配に組み込まれた後に生まれた，当時としては比較的若い世代に属していた．さらに，より重要なこととして，彼らは双方ともに州拠点ヴェールヌィの男子ギムナジアの卒業生であった．すなわち，彼らは，「戦の時代」からロシア帝国による軍事征服期を軍事指導者として生え抜きで台頭してきたシャブダンとは対照的に，ロシア統治のもとでロシア式高等教育を受け，地元のロシア軍政当局に登用された，言わば「教育・行政エリート」の萌芽とでも呼ぶべき存在であった．実際に，彼らはタルィジンが推進する政策の協力者となっていった．とりわけ，デュル・ソーロンバイは，前述の学校事業の後見人となり［Karakirgiz 1896］，建設費用を捻出するための寄付金集めを行なうなど，同政策の重要な協力者としての役割を担っていた[44]．

第4章　遊牧的価値観の体現者としてのシャブダン

　前章の考察から明らかになったように，シャブダンをはじめとするマナプ層の，帝国支配エリートとしての位置づけは，非常に不安定であった．それでは，そうした状況のもとにあって，シャブダンをはじめとするマナプたちはいかなる動きを示したのだろうか．こうした問題意識に基づきつつ，本章は，19世紀後半から20世紀初頭におけるシャブダンの動向を，現地遊牧社会の内在的な視点に寄り添いながら検討してゆこう．

　ロシア統治下におけるマナプ層の動向については，これまで詳細な検討に付されてきたとは言い難いものの，ソ連時代には，階級闘争というソ連史学の理論的大前提に基づき，民衆の搾取者としての側面が強調された［Burov-Petrov 1927］．例えば，『ソビエト大百科事典』の「マナプ」の項には，「部族の一般民はマナプに隷属し，過酷な搾取を受けた」と記された［Manap 1954: 195］．

　また，ソ連時代初期に作成されたプロパガンダパネル「キルギス〔＝クルグズ〕遊牧集落の階級構造」（図4-1）にもそうした傾向が見てとれる．ここには，悪い人相に描かれた「マナプ＝封建領主」が配下のジギトを介して民衆を搾取する構図が示されており，マナプの負のイメージを強調するものであることが一目瞭然である．

　本章はこうした従来の図式を見直す．もちろん，あらかじめ断っておくならば，筆者は何もマナプによる民衆の搾取は存在しなかったなどと言うことは意図していない．実際のところ，そうした側面が実在していたことはあらがえない事実である．むしろ，ここで考えなければならないのは，ではなぜ，いかなる背景からマナプは民衆を搾取したのか，そして，なぜ民衆はそれを「搾取」と受け取ったのかという点である．ソ連時代において，マナプは「強者」として位置づけられたが，その背景には強者が弱者を搾取するのは当然であるとい

図 4-1 プロパガンダパネル「キルギス（クルグズ）遊牧集落の階級構造」
出典）TsGA KFFD KR, no. 2-3550.

う暗黙の了解があった．しかし，前章の考察からも浮かび上がるように，彼らを無条件に強者とするのは無理があるように思われる．

そこで本章は，この問題を遊牧社会の伝統的な価値観や心性の脈絡から検討してみたい．すなわち，これまでも述べてきたように，マナプの活動の中核が襲撃・掠奪の遂行であったことを踏まえれば，とりわけ軍事征服が終了する 1880 年代以降における彼らの動向を考察するに当たっては，ロシア帝国のみならず，現地遊牧社会に対しても軍事指導者としての役割を実質上果たし得なくなった点を考慮する必要があるだろう．

以上の点を踏まえた上で，本章はまず前半において，当該時期のマナプたちの動向や権威を多角的に検討し，彼らが実質上いかなる変容を遂げつつあったのか明らかにする．後半ではシャブダンに焦点を当て，ロシア支配下における彼の活動や権威を中央ユーラシアの遊牧民の伝統的な価値観との関わり合いから検討することとしたい．

1　形骸化するマナプ層の権威

19 世紀末から 20 世紀初頭にかけて，ロシア帝国の直轄統治が進展する中でのマナプの動向を考える際，その手がかりとしてまず着目したいのは，『シューラー』誌に寄稿された前述の「クルグズについて」と題する記事である．その中で特に注目に値するのは，マナプたちについて記された以下の箇所である．

> 〔…〕マナプの地位（manaplïq）は代々継承されている．マナプは自分が老いはじめると，より賢い子供を己の代わりとし，民衆を統べる者として残

そうとする．マナプは自分が生きているうちに，狼が子供に獣らしさ（zverlik）を教えるように，いかにして民衆から奪うか，派閥〔抗争〕（pārtiyalar）が生じた際に，いかにして自分に従わせるか，郷が争った際にいかにして反対者たちを抑えるか――こういったことすべてについて子供に教える．若きマナプ（yāsh manāp）が民衆からうまく奪ったならば，クルグズたちは「善き父の子はうまく育った」〔と言い〕，より穏やかになって，民衆を怖れさせることができなければ「善き父から悪い子が生まれた」と言う[1]．[Sh. V. 1911: 102]

まず，冒頭における「マナプの地位（manaplïq）は代々継承されている」という一文からは，クルグズ社会においてマナプが世襲の称号として定着していたことが窺われる[2]．この点に関して，例えば，サヤク族のチョイベク・ディカンバイが，1896年にセミレチエ州軍務知事に宛てて提出した訴願の中で，

　　私はマナプの家柄に属している（prinadlezhu k rodu "manapov"）[3]．（強調点筆者）

と記している点は興味深い．この訴願はロシア語で執筆されており，チョイベクの認識を直接的に反映しているかどうか疑問の余地はあるものの，彼がマナプを一代限りではない「家系」として捉えていることが窺える．また1897年に『ステップ地方新聞』に掲載された「ピシュペク郡からの便り」において，マナプがチンギス・ハンの後裔を意味する「トレ」（töre）に比定されていることを勘案すれば [Pishpekdan Khaṭ 1897]，彼らはクルグズ社会の中で，実質上の貴族層と見なされるようになっていたと考えるのが妥当だろう．

とはいえ，このようにマナプが現地遊牧社会において貴族化しつつあったことは確かであるとしても，彼らの権威は必ずしも盤石なものではなかったと考えるべきである．というのも，本章冒頭において指摘したように，マナプの権威の源は，襲撃・掠奪や外敵からの保護といった軍事指導者としての役割を果たすことにあったのであり，そうした役割を遂行することがもはや実質的に不可能な時代状況においては，民衆から支持を獲得し，彼らを服従させることは決して容易ではなかったと推察されるからである．このことに関して，「クル

グズについて」からの上述の引用では，民衆を従わせ，彼らから徴発を行なうことに少なからぬ執着を抱くマナプたちの姿が描出されるが，それは，マナプにとって民衆を従えることが，現実的には決して容易ではなかったことの表われであるとも言えよう．

　他方，民衆の側から見ても，もはや軍事指導者としての役割を果たしていないマナプたちに従来通り服従し，その徴発に応じることに疑問や不満を抱いたとしても決して不思議ではあるまい．このことと関連して，19世紀末から20世紀初頭にかけて，マナプによる徴発を訴える訴願がロシア軍政当局に提出されていたことが特筆される．前章でも指摘したように，そうした訴願が「対マナプ闘争」を展開するロシア軍政当局側からの教唆の産物としての側面があることは否めないものの，マナプに対する民衆側の不満や疑問がその背景に存在していたことも確かであろう．例えば，ピシュペク郡カラケチ郷のクルグズは次のように訴えている．

> 〔…〕〔マナプたちは〕我々の家畜を自らの食用に利用する．我々の上に君臨し，自分では何も行なわず，我々の負担で生活している．マナプに服従しないと，彼らは必要に応じて民衆法廷や〔郷の〕行政〔権力〕を利用して，罪を捏造し，私たちを罰する．民衆判事たちは先祖の伝統に従い，マナプが指示することをそのまま実行している[4]．

マナプたちに対する民衆の評価を巡っては，1920年代にクルグズの古老たちから広範な聞き取りを行なった民族学者ガヴリロフが貴重な記録を残している．それによれば，ロシア統治下においては，マナプはかつてのような遊牧共同体の保護者，つまり遊牧英雄バートゥルとしての性質を喪失し，「権力欲，無慈悲，手前勝手，民衆の搾取，派閥抗争や個人的な利益への志向」といった否定的な側面が目立つようになっていったという [Gavrilov 1927: 209]．

　以上の考察から分かるように，ロシア帝国の直轄統治の進展にともなって，かつては個人の資質によって決定されていたマナプとしての地位は固定化され，世襲貴族化の傾向を強めていた．しかし，軍事指導者としての役割を喪失した彼らは民衆からの支持を失い，その権威は形骸化していたのであり，総じて，

彼らは現地社会の支配層として見た場合も不安定な存在となりつつあったと言える．

　実際のところ，現地社会におけるシャブダンの権威も決して盤石なものではなかったと考えられる．このことに関連して，1896年3月にセミレチエ州軍務知事に宛てた報告書の中で，ピシュペク郡長のタルィジンは次のように述べる．

> 〔…〕現在，キルギズ〔＝クルグズ〕の間では個人の自由や，私的な財産に対する自覚が広まりつつある．そうしたことを背景に，シャブダンの影響力ならびに，彼が私に何度も語った彼お気に入りの理論（*teoriya*）――シャブダンという「女王蜂」のもとで，キルギズ〔＝クルグズ〕は一つの巣箱の蜜蜂のように，一緒に暮らさなければならない――は衰えはじめたのである[5]．

もちろん，このくだりにはタルィジンの誇張も含まれているだろう．しかし，前章においても指摘したように，19世紀末になるとシャブダンによる徴発を糾弾し，郷の分割を図ることで彼の影響力から脱しようとする動きが現われつつあったことを勘案すれば，現地社会におけるシャブダンの権威も決して堅固ではなかったと考えるのが妥当である．

　それでは，マナプたちは，ロシア支配の進展の中で彼らが直面することとなった，支配層としての不安定さをどのように克服しようとしたのだろうか．

　まず指摘できるのは，植民地統治制度の巧みな利用である．すなわち，マナプたちは郷や民衆法廷といったロシア統治下で新たに導入されたシステムを掌握することによって，現地遊牧社会における影響力を保持しようとした．マナプたちのこうした行動に関しては，以下に示すように，同時代史料中に様々な証言を見出すことができる．例えば，タルィジンは，「〔…〕現在，マナプの伝統的家柄としての意義はかなり失われつつある．彼らは優位を維持するために，族長としての権限（*pravo pervorodstva*）ではなく，彼らの一族で構成される民衆法廷に依拠している」[6]と指摘している．また，山岳地域を統括するアトバシ管区長官も次のように証言している．

〔…〕キルギズ〔=クルグズ〕に自治と民衆法廷を与えている現地の法制度に慣れたマナプたちは堅い結びつき（strogaya organizatsiya）をなしている．それは民衆の生活とロシアの間に立ちはだかる障壁（sredostenie）である．マナプたちは民衆法廷と現地民行政を自己の打算的利益に奉仕させることによって，民衆を事実上〔ロシアによる〕征服以前の奴隷さながらの状態に維持し続けている[7]．

　それゆえ，仮に民衆がマナプをロシア軍政当局に訴えると，マナプたちは，掌中の民衆法廷を用いることでそうした動きを封じ込めようとした．以下に示す「クルグズについて」の一節は，こうした経緯を示す興味深い証言である．

　〔…〕民衆がマナプを当局の役人に訴えると，郷のマナプたちは手中にある様々な策略によって役人を騙す．〔その際マナプたちは〕「租税を払っていない」とか「この人は泥棒だから通報した」と言って〔民衆法廷に訴える〕．〔…〕民衆判事たち（ビー）はマナプの近親者や支持者から選出される．マナプたちは自分たちに反抗するクルグズから，ありもしない理由で民衆判事たちに協議させて家畜を奪う．この際，〔こうした一連の〕ことは統治規程に則って（zāqonnī）行なわれる．［Sh. V. 1911: 102］

　以上から窺えるように，マナプたちは，現地民に多くが委ねられたロシアの植民地統治制度を巧みに利用し，その内側に入り込むことによって，現地社会における影響力を保持しようとしていたのである．

2　軍事指導者から実業家へ

　他方で，マナプの中には，植民地統治制度に癒着するだけではなく，時代や社会状況の変化に応じて生存のあり方を改め，実際にその変革に取り組もうとする動きが現われるようになった．以下本節では，実業家への途を模索するマナプたちの動きについて見てみよう．

　こうしたマナプの典型的な例が，ソルト族のウズベク・ブシュコイ（?-1912）

である．ウズベクは郡拠点ピシュペクの南に隣接するトルカン郷（表3-6）を本拠地として家畜売買に携わるとともに，皮革加工場（*kozhevennyi zavod*）を営んだこ

表4-1 セミレチエ州における家畜・畜産原料輸出（1902年）

品目 輸出先	家畜	皮革	毛	馬毛
シルダリヤ州	404.3	315.7	21.7	0.4
フェルガナ州	289.3	1.4	—	—
セミパラチンスク州	30.7	2053.6	217.7	5.3
アクモリンスク州	34.2	110.4	—	1.1
ロシア	0.6	9.0	18.1	—
合計	759.1	2490.1	257.5	6.8

註）単位はそれぞれ，家畜：1000頭，皮革：1000個，毛：1000プード，馬毛：1000プード．
出典）Dzhamankaraev [1965: 73].

とが知られている．この当時，クルグズが暮らすピシュペク，プルジェヴァリスク郡を含むセミレチエ州全体において畜産は基幹産業であり，周辺地域にとってもセミレチエは家畜ならびに畜産原料（*skotovodcheskoe syr'e*）の重要な供給源であった（表4-1）[8]．

　クルグズの経済史家ジャマンカラーエフは，全人口の0.3パーセントというごく微々たるものとはいえ，19世紀末から20世紀初頭にかけてクルグズの中に，商業に携わる「民族ブルジョワジー」が形成されつつあったことを指摘しているが［Dzhamankaraev 1965: 73］，ウズベクもそうした潮流を代表する存在であったと言えよう．

　ウズベクの経営が繁盛していたことは，ロシア軍政当局側の記録からも窺い知ることができる．例えば，1896年にピシュペク郡長タルィジンが州軍務知事イワノフに提出した「ピシュペク郡マナプ家系のキルギズ名簿」によれば，ウズベク一族は駱駝80頭，馬1350頭，牛153頭，羊6700頭といったように多数の家畜のみならず，1万5000ルーブリに及ぶ現金を有していた[9]．ここでウズベクが家畜だけでなく現金を有していたことから，彼が遊牧や掠奪に依拠した伝統的な部族の首領ではなく，言わば実業家としての側面を有していたことが窺える．こうした傾向について，20世紀初頭にウズベクの経営を実際に視察した植民地官吏のシュカプスキーも次のような証言を残している．

　〔…〕過酷な戦の生活を送り，〔…〕わずかなもので満足したかつての「バートゥル」は現在では――仮にこう言い表わすことが可能であれば――

「ブルジョワ化」しはじめた．マナプは「剣」を用いて「すべてを奪う」ことができた．しかし剣は今や鞘の中で錆びる運命にある．剣に代わってその座についたのは「金」である．金で「すべてを買う」ことができる．マナプたちはこうしたことを見事に理解したのである．儲け志向がマナプたちの新たな標語となった．[Shkapskii 1907: 44]

　こうした「剣」から「金」への移行，すなわち軍事力から経済力への比重の移行は，ウズベクの遠縁にあたるソルト族のマナプ，バイティクとその一族がたどった道筋と併せて考えるとより鮮明なものとなるだろう．バイティクは19世紀中期に軍事指導者として頭角を現わした，まさに遊牧英雄バートゥルであったが，ロシア統治の進展とともに凋落していった．こうした傾向は，1886年にバイティク本人が没したことや，同年に「ジュト」と呼ばれる，大雪や地表面の凍結などによる家畜の大量死に見舞われたことも手伝って，1880年代後半に加速していった．このように没落の一途をたどるバイティク一族と入れ替わる形で存在感を増していったのが経済力の獲得に成功したウズベクとその一族であった．

　こうした状況を如実に示す史料は，同時代の公文書中に見出すことができる．すなわち，それは1890年にウズベクがバイティク一族から負債が返済されないことをロシア軍政当局に訴えるというものであった[10]．ここからはウズベクが，前述のような背景により苦境に陥ったバイティク一族に金を貸すことで，後者を経済的に支配するようになっていた状況が想起されよう．こうした経済上の優位を背景に，1890年代以降になるとウズベクはバイティク一族からトルカン郷の実権を奪っていったのである．

　このように，ウズベクの事例に顕著に見られるようなマナプたちの変化，すなわち軍事的な手段を用いた「掠奪」から経済的利潤を追求する「事業」に比重を移す傾向は，ウズベクだけに限られたものではなかった．遊牧英雄バートゥルとして名声を博したシャブダンもまた，実業家への途を模索していたことが知られている．このことに関して，シャブダンの息子カマルは以下のように回想している．

〔シャブダンは〕マナプによる支配は私とともに消えてゆくだろう（manaptïk meni menen jok bolot）と語り〔…〕，息子たちに対しては，何らかの職業に就くよう助言した．［ASh: 21-22］

このくだりから，シャブダンが息子たちの生業の確保に熱心に取り組んでいたことが窺える．実際に，民族学者のアブラムゾンが 1920 年代初頭に行なった調査によって，シャブダンの息子たちが様々な「事業」に従事していたことも明らかにされている．長男のヒサメトディンは，100 デシャチナにものぼる広大な敷地で農業経営を行ない，主に家畜の餌となるウマゴヤシを栽培して市場に出荷した．次男のモクシュは馬匹飼育業を営んでいた他，三男のカマルは養蜂を行ない，蜂蜜をタシュケントに輸出した．また，四男のアマンは皮革加工業を営んでいたという［Abramzon 1931: 45］．このように，シャブダンは息子たちを軍事指導者としてではなく，実業家として育成しようとしたのであり，それは実現されることとなったのである．

　このような実業家への途を模索するシャブダンの志向を鮮明に示す証左として，彼の息子たちが実際に事業を行なった敷地の場所にも言及しておく必要があるだろう．

　シャブダンとその息子たちが暮らしたのは大ケミンと呼ばれる場所であった（表 3-6）．同地は，トクマクからウスク・キョル湖西岸へと向かう街道を逸れ，切り立った断崖沿いの細い道を進んだ先にある山間部の盆地であった．これに対して，息子たちの経営用地は，トクマク東方のチュイ川左岸一帯のアク・ピケットと呼ばれる，上述の街道に面した場所にあった（表 3-6）．大ケミンが軍事征服時代に敵からの襲撃を防ぐ上で好都合な，言うなれば「天然の要害」だったのに対して，アク・ピケットはチュイ盆地を通過する街道，つまり商業ルートに面しており，農産品や畜産品の輸出に好都合な場所であったことは言うまでもない．こうした点からも，シャブダンが事業を熱心に展開しようとしていたことが分かる．

　以上から明らかなように，遊牧英雄バートゥル，すなわち軍事指導者としての役割を喪失したマナプたちは，ロシア帝国の直轄統治のもとでその内実を確実に変容させていったのである．

3　強調される遊牧的権威①：勇敢なバートゥル

前節までにおいて 1880 年代以降のマナプ層の権威について整理し，軍事的指導者としての存在価値を失った彼らの権威が形骸化していたこと，また，それがゆえに実業家への転身を図る傾向も見られたことも確認した．しかしながら，こうした実質上の変容とは裏腹に，マナプたちはロシア帝国の直轄統治のもとでもなお，中央ユーラシアの遊牧社会の伝統的な価値観に配慮していたことを指摘しなければならない．とりわけ，シャブダンが，現地社会においては伝統的な遊牧英雄バートゥルに求められる役割や，現地社会において共有される遊牧的な価値観に合致すべく振る舞っていたことが，当時の様々な史料から浮かび上がってくる．

これまでも繰り返し指摘してきたように，19 世紀後半以降シャブダンをはじめとするマナプは軍事指導者としての役割を実質的に喪失した．しかしながら，そうした時代状況にあってもなお，シャブダンは遊牧英雄バートゥルとしてのアイデンティティを保持し続けていた．事実，彼はバートゥルの尊称を放棄するどころか，むしろそれを強調していたのである．

その証左として注目に値するのが，『シャブダンの叙事詩』（*Shabdan Jomaği*）である．この作品については，米国の研究者ダニエル・プライアーによってなされた校訂・英訳に詳しいが［Prior 2013］，あらましを述べれば，それは，1860 年代初頭にシャブダン率いるジギト部隊がオイラート（カルマク）に対して行なった襲撃・掠奪をモチーフとして，彼らの勇敢さを賞賛する武勇伝であったと言うことができる．

この英雄叙事詩の成立背景については不明瞭な部分が多いものの，シャブダンの依頼を受けたムーサー・チャガタエフというクルグズが，1909 年から 1910 年にかけて作成したことが知られている．中央ユーラシアにおいて，英雄叙事詩が王権や支配層の権威を正当化する役割を果たしてきたことを踏まえれば［坂井 2012: 166-171］，この英雄叙事詩の作成が，かつて実際に行なった襲撃・掠奪を題材にすることで，自身の勇敢なバートゥルつまり遊牧英雄としての資質を現地社会に対してアピールしようとする意図のもとに行なわれたこと

は間違いない.

　シャブダンが生涯にわたってバートゥルであり続けたことは，没後『セミレチエ州通報』1912年4月10日号に掲載された訃報記事にも端的に反映されている．この新聞は，ロシア語欄とアラビア文字テュルク語で書かれた「現地語欄」(tuzemnyi otdel) を有するバイリンガル紙であったが，ロシア語版における訃報のタイトルが「陸軍中佐シャブダン・ジャンタエーフの逝去」(O smerti Voiskovoi Starshina Shabdana Zhantaeva) とされる一方で，後者では，

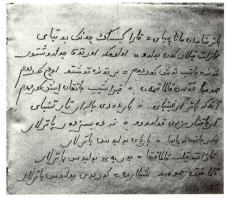

図4-2　シャブダンの叙事詩
出典) ShJ [2].

> ジャンタイの息子シャブダン・バートゥルの逝去 (Shābdān bāṭïr Jānṭay ūghlïnïng ōpātï).

と記された [Shābdān... 1912]．このように，シャブダンの名前に「バートゥル」の尊称を付した記述はサブル・ガブドゥルマーンが『シューラー』誌に寄稿した論説の中にも認められる ['Abd al-Mannuf 1913: No. 2/ 62]．こうしたことから，シャブダンが20世紀初頭においてもなお現地社会でバートゥルと目されていたことは確かであろう．

　このようにシャブダンがバートゥルとしての側面を強調した背景として，19世紀末から20世紀初頭のクルグズ社会において，勇敢な首領であるということがなおも意味を持っており，それゆえバートゥルという尊称が依然として権威を持つものであった点に留意しておく必要があろう．例えば，アトバシ管区長官は，サルバグシ族のマナプ，チョコ・カイドゥの素性について報告する中で，「チョコ・カイドゥは類い稀な記憶力を有しており，博識である．彼は，かつて掠奪を行なっていた己の民族の過去を学ぶとともに，〔…〕父祖たちのそうした罪深い生活を英雄視している」と記している[11]．また，20世紀初頭

にソルト族のもとで民族誌調査を行なった植民地官吏のソコロフによれば，マナプを巡るクルグズの認識として，それが父から子へと自動的に世襲されるとする見解がある一方で，必ずしも世襲されるわけではなく，バートゥルとしての勇敢さが不可欠であるとする見方もあったという [Sokolov 1910].

さらに，このことに関連して，『シューラー』誌に掲載された「クルグズについて」の中にも興味深い記述を見出すことができる．それによれば，「現在〔20世紀初頭〕でも，マナプたちに話しかける際には『バートゥル』と言う」[Sh. V. 1911: 104]．さらに，

> マナプたちは自らが家畜を飼育し，種を蒔くことは恥である〔と考えている〕．勇者（yigitlik）とは見なされない．人から〔家畜を〕奪って屠ることが名誉であり，バートゥルらしい（bātïrlïq）ことであると言う．[Sh. V. 1911: 103]

と指摘されている．ここからも，20世紀初頭という時代に至ってもなお，マナプたちの間では，掠奪をバートゥルにふさわしいものと見なす価値意識が存在していたことが分かる．また，こうした認識がマナプのみならず広く現地社会で共有されていたであろうことは想像に難くない．

以上，本節の考察から，軍事指導者としての役割を事実上喪失する中で，シャブダンが遊牧民の伝統的な価値観に配慮し，むしろそうした価値観の体現者としての側面を強調することで民衆に対する権威を維持しようとしていたことが明らかとなった．ところで，こうした遊牧的価値観という側面から見たとき，首領に求められる資質は上記の勇敢さだけではなかった．以下で詳しく検討しよう．

4 強調される遊牧的権威②：気前の良さ

社会人類学者の松原正毅は「遊牧社会における王権」と題する論考の中で遊牧社会の君長に求められた資質や役割について整理しているが，その一つとして掠奪における公平な分配を挙げ，掠奪物に対する私的な貪欲さを露わにする

ことは，最も低い評価の対象となったと指摘する［松原 1991: 432］．言うまでもなく，こうした価値観はクルグズ遊牧社会においても共有されていた．実際に，このことに関して，前出の民族学者ガヴリロフは，

　バイ〔＝富者〕はマナプにはなれない（bai bolsang manap bolmaisïn）．

というクルグズの格言を引き，民衆にとって理想のマナプ＝バートゥルとは，「与えるが，受け取らない」人物である点を指摘している［Gavrilov 1927: 209］．とはいえ，前節で明らかにしたように，この当時マナプの間では，個人的な蓄財をはじめとして，そうした価値観に逆行するような動向が顕著となっていた．事実，シャブダンも息子たちを実業家として育成することで，そうした時流に棹さしていた側面は否めない．

　しかしながら，その一方で，シャブダンが私的な貪欲さを忌避し，民衆に物惜しみなく与えることを是とする遊牧社会の伝統的な価値観に配慮しようとしていたことも様々な史料から窺い知ることができる．このことについて，息子のカマルは「シャブダン伝」の中で，「シャブダンは富や家畜を蓄えることはなかった．人々からは贈り物や金，家畜が次々と届けられたが，それらはすべて分け与えた．蓄財を好まず，物惜しみすることがなく，客をよくもてなした」と回想する［ASh: 13］．オスマンアリー・スドゥコフも『シャドマーンに捧げしクルグズの歴史』の中でシャブダンのそうした側面を次のように記している．

　〔…〕家にいようと，道にいようと，街にいようと，草原にいようと，〔シャブダン・バートゥルの〕周りには常に人々が集まり，道を譲ろうとはしなかった．〔シャブダンは〕日中に数千ソムを受け取っても，すぐに人々に与えてしまうため，晩までには無一文となっていた．［ʻUthmān ʻAlī 1914: 54-55］

この他，シャブダンの没後，『セミレチエ州通報』に掲載された追悼文には，次のような逸話が紹介されている．あるときシャブダンは馬に乗って山へ出かけた．すると，ぼろを身にまとったクルグズが歩いていた．シャブダンが事情

を尋ねると，なけなしの馬すら失い，日雇いで材木の運び出しをしているという．するとシャブダンは，「我が馬を持ってゆけ」と言って馬から降り，歩いて帰った［Kazak Iliskii 1913］．

　こうした逸話が果たして実際にあったことなのか否かは定かではない．しかし，少なくとも，シャブダンが現地社会に対して自らの気前の良さをアピールしようとしており，また民衆の側も多かれ少なかれそのことを認めていたことは確かであろう．また，こうしたことはシャブダンに限らず，多くのマナプに共通して見られたようである．そのことに関連して，『シューラー』誌に掲載された「クルグズについて」には以下のような記述を見出すことができる．

> マナプたちはとても気前が良い．来た客は誰であれ一人として追い出されることはない．羊が屠られて鍋がかけられ，肉が茹でられる．サモワールからは一日中［火が］絶やされない．来た者が飲まず食わずして去ることはない．見知らぬ旅人でも，親しい客でも，彼らの帰り際にマナプは馬を一頭贈る．［Sh. V. 1911: 103］

以上で見てきたことから分かるように，19世紀末から20世紀初頭において，シャブダンに限らず，マナプたちの動向を巡っては，民衆からの徴発と気前の良い施しという二つの側面が存在したことになる．一見したところ，これら二つの側面は相反するものの，穿った見方をするならば，それらはむしろ表裏一体であったと考えることもできる．

　そうしたことにいち早く気がついていたのは，ピシュペク郡長のタルィジンである．前章でも扱った，1895年から翌1896年にかけて生じたシャブダンの年金増額問題を事例に見てみよう．この案件の発端は，シャブダンの要請を受けたザカスピ騎馬コサック隊指揮官のシュタケリベルゲル伯爵が，ザカスピ州長官のクロパトキンに年金の増額を提起したことにあった．クロパトキンに宛てた書簡の中で伯爵はその背景を次のように述べている．

> 傑出した名門の地位ゆえに，シャブダンはキルギズ〔＝クルグズ〕の慣習に従って民衆と政府のために莫大な支出を余儀なくされている．その他に

も，シャブダンは，持たざる者たちにすべてを与えてしまう人物として有名である[12]．(強調点筆者)

これに対し，タルィジンはセミレチエ州軍務知事のイワノフ宛に提出した上申書の中で，

> 民衆の目を欺くためにシャブダンはなけなしの馬を貧民に与える．それは民衆の目に強く焼きつき，彼は名声を得る．こうした施しは何倍にもなって彼に戻ってくるのだ[13]．

と指摘している．またオスマンアリーが，「〔シャブダン・〕バートゥルのもとから貰ってくることは価値あることと見なされた」とする一方で，「〔シャブダン・〕バートゥルに贈ることは最高の名誉であった」と記していること［'Uthmān 'Alī 1914: 56］も，シャブダンによる施しが一方向的なものではなく，それに対する見返りの側面が存在していたことを示唆していよう．

以上，前節の考察とも併せて考えれば，シャブダンは遊牧民の伝統的な価値観に配慮し，むしろその体現者としての側面を強調することで民衆からの実質上の徴発を円滑に遂行し，生存基盤の安定化を図ろうとしたと言うことができるだろう．とりわけ，本節において検討した，施しによる「気前良さ」のアピールは，シャブダンのみならず，マナプにとって重要な意味を帯びていたものと考えられる．というのも，前節で述べたように，たとい「勇敢さ」を強調したとしても，それはあくまでも過去の武勲に拠っているのであって，もはや襲撃や掠奪を行なうことは実質上不可能な時代であった．そうした時代状況において権威を保持しようとするとき，施しは，民衆の眼前で行なうことができる，彼らに残された数少ない有効な手段だったと思われるからである．

5 強調される遊牧的権威③：仲裁者

松原は次いで，遊牧民の君長に求められた役割として，公平な裁きの遂行を指摘している［松原 1991: 431-433］．この仲裁者という役割を巡っては，以下に

示すように，多くの証言が存在するとともに，シャブダンは実際に現地社会において民衆から名声を得ていた．

筆者が調べた限りにおいて，そのうち最も古い証言は，ピシュペク郡長タルィジンによるものであり，「〔シャブダンのもとには〕訴えが持ち込まれており，シャブダンはそれらを検討する」[14]としている．ここから，彼が19世紀末の時点においてすでに仲裁者としての役割を果たしていたことが分かる．また，シャブダンの没後に『セミレチエ州通報』に掲載された追悼文にも，「〔シャブダン・〕バートゥルは毎日が仕事であった．近くからも遠くからも多数のキルギス〔＝クルグズ，カザフ〕が銘々の案件や懸案を携えて彼のもとにやってきた．バートゥルは，名誉ある仲裁裁判官（*treteiskii sud'ya*）として，家族や日常生活に関する案件を『アダット』（慣習法）に基づいて解決した」という記述がある [Rovnyagin 1912]．

このような仲裁者としての役割に関して，間近での実見に基づいて証言していると考えられるのは，シャブダンの没後，『シューラー』誌上に「天山の暗い窪地から」と題する追悼記事を寄稿したサブル・ガブドゥルマーンである．彼はシャブダンの壮麗な天幕（図4-3）を「紙もペンもない官房」（*kāġaẓ qalem-siz kānselarīasī*）と呼び，そこに多くの人々が訪れる様子を活き活きと描き出している．

> 〔…〕ある者は盗まれた家畜について，ある者は家出した娘について，ある者は家畜のやり取りについて，ある者は殺された人間のクン〔＝賠償金〕について，〔…〕皆それぞれ自分の用件について話す．この人〔＝シャブダン〕はそれぞれの訴えすべてを耳で聞いて，解決している．つまり，彼は読み書きを知らずとも，法律に相当する犯罪が記された書物のすべての項目（条項）が心のうちにある．このようにして彼は検事五人分に等しい仕事を自分一人でこなしている．['Abd al-Mannuf 1913: no. 2/ 11]

第2章で述べたように，1867年にロシアによる直轄統治が開始されたのを契機に，主に行政・治安関係を担当する郷長と並んで，慣習法に基づいて裁判を行なう者として「民衆判事」（*narodnyi sud'ya*）が，民衆から選出されることが定

第 4 章　遊牧的価値観の体現者としてのシャブダン　125

図 4-3　シャブダンの天幕
出典）TsGA KFFD KR, no. 2-5312.

められた．しかし，上述のくだりからは，直轄統治の開始から約半世紀が経過した 20 世紀初頭にあってもなお，非公式なかたちではあれ，シャブダンが司法機能を備えた伝統的な首領として実際に活躍していたことが分かる．

　このようにシャブダンが仲裁者としての役割を果たしていたことは，彼の風貌にも見てとることができる．序章に掲げた図 0-2 を改めて見てみよう．この図は 1908 年に撮影されたシャブダンとその家族の写真である．ここからは，シャブダンがロシア帝国から授与されたコサック帽とカフタンを身にまとう一方で，立派な白髭を生やしていたことが一目瞭然である．クルグズだけに限らず，中央アジアにおいて白髭が共同体の長であることを象徴的に示すものであることを踏まえれば，シャブダンがこの地域の遊牧共同体の伝統的な仲裁者にしてリーダーであることを顕示し，それを視覚的に示そうとしていたことが分かる．

*

　本章の考察から，1880 年代以降，シャブダンをはじめとするマナプ層が軍事指導者としての役割を喪失し，その内実を確実に変容させていった一方で，なおも遊牧社会の伝統的な価値観に配慮し，それに見合った役割を果たしていたことが明らかとなった．

それでは，ロシア軍政当局はシャブダンのそうした動向にどのように対応していたのだろうか．本章を結ぶにあたって，前章の考察も踏まえながら，ロシア統治との関係について簡潔に触れておきたい．ロシア軍政当局はシャブダンのそうした側面を積極的に抑制することはなく，概して黙認していた．もちろん，ロシア軍政当局はそれにまったく介入しなかったわけではない．とりわけ，ロシア軍政当局が「対マナプ闘争」方針を明確に打ち出す19世紀末になると，民衆からの徴発と表裏一体の関係にあった施しは問題視されるようになった．まさに，ピシュペク郡長タルィジンはシャブダンの「施し」のロジックに鋭く切り込み，それを抑制しようとした最初のロシア人軍政官であった．

　しかしながら，こうした姿勢はあくまでも例外的なものであった．むしろ逆に，ロシア軍人の中には，現地社会におけるシャブダンの伝統的権威を維持することで，地域社会の帝国への統合が容易になると考える者もあった．年金増額を積極的に支持したシュタケリベルゲル伯爵やクロパトキンといったロシア軍人たちはまさにそうした人々であった．また，実のところ，タルィジンも，シャブダンが果たす伝統的権威に依拠していた部分は決して少なくなかった．前章で述べた通り，シャブダンは，派閥抗争を解決するに当たり，ロシア軍政当局から有用視されていたわけであるが，それはまさに本章で明らかにした，シャブダンの伝統的な仲裁者としての資質が活用されていたことを意味していよう．

　このように，現地社会に対するロシア支配は，シャブダンの遊牧英雄バートゥルとしての伝統的権威を媒介にして行なわれていた側面が決して少なくないのである．

第5章　先鋭化する土地問題とシャブダン

　20世紀に入り帝政ロシアを揺るがす大きな事件が勃発する．1905年革命である．この革命は帝都サンクトペテルブルグに端を発するものであったが，中央アジアを含む帝国内のムスリム系諸民族の動向にも大きなインパクトを与えることになった．むろん，この革命はほとんどのムスリムにとって予期せぬ出来事ではあったが，それを契機に彼らの政治・社会運動は活性化することになった［小松 1995: 125-133］．こうした動向を受けて，ツァーリ政府は帝国内の諸集団の要求に配慮する——立憲制の導入と政治的な自由を謳った「十月詔書」が象徴するように——とともに，それに一定の譲歩を示さなければならなかった．

　しかし，その一方で，政府は革命で動揺した帝国の引き締めを図ってゆかなければならなかった．こうした喫緊の課題を一手に引き受けることになったのが，1906年7月に発足した，ストルィピン（図5-1）を首相（兼内相）とする新政府である．ストルィピン政府の重要な課題は，国家の強い指導のもとで，革命で混乱した帝国の再統合を図ることであった．

　政府がとりわけ重点的に取り組もうとしたのは，革命で高揚した農民運動の沈静化であった．よく知られるように，政府は1906年11月9日の勅令によって，自立的な農業経営を育成するべく，上からの急速な共同体（ミール）の解体とフートル及びオートルプ経営の創出に乗り出した．さらに，政府は農村共同体から離脱したロシア人農民をはじめとするスラブ系住民を移民として帝国辺境へ放出することで，ヨーロッパ・ロシア部における農業問題を解決すると同時に，革命で動揺した帝国辺境地域における専制の支柱として「ロシア的要素」を扶植することで，帝国の辺境支配の再構築を標榜したのである［西山 2002: 114, 129］．

図 5-1　ストルィピン
出典）Aziatskaya... [1914: 469].

図 5-2　クリヴォシェイン
出典）Aziatskaya... [1914: 467].

　これと並行して，こうした諸課題を円滑かつ強力に遂行するための権力機構の整備も進められていった．すなわち，最高執行権力機関である大臣評議会 (*Sovet ministrov*) が常設化されるとともに，農業・土地問題に関しては，クリヴォシェイン（図 5-2）を長官とする土地整理農業総局 (*Glavnoe upravlenie zemleustroistva i zemledeliya*) が新たに創設され，従来内務省の管轄下にあった移民局 (*Pereselencheskoe upravlenie*) もその傘下に入ることとなった [PSZ, 1905, Sob. 3, Tom. XXV: no. 26172/ 289]．

　このように，政府の主導のもとで移民政策が進められてゆく中で，中央アジアはその受け皿としての役割を期待されるようになった．実際に，中央アジアへの移民数は格段に増えていった．公式な統計によれば，それは，1896 年から 1905 年までの 10 年間に 23 万 6931 名であったのに対し，1906 年から 1909 年までの 4 年間だけでも，かつての倍をはるかに上回る 53 万 5733 名となっていた [Itogi... 1910: 49-52]．とりわけセミレチエ州には，中央アジアの中でも多くの移民が殺到することとなった．

　本章は，セミレチエ州が，約半世紀の時を経て，軍事征服の最前線から，言わば「移民政策の最前線」へと変化する中で，ロシア軍政当局がマナプ層をどのように位置づけたのか，そしてマナプ層はそうした状況にどのように対応し

図 5-3　入植地を目指す移民
出典）Aziatskaya...［1914: 479］.

たのか，シャブダンに焦点を当てて具体的に検討する．

1　土地収用の手段としての「定住移行」

　上述のように，中央アジアへの移民数は増加していったが，当然のことながら，入植地の確保が政府にとって重要な課題となった．そのためには，クルグズやカザフをはじめとする遊牧民から土地を収用することが必須であった．こうした中で政府の念頭にのぼるようになったのが，遊牧民に対する土地整理（zemleustroistvo）である．それとの兼ね合いで焦点になったのが，遊牧民の「定住移行」（perekhod k osedlosti）の問題であった．以下本節では，定住移行に焦点を当てながら，ストルィピン政府のもとでの遊牧民に対する土地政策の特質を析出してみたい．

　この作業を行なうに当たって，まず初めに，ロシア帝国による直轄統治が開始された19世紀中期まで時間をさかのぼり，ロシア軍政当局がクルグズをはじめとする遊牧民の土地をどのように位置づけていたのか，彼らの定住移行の問題とも関連づけながらその変遷を見ておきたい．この作業を通して，ストルィピン体制下における土地政策の本質がより浮き彫りとなるであろう．

　ロシア支配に組み込まれる以前から，クルグズは放牧と牧畜だけに特化した，言わば「純粋な」遊牧民では決してなかったことが知られている［Sitnyanskii 1998: 81-82］．すなわち，彼らの遊牧経営は，冬営地周辺における農耕を組み合わせたものであった．こうした状況は，直轄統治草創期にロシア軍政当局によ

って実施された遊牧経営調査にも如実に反映されており［Maev 1872: 167-175］，ロシア軍政当局も，クルグズが農耕を行なうことを早い段階から認識していた．さらに，こうしたことに加えて，1867年の創設当初からセミレチエ州ではロシア人農民の入植が積極的に実施されたという事情[1]も影響して，ロシア人軍政官たちの間では，ロシア人農業移民を媒介とした遊牧民の文明化及び定住化が唱えられることもあった．そのことを裏づけるように，初代セミレチエ州軍務知事のコルパコフスキーによって1869年に作成されたロシア人農業入植計画「セミレチエ州における定住村落設置規則」の補足説明書においては，「ロシア人入植者ならびに文明の利益との日常的な接触によって，キルギズ〔＝クルグズ，カザフ〕は間違いなく定住生活へと移行する」という見通しが示されていた[2]．

しかし，コルパコフスキーが示したこうした目論見は，当時ロシア人軍政官たちの間では必ずしも支配的ではなかった．事実，この箇所を読んだ総督カウフマンは，遊牧民の定住農耕化を「夢想」（*utopiya*）と評価しつつ，「〔…〕サルトの監督〔＝コーカンド・ハン国の統治〕に取って代わったロシアによる監督は，遊牧民の本質をある一定程度まで解体するにすぎない」とした[3]．確かに，第2章で考察したように，トルキスタン総督府の創設にともなって，帝国内地の農民統治機構を真似た郷制度が導入されたものの，それはあくまでも行政組織の形式的な改編に終始したのであって，ロシア軍政当局は遊牧社会の内部に介入することを避け，むしろそれを維持しようとした．先行研究でも指摘されているように，直轄統治草創期においてロシア軍政当局は遊牧経営の破壊を招くことがないよう慎重に配慮したのであり［Brower 2003: 128-129］，ましてや遊牧社会に内在する農耕的要素を根拠にしてクルグズの定住化を図ることもなかったのである．

ちなみに，ロシア軍政当局のこうした姿勢は，すでに1860年代中期から後半にかけて中央政府レヴェルにおいても確認されていた．すなわち，1865年に，新たな統治規程の作成を目的として帝都サンクトペテルブルグに設置された「ステップ委員会」は，土地制度がカザフ及びクルグズの生活様式に不可避的に影響を有するため，「特別の慎重さ」が必要であると考えていた．むろん，ステップ委員会の念頭には遊牧民各人に一定量の土地を分与する土地整理構想

が存在していた．しかし，それは「キルギズの遊牧生活様式に一致せず，牧畜の圧迫に結びつくことは間違いない」という懸念から断念された［MIP: 269］．それゆえ，彼らの土地は，「慣習に基づく共同利用」に付されるという位置づけがなされたのである［MIP: 337］．

　しかし，土地政策を巡る上述の方針が維持される一方で，統治規程には徐々に新たな要素が付け加えられていった．とりわけ，1891 年に施行された「ステップ諸州統治規程」は，遊牧民の土地政策が新たな段階に入ったことを象徴するものでもあった．まず，同規程第 125 項において，「遊牧民は，冬営地として割り当てられた区画において土地を耕作し，菜園や果樹園，植込み，家屋や経営建造物を作る権利を有する．耕作地ならびに建造物・植込みに利用されている土地は，土地が耕作され，建物や植込みが存在している限りにおいて世襲される」［PSZ, 1891, Sob. 3, Tom. XI, 1894: no. 7573/ 144］と規定されたように，遊牧民の定住化の促進が念頭に置かれるようになった．こうしたことを反映して，セミレチエ州では 1903 年に，定住生活に移行するクルグズやカザフに家屋建設や農機具購入のための費用を公的に融資することを目的として，「キルギズ貸付金庫」(*Ssudnaya kassa dlya kirgizov*) が創設された[4]．

　他方で，「ステップ諸州統治規程」には，遊牧民からの将来的な土地収用を念頭に置いた条項が定められた．すなわち，遊牧民が使用する土地はすべて国有地とされ（第 119 項），以前と同様に「遊牧民の慣習に基づく無期限の共同利用」に付される（第 120 項）ことが示される一方で，「遊牧民にとって余剰（*izlishek*）と見なすことが可能な土地は農業・国有財産省の管理に付される」（第 120 項注 1）ことが明記されたのである［PSZ, 1891, Sob. 3, Tom. XI, 1894: no. 7573/ 143］．

　もちろん，「ステップ諸州統治規程」の制定当初，この余剰地条項の実現は不可能と見なされていた．事実，国家評議会はこの問題に関して，「余剰地の明確化を現在実行すれば克服し難い困難に遭遇するであろう．遊牧異族人は郷から郷へと移動するばかりではなく，ロシア領外へも移動することがある．このように彼らの移動の性質は未だに不明瞭である．また，未だに測量作業が着手されないためにステップ地域そのものが明らかにされていない．このような状況のもと，遊牧原住民に土地区画を分与することに関する何らかの精密な指

示を法律に含めることは不可能である」[Chirkin 1907: 44-45] という見解を示していた．

しかし20世紀に入り，政府が移民政策の積極的な奨励に転じるようになると，遊牧民の土地を巡る従来の政策状況は確実に変化してゆくこととなった．すなわち，1904年6月6日に出された「農村住民及び農業に就く町人の自由な移住に関する法」（以下「1904年移民法」と略記）により，極東からザカフカースに至るアジア・ロシア部の国有地へ自由に移住することが認められたのを契機に [西山 2002: 40]，現地民からの土地収用の方策を明確化することが必要になったのである．

こうした課題を一手に引き受けたのが，1905年革命後に成立したストルィピン政府であった．同政府は，余剰地条項を根拠にして，遊牧民からの土地収用に関する具体的な規程の作成に取りかかった．規程の作成を実際に担当したのは，クリヴォシェインを筆頭とする土地整理農業総局であったが，同局は1908年に遊牧民のもとでの土地整理規則を立案した．さらに，それは同年6月11日に大臣評議会に上程された後，翌1909年6月9日に承認され，「『ステップ諸州統治規程』に基づいて統治される諸州において，キルギズの余剰地を国家フォンドに転換することについての指令」（*Instruktsiya ob obrashchenii v gosudarstvennyi fond zemel' izlishnikh dlya kirgiz, v oblastyakh, upravlyaemykh na osnovanii Stepnogo Polozheniya*: 以下，「1909年指令」と略記）として結実した．

「1909年指令」は全部で21項からなる複雑な規則であったが，それは要するに，遊牧民基準に従って比較的広大な土地を受け取って遊牧を続ける選択肢と，定住民基準に従ってロシア人移民と同じ基準（成人男子一人あたり15デシャチナ以下）で土地を受け取り，定住化するという選択肢を提示するものであった．

このように，「1909年指令」は遊牧民基準と定住民基準という，土地整理を巡る二つの選択肢を提示するものであったが，いみじくもストルィピンが，「〔…〕内地のロシア人が土地不足にあえぐ中で，遊牧民の原始的な牧畜・放牧生活様式を維持することは非常に望ましくない」[5] と述べているように，政府は実質上，遊牧民基準での土地整理を推奨してはいなかった．政府がとりわけ重視していたのは，定住民基準での土地整理であり，「1909年指令」の眼目も

まさにそこにあった．そうした背景には，遊牧民からの土地収用が急務となる中で，定住民基準による土地整理がそのために非常に好都合だったということがある．というのも，遊牧民に 15 デシャチナ以下という限られた土地を分与することによって，それまで彼らが利用していた広大な遊牧地を「余剰地」として収用することが可能になるからである．政府がいかに少しでも多くの余剰地を獲得しようとしていたかは，ストルィピンが定住民基準での土地分与基準の引き下げに懸命であったことに顕著に表われていた．すなわち，当初，土地整理農業総局が作成した「1909 年指令」の原案において，それは一律 15 デシャチナとされていたが[6]，これを見たストルィピンは，それを「15 デシャチナ以下」(強調点筆者) へ下方修正するよう指示したのである[7]．

このように，ストルィピン政府にとって，遊牧民の定住化は，より多くの土地を遊牧民から収用するための手段として位置づけられていたのであり，決して定住化それ自体が目的ではなかったことが明らかである．宇山智彦は，20 世紀に入って移民の利益が優先され，遊牧民に対する従来の保護政策が骨抜きにされたことを指摘しているが [宇山 2005b: 538]，「1909 年指令」はまさにそうした状況を象徴するものであったと言えるだろう．

中央政府のこうした姿勢を踏まえた上で，次節以降においては植民地現地，なかんずくセミレチエのクルグズのもとでの展開を見てゆこう．

2　「対マナプ闘争」の新たな担い手としての移民事業団

20 世紀に入り，セミレチエ州における土地問題は先鋭化の一途をたどった．そうした背景には，政府の許可を得ずに中央ロシア農村部から移住してきた，いわゆる「不法移民」(*samovol'tsy*) の存在が大きく影響していた．彼らは公式の統計には計上されないため，その正確な数を把握することは難しいものの，とりわけ 19 世紀末の中央農村部における飢饉を背景に急増しつつあった．

このように土地問題が緊迫する中，セミレチエ州における移民政策の遂行を担う機関として，1905 年，土地整理農業総局の管轄下にセミレチエ移民事業団 (*pereselencheskaya partiya*: 以下「移民事業団」と略記) が創設された．とはいえ，この当時セミレチエ州は依然として移民入植に開放されてはいなかった．とい

うのも，日露戦争のさなかに中国が日本を支持してトルキスタンで新たな戦線が形成され，現地民の騒擾が引き起こされるのではないかという警戒感を背景に，同州は前述の「1904年移民法」の施行対象地域から外されていたからである [西山 2002: 95].

にもかかわらず，移民事業団は，規制が正式に解除されるのはおろか，中央における土地整理規則の制定をも待たずに，遊牧民のもとでの土地整理を独自に展開させていった．その際，移民事業団が最も関心を寄せていたのは，クルグズが暮らすピシュペク郡であった．というのも，チュイ盆地を擁する同郡は不法移民が集中した地域であり，土地問題の解決が焦眉の課題となっていたからである．

その中でも，移民事業団がまずはじめに目を付けたのは，郡拠点ピシュペクの西隣に位置し，不法移民が多く集っていたスクルク郷であった．

土地整理を進めるに当たって，移民事業団は郷内におけるマナプと民衆の間の対立を利用していった．スクルク郷において以前から権力を握ってきたのは，ソルト族のマナプ，チョルパンクル・トゥナリンとその一族であったが，第3章で述べたように，1880年代後半になると，チョルパンクルに対抗しようとする者たちが現われるようになった．とりわけ，そうした勢力の首領となっていたのが，ジャンタイ・ケネサリンとウメトアリー・アシロフという二人のクルグズであった．移民事業団は，郷内部の対立構造を利用しつつ，スクルク郷を分割して，ケネサリンらが率いる派閥から新たな郷を新設し，そこで土地整理を行なうことを企図したのである．こうしたことを背景に，ケネサリンとアシロフは，1906年以降，移民事業団のみならずロシア軍政当局にも多数の嘆願書を送付していった．それらの内容は，マナプからの抑圧を訴え，それから解放されるための手段として，定住への移行と郷の分割の必要性を訴えるものであった．

それでは，このように移民事業団が言わば「対マナプ闘争」を梃子にして土地整理を推進しようとした背景にはいかなる理由があったのだろうか．

まず指摘できるのは，移民事業団の官吏たちの社会観である．このことに関連して注目されるのは，移民事業団の官吏にはナロードニキ運動の出身者が多数存在したという事実である [西山 2002: 105; Khabizhanova, Valikhanov and Krivkov

2003]．ナロードニキは，「支配者」対「民衆」という構図でロシア社会を捉えたことが知られているが，「帝国辺境のナロードニキ」つまり移民事業団の官吏たちは，クルグズ社会におけるマナプと民衆の関係にこれと同様の構図を見出したと言えるだろう．

そうしたことが鮮明に窺える資料として，移民事業団初代主管のシュカプスキーが『帝立ロシア地理学協会通報』に発表した論文，「キルギズ農民——セミレチエにおける生活から」[Shkapskii 1905] を見てみよう．この論文は，1905年3月，主管への任命直後，土地問題が先鋭化するピシュペク郡において行なった実地調査に基づいて書かれたものだが，それは一官吏が書いた調査報告書というよりは，むしろ「辺境のナロードニキ」のマニュフェストとしての色彩を色濃く有するものであった．実際，この論文の中でシュカプスキーは，現在クルグズ社会が，「封建君主」（feodal）であるマナプと民衆との間の闘争の過程にあり，多くの土地と家畜を独占するマナプに対して，民衆が定住農耕化の途を歩みつつあると指摘した．こうした認識に基づき，シュカプスキーは，民衆をマナプから独立した定住村落に編成することで，彼らが「マナプの軛（くびき）」（igo manapov）から解放されると同時に，その「未開な」社会を改造することで生じる余剰地に移民を入植させることが可能になると考えたのである[8]．このように，シュカプスキーをはじめとする移民事業団の官吏たちは，「対マナプ闘争」をナロードニキ的な文脈の中で焼き直しつつ，土地整理を通してそれを実践しようとしたのである．

しかしながら，こうした理念的な側面はあくまでも建前であった．より現実的な理由として，スクルク郷における土地収用の可能性を指摘しなければならない．スクルク郷は，気候や土壌の面で，定住農耕経営を行なうための好適な条件が揃っていた．また，生産物の販路の確保という点において，同郷がピシュペク市近隣に位置していた点も見過ごせない．こうした良好な条件を背景に，ケネサリンとアシロフは定住への移行を実際に模索しつつあった[9]．しかしながら，他方において，こうした定住農耕への移行は，移民事業団にとって，農耕に適したより多くの「余剰地」の確保の可能性を想起させるものだったに違いない．さらに，もう一つの理由として，上述の通り，スクルク郷には従来から大規模な派閥抗争が存在しており，土地整理に当たって，そうした対立構造

を活用することで, 現地民が土地収用に対して一致団結して抵抗するのを防ぐねらいがあったものと考えられる[10].

3 露呈するロシア軍政当局とマナプの癒着

「対マナプ闘争」を梃子にした定住移行とそれによる土地整理の試みは, しかしながら, 方々からの抵抗に遭うことを余儀なくされていった.

まず, スクルク郷の権力を長い間掌握してきた, ソルト族の有力なマナプ, チョルパンクル・トゥナリンによる妨害である. チョルパンクルは, 定住移行を試みるケネサリンたちの動きを阻止しようとした. その際, 彼は自らが権力を掌握するスクルク郷の民衆法廷を利用して, ケネサリンらを弾圧した. 事実, ケネサリンらがトルキスタン総督に宛てて訴えるように, 当時スクルク郷の民衆判事全員が, チョルパンクルの派閥から選出されていた. チョルパンクルは定住移行を断念させるべく, その主導者たちを様々な理由で民衆法廷に訴えたのである.

次いで, このようなマナプ側からの妨害工作に加えて, セミレチエ州当局をはじめとするロシア軍政当局も定住移行の動きに対して非常に消極的であった.

ロシア軍政当局のこうした態度を探る上でまず着目したいのが, 1907年5月29日に, トルキスタン総督補佐のコンドラートヴィチを議長として州拠点ヴェールヌィで開催された植民問題を巡る関係者会合である. 会合では, スクルク郷における定住移行の問題も重要な議題として取り上げられた. その中で, シュカプスキーの後任として移民事業団主管に就任したヴェレツキーが, 定住移行を「マナプからの解放」と位置づけてその歴史的意義を説明するとともに, 植民問題を解決する上での重要性を強調したのに対し[11], 州軍務知事のイオノフを筆頭とする州当局の軍政官たちは, それが郷長選挙を巡る派閥抗争を背景とする, 「負債からの解放」を求めた動きであるという見解を示した[12].

定住移行を巡る州当局の消極的な姿勢の背景には, 定住移行と併せて実施されることになる土地収用は, 最悪の場合は叛乱をはじめとする遊牧民の騒擾に結びつき, 州内の治安を著しく悪化させかねないという懸念があったものと考えられる[13]. 事実, 州当局以下, ロシア軍政当局は定住移行のみならず, 中央

政府の移民奨励策全般に対して慎重かつ微温的であり，そのことが，移民入植と土地収用に積極的な移民事業団との間に深刻な対立と軋轢を生むことにもつながっていた[14][西山 2002: 95]．いずれにせよ，1907 年末に開催されたセミレチエ州庁総務部会において，スクルク郷における定住移行は否決されたのであった[15]．

さて，州当局の消極的対応に後押しされる形で，定住移行の弾圧に向けてマナプ，チョルパンクルの活動も加速した．そのため，1907 年 12 月にケネサリンらは定住移行の請願を取り下げざるを得なくなった[16]．ケネサリンたちからの訴えを受けて，トルキスタン総督のグロヂェコフは，「定住への移行を請願する者たちを抑圧から保護する」よう州当局に指示していた．しかし，指示を受けた州当局は具体的な対応策を講じることなく，下位の軍政権力に一切の対応を丸投げしたのである．

ピシュペク郡長をはじめとする末端のロシア軍政権力は，定住移行に消極的なだけでなく，むしろそれを弾圧するマナプに協力的ですらあった．例えば，定住移行を巡るピシュペク郡長の対応について，シュカプスキーは次のように証言している．

〔…〕定住移行を希望するキルギズ〔＝クルグズ〕たちが賛同者の名簿を作成すれば，それについて情報を得た郡長がマナプたちにこのことを話し，〔民衆法廷に訴えられて〕有罪判決を下されはしまいかと彼らは恐れている．〔…〕キルギズ〔＝クルグズ〕の認識では，郡長ですらほぼ・マ・ナ・プ・の・通・報・者となっている．（強調点筆者）[Shkapskii 1907: 46]

定住移行を弾圧するマナプへの協力的な姿勢は，郡長の下位に設置された地区警察権力において，より鮮明に露呈することとなった．

このことを見る前に，地区警察についてまず簡潔に説明しておこう．19 世紀末に，国境付近の山岳地域にアトバシ管区が設立されたことはすでに第 3 章において述べた．20 世紀に入ると，山岳地域以外の州内全域においても，同様の監視体制が敷かれることになった．こうして，1902 年に設立されたのが地区警察（*Uchastkovyi pristav*）である [SZ: 1171]．ピシュペク郡は郡拠点ピシュ

ペク周辺のベロヴォツキー地区とトクマク地区の二つの警察区に分けられ，スクルク郷は前者の管轄下に入った．

さて，ベロヴォツキー地区の警察署長であるフォヴィツキーは，定住移行を妨害するチョルパンクルらを取り締まろうとしないばかりか，逆に，ケネサリンらの処罰を進めていった．1907年7月，トルキスタン総督に宛てた訴願の中で，ウメトアリー・アシロフは，フォヴィツキーを「定住への移行に対する正真正銘の敵対者（istyi protivnik）」と呼び，次のように述べる．

> 〔…〕フォヴィツキーは定住への移行に反対するマナプたちによって握られている．〔…〕彼はチョルパンクルを含む地区内のマナプたちから借金している．彼は閣下〔＝トルキスタン総督〕の指示を行なわないばかりか，再三にわたって〔定住移行の〕請願の取下げを要求してきた．〔…〕さらに署長は定住への移行を揉み消すために，ジャンタイ・ケネサリンの行政流刑を〔セミレチエ州庁に〕申請するよう，ピシュペク郡長に要請した．加えて，〔フォヴィツキーは，〕定住への移行を断念しなければ，ケネサリンだけでなく私もコパル郡に行政流刑すると宣告した[17]．

実際に，ケネサリンの追放に向けて，準備は着々と進められていった．翌1908年11月，チョルパンクルの息子で郷長のマナプ，スエルクルはケネサリンの追放を郷集会で決議した[18]．果たして，地区警察署長ばかりか，ピシュペク郡長までもがそれを強く支持したのである[19]．

以上の経緯から，地区警察権力が，定住移行を推進する民衆の動きを後押しすることで「対マナプ闘争」を進めるよりは，むしろマナプと協力関係を結ぶことで，定住移行を阻止し，地区内の治安を維持しようとしていたことが窺えよう[20]．

ところが，マナプ，チョルパンクル側からの弾圧のみならず，それを後押しするロシア軍政当局によって頓挫を余儀なくされていたスクルク郷における定住移行は，中央からの圧力を背景に急展開してゆくこととなった．以下において，その経緯を見てゆこう．

1909年，政府はセミレチエ州における移民入植をついに正式に許可した．

こうした状況に対応するべく，政府は，遊牧民を定住民基準で土地整理に付すことを定めた「1909 年指令」の同州への適用を急がねばならなかった．しかし，政府のこうした動きに対して慎重さを求める声も少なくなかった．勅命により 1908 年にトルキスタン地方の査察に赴いた元老院議員パーレン伯（図 5-4）もその一人であった[21]．査察の際にセミレチエ州における入植事業を間近で見聞していたこともあり，パーレン伯は，「1909 年指令」のセミレチエ州への適用が話し合われた同年 11 月 25 日の大臣評議会に参考人として招かれた．その中でパーレ

図 5-4　パーレン伯
出典）Pahlen [1964] 付録．

ン伯は次のように主張した．たとい定住化したとはいえ，彼らを一般農民規程の対象とすれば，その生活様式の特殊性ゆえに，間違いなく深刻な困難に遭遇するだろう．また，遊牧民の土地利害を十分尊重し，移民と同一の基準で土地を分与するのではなく，彼らが実際に耕作する土地の所有権を認めて，そこから地租を徴収するべきである [OZh 1909: 4]．つまり，パーレン伯は，ロシア人移民と同様の基準に従う画一的な施策ではなく，遊牧民の特殊性に配慮した，慎重な対応を求めたと言えるだろう．これに対して，ストルィピンとクリヴォシェインを筆頭とする大臣評議会は，「もちろん，はじめのうちは若干の困難をともなうであろう．しかし，立ち止まるわけにはゆかない」として [OZh 1909: 6]，慎重な対応を求めるパーレン伯の主張を押し切り，セミレチエ州への「1909 年指令」の適用を強行に決議したのである．

　こうした中央政府レヴェルでの動きと並行する形で，現地においても事態は変化していった．まず，中央政府の強硬な姿勢を追い風にして，移民事業団主管のヴェレツキーは，定住移行を含む入植全般に消極的なトルキスタン総督ミシチェンコとセミレチエ州軍務知事ポコチロをはじめとする軍政官数名を解職に追い込んだ．彼らに代わって，トルキスタン総督にサムソノフ（図 5-5），セミレチエ州軍務知事にはフォリバウム（図 5-6）といった移民入植に積極的な人物が就任することとなった [西山 2002: 100, 130]．

図 5-5 サムソノフ
出典）TsGA KFFD KR, no. 0-5641.

図 5-6 フォリバウム
出典）TsGA KZ RK, no. 2-36181.

こうした流れの中で，ケネサリンを巡るロシア軍政当局の対応も急変していった．すなわち，すでに述べたように，1908年末の時点でケネサリンのセミレチエ州外への行政流刑がほぼ確定していたが，1909年になるとセミレチエ州庁は態度を一変させ，流刑を取り消した[22]．そして翌1910年1月には，ケネサリンが率いる定住移行希望者は「1909年指令」に基づいてスクルク郷から正式に分離し，定住村落で構成される新設の東スクルク郷に編入された[23]．ちなみに，その際実施された土地整理で収用された土地は1万3000デシャチナにのぼり，移民の入植に供されていったのである[24]．

4 シャブダンの土地戦略

前節の考察から明らかになったように，中央政府側からの強い圧力のもとで，セミレチエ州は移民入植に門戸が開かれ，「1909年指令」の適用とともに遊牧民からの土地収用が正式に認められることになった．しかし，こうした施策が強行に進められていくのと同時に，シャブダンの懐柔が図られていたことを忘れるわけにはゆかない．以下本節では，土地問題を巡るシャブダンの動向と，それに対する移民事業団やロシア軍政当局の対応を，シャブダンに対する土地

の特別分与に焦点を当てながら検討してゆこう．

　前章で述べたように，シャブダンは遊牧英雄から実業家への途を模索していた．これは，彼が集約的な定住型の農牧経営に実質上移行しつつあったことを意味してもいた．前章において筆者は，シャブダンのこうした動きを彼独自のものとして位置づけたが，実のところそれはロシア軍政当局の施策とも密接に関連したものであった．例えば，シャブダンの息子カマルが「シャブダン伝」の中で，「〔…〕コルパコフスキー将軍は，クルグズ及びカザフの有力者たちに，家を建てて農耕や養蜂を行なうように助言した．それに従ってクルグズの有力者たちは家を建てて農耕と養蜂を行なわせた．この当時のクルグズの有力者たち――ソルトのバイティク・バートゥル，トゥナイのソーロンバイ，マナプバイ，シャブダン・バートゥルは皆良い家を建てた」と記している［ASh: 19-20］ことからも，実業家への移行に際して，コルパコフスキーからのはたらきかけが少なからず影響していたことが分かる．また，シャブダンは，1903年に同州に創設された「キルギズ貸付金庫」の最初の利用者であった[25]．

　しかしながら，ロシア軍政当局による定住農耕奨励策を積極的に利用する一方で，シャブダンは，移民事業団が押し進めようとしていた「定住移行」に対しては別の態度を示した．すなわち，移民事業団の官吏が報告しているように，「〔…〕マナプ，とりわけすべてのキルギズの運命を握るサルバグシ族のシャブダンとソルト族のチョルパンクルは定住への移行にまったく共感しておらず，あらゆる手段を用いてそれを弾圧して」[26] いたのである．

　定住移行に対するシャブダンのこうした対応の背景には，定住移行の本質が土地収用にあることを見抜いた上での強い警戒感があったものと考えられる．むろん，シャブダンが暮らすサルバグシ郷は，前節で見たスクルク郷と違って定住移行の標的にはならなかったものの，1907年から翌1908年にかけて同郷では大規模な土地収用が実施されており［西山 2002: 179-180］，シャブダンは間近でそれを体験することになった．こうした土地収用に直面してシャブダンが何を感じていたのかという点に関して，パーレン伯が査察の際に書き残した覚え書きには示唆的な記述を見出すことができる．それによると，トクマクを訪れたとき，パーレン伯のもとには，「部族の首領」に連れられたクルグズの代表者たちが彼に土地収用のありさまを訴えにやってきたという．このときの印

象について，伯は次のように記している．

> 〔…〕私は故地から追いたてられた不幸な人々の苦難を耳にして心が痛んだ．かつてコーカンド・ハン国との戦争のときに，彼らの多くがロシアに忠誠を誓ってそれを支持した．そのために叙勲され，中佐の地位を与えられた者もいる．彼らは〔かつて自分たちが忠誠を誓ったのと〕同じツァーリ政府の官吏たちが，なぜ今になって彼らを土地から追い出すことに専念しているのか理解しかねているのだ．[Pahlen 1964: 219]

果たして「部族の首領」がシャブダンであったのか否かは判然としないものの，「叙勲され，中佐の地位を与えられた者」とはシャブダンに他ならない．このくだりに示されるような，理不尽な土地政策に対する不信感をシャブダンも共有していたであろうことは容易に想像できる．

このように，シャブダンが移民入植とそのための土地収用に強い反感を抱いていたことは確かだとしても，彼は——武器をとって叛乱を起こすなど——それに真っ向から反抗することはなかった．シャブダンがとった行動は，むしろ，自らが利用する土地の領有をより確固たるものにすることであった．シャブダンがとりわけ意を砕いたのは，彼の息子たちが事業を展開していたアク・ピケットの敷地に対する所有権の強化であった[27]．

同地の安定的な領有に向けたシャブダンの土地戦略を如実に映し出す史料として注目に値するのが，彼の死の翌1913年1月15日に彼の息子たちがセミレチエ州軍務知事フォリバウムに宛てて送った請願書である．以下にその前半部分を引用しよう．

> 〔…〕チュイ川左岸に位置し，大トクマク村からトクマク兵村に至る街道沿いにある600デシャチナの土地は，キルギズ〔＝クルグズ〕の慣習法に従い我々の父祖に属してきた．我々はずっと以前より同地を耕作して小麦やクローバー〔を植えるとともに〕，採草地〔として利用してきた〕．〔こうした事情から，ステップ諸州統治〕規程第125項に基づき，我々には同地を世襲する権利がある．我々の父〔シャブダン〕は〔ロシアに対する〕功績を強く

意識し，同地——以前よりサルバグシ郷の共同領有から外れ，事実上我々
が領有し，古さの権利（*pravo o davnosti*）においても我々に属する——をロ
・・・・・
シアの証書（*russkii dokument*）に従って我々の世襲領有にすることを望ん
だ[28]．（強調点筆者）

引用の最後に登場する「ロシアの証書に従っ」た世襲領有というくだりは曖昧
な言い回しであるが，要するにこれは，シャブダンが軍事官位に基づいて要求
を行なったことを意味していた．実際に，シャブダンは，セミレチエ州に移民
事業団が創設される二年前，つまり1903年から同地の確保に向けた動きを本
格化させつつあった．その際，彼は1882年に制定されたセミレチエ・コサッ
ク軍団への土地分与規程を持ち出して，彼が有する陸軍中佐位に見合った400
デシャチナの完全な所有権（*polnaya sobstbennost'*）とその世襲を認めるよう，ト
ルキスタン総督に請願した[29]．言い換えれば，シャブダンは征服戦争における
軍功と，それによって得られたロシア帝国の軍事官位の保有者として同地の所
有権を確保しようとしたのである．

　同時に，上掲の請願文からは，シャブダンが軍事官位に基づいて土地の所有
権を主張した背景も浮かび上がってくる．まず，移民との間のみならず，クル
グズ同士でも土地の確保を巡る競争が激しさを増す中で[30]，遊牧民の慣習法で
ある「古さの権利」，つまり先取権だけでは土地を確保することは難しかった
点が挙げられる．また，本章ですでに述べたように，1891年に制定された
「ステップ諸州統治規程」には，遊牧民の耕作地が世襲されることを定めた条
項（第125条）があったが，それとて決して所有権を保証するものではなかっ
た．なぜなら，同規程によれば遊牧民の土地とは法律上国有財産であり，あく
までも遊牧民の無期限の利用に付されているという位置づけだったからである
（第120項）．

　それでは，このようなシャブダンの土地戦略に対して，ロシア軍政当局なら
びに移民事業団や中央の移民局はどのように対応したのだろうか．

　シャブダンに対する土地の特別分与を巡るこの案件は，セミレチエにおける
移民入植問題の一部をなし，1907年に開催されたトルキスタン総督補コンド
ラートヴィチを議長とする前述の関係者会合の中でも取り上げられることとな

った．その際，総督補や軍務知事らロシア軍政当局者が分与に賛成したのに対し，移民事業団主管のヴェレツキーらは以下のような理由からそれに強く反発した．彼によれば，「シャブダンのロシアへの奉仕はすでに十分な見返りを得ている」だけでなく，彼が要求している土地は移民入植地としても大変貴重であった[31]．ましてや，定住移行をはじめとする移民事業団の活動に反感を抱くシャブダンを特別扱いすることなど，到底容認することはできなかったに違いない．こうしたことから，シャブダンへの土地分与を巡るこの問題は，分与に賛成するロシア軍政当局とそれに難色を示す移民事業団との間で数年間平行線をたどることとなった．

ところが，前述のスクルク郷の場合と同様に，1909 年に入り，ストルィピン政府の強力な主導のもとで，セミレチエ州が移民に対して正式に門戸が開かれ，大臣評議会において「1909 年指令」が適用される中で，この問題も急展開を迎えることになった．

とりわけ，トルキスタン総督に新たに着任したサムソノフは，シャブダンに対する土地分与を強く主張し，それを中央の移民局に対してはたらきかけていった．にもかかわらず，クリヴォシェインをはじめとする移民局側は分与に強い難色を示した[32]．後年，ストルィピンとクリヴォシェインはアジア・ロシア部査察記の中で，「辺境におけるロシアの国家性（*russkaya gosudarstvennost'*）の発展の犠牲の上に容認されている特殊性や差異を漸次廃止してゆかなければならない」[Poezdka... 1911: 92] と記しているが，シャブダンに対して特別に土地を分与することは，そうした理念に真っ向から反することだったに相違ない．さらに，より直接的な理由として，シャブダンが定住移行をはじめとする移民政策の協力者でないばかりか，むしろ抵抗者であるという認識を中央の移民局が有していた点も大きく影響していただろう．事実，移民局で作成された，この案件を巡る参考資料（*spravka*）には以下のように記されている．

〔…〕シャブダン・ジャンタエーフはキルギズ〔＝クルグズ，カザフ〕の間で大きな影響力を有しており，セミレチエのロシア人入植に対する最も熱烈な反対者（*yaryi protivnik*）の一人である．彼の影響力は，1907 年にピシュペク郡のキルギズ〔＝クルグズ，カザフ〕の間で普及しはじめた定住移行の

動きを鎮圧することにおいて著しく示されている．とりわけ，ジャンタエーフは，定住への移行を希望する者たちの代表者を〔民衆〕法廷に引き渡すことに寄与した[33]．（強調点筆者）

しかし，サムソノフは移民局側の否定的な姿勢に屈することなく，以前にも増してはたらきかけを強めていった．その結果，この案件の最終的な決着は大臣評議会に委ねられることになった．

これを受け，サムソノフは 1910 年 5 月にセミレチエ州の巡察を行ない，その中でシャブダンに直接会った．シャブダンとの面談を踏まえた上で，巡察から帰還後の 6 月，サムソノフはクリヴォシェインを説得するために書簡を送付している．書簡の冒頭において，サムソノフは次のように訴えている．

〔…〕信じやすく，しばしば浅薄で呑気な自然の子供（deti prirody）たるキルギズ〔＝クルグズ，カザフ〕は，その原始的生活様式のために，彼らにとって未知の文化的生活の諸条件やそれによって惹き起こされる新たな要求と直面するとき，とりわけ「マナプ」に支柱と保護を見出すことを余儀なくされている．マナプはキルギズ〔＝クルグズ，カザフ〕の族長的生活様式の過去の遺制ではあるものの，無知蒙昧なステップのキルギズ〔＝クルグズ，カザフ〕大衆の前では優越しており，依然として大きな影響力を有している．〔…〕それゆえ，ロシア権力の施策はすべて，他でもないマナプの解釈を経てキルギズ〔＝クルグズ，カザフ〕の認識に反映されるのであり，セミレチエのキルギズ〔＝クルグズ，カザフ〕80 万人の生活様式に変更を迫る，きわめて重要な問題を解決する際には，このことを考慮しなければならない[34]．

このように，サムソノフはマナプを「過去の遺制」としつつも，民衆に対する影響力を考慮すれば，統治の媒介者として配慮する必要があるとした．こうした認識を踏まえた上で，サムソノフはシャブダンをマナプの代表的存在としつつ，面談の印象を交えながら以下のように書簡を続けていった．それによると，サムソノフが，「ロシアの緊急的な国家的要請のためにキルギズ〔＝クルグズ，

カザフ〕に窮屈な思いをさせている」ことを説明すると，シャブダンは，「キルギス〔＝クルグズ，カザフ〕は白きツァーリの意思とその聡明な指示に従っており，総督ならびに他の長官たちが，新しい生活様式のもとでのキルギス〔＝クルグズ，カザフ〕の要請に配慮してくださることを，衷心より確信している」と答えた[35]．さらに，サムソノフは，「〔シャブダンが〕将来的に避けることのできないキルギス〔＝クルグズ，カザフ〕の定住生活への移行から得られる利益を確かに理解しており，そのことを民衆に説明している」[36]と記した．このようにサムソノフは，移民政策とそれにともなう土地収用を遂行する上でシャブダンが有効な媒介者となりうることを強調しつつ，「セミレチエにおける植民事業の成功」をクリヴォシェインに請け合ったのである．

とはいえ，サムソノフが果たしてシャブダンを心底から移民入植政策の有用な媒介者と見なしていたのかという点に関しては疑問が残る．むろん，この点についてサムソノフは明言していないものの，それが，クリヴォシェインを納得させるための「レトリック」だった可能性は十分にある．それでは，なぜ，言うなれば「詭弁」を弄してまでサムソノフはシャブダンへの特別な土地分与にこだわったのだろうか．その背景にあったと考えられるのは，治安の維持を巡るサムソノフの強い懸念であろう．当然ながら，サムソノフは，シャブダンが真意において移民政策とそれにともなう土地収用に強い反感を抱いていたことを重々承知していたはずである．むしろ，だからこそ，そうした不満を解消し，叛乱を未然に防ぐ上で，シャブダンを懐柔しておくことが不可欠であると考えたのであろう．この際，とりわけシャブダンが軍事征服の功労者——たとい30年から40年以前のことであったとはいえ——であったことも大きく考慮されていたに相違ない．というのも，老境に差しかかっていたとはいえ，有力な軍事指導者バートゥルとして名声をとどろかせたシャブダンがロシアに叛旗を翻せば，大規模な叛乱が勃発する事態になりかねない．むろん，これは筆者の推測の域を越えるものではないが，そうした恐怖感と猜疑心がサムソノフの念頭に強く置かれていたと言ってもあながち誇張ではないだろう．

さて，シャブダンへの特別な土地分与を巡る問題は，以上のような経緯を経て，1910年9月28日開催の大臣評議会において諮られることになった．その結果，同評議会はトルキスタン総督サムソノフの「断固たる強い要求」にクリ

ヴォシェインが折れる形で，シャブダンの要求を聞き入れることとなった．とはいえ，シャブダンの要求が完全に認められたわけではなかった．すなわち，彼が個人的所有権を主張する土地 400 デシャチナは，あくまでも「終身利用」（*pozhiznennoe pol'zovanie*）という条件が付けられ，彼が強調していた子孫への世襲権は認められなかった［OZh 1910: 2］．

　いずれにせよ，ロシア軍政当局にとって，中央政府の意向に従って移民政策を押し進めつつ，同時に現地の治安を維持してゆく上でシャブダンの懐柔を避けて通ることはできなかったのである．

＊

　19 世紀末よりロシア軍政当局の中には，マナプを植民地統治の障害と見なし，それを「闘争」の対象と位置づけて排除しようとする考えが芽生えるようになった．この「対マナプ闘争」は，20 世紀に入って移民政策が中央政府の強い主導のもとで推し進められてゆく中で，従来のようなポーズの次元を超えて，より徹底した形で実施されるはずであった．移民政策の推進役として植民地社会に登場した移民事業団は，「対マナプ闘争」の新たな担い手でもあった．

　しかし，現実にはマナプの存在感は薄れるどころか，むしろ強くなった．ロシア軍政当局は，移民事業団と協力しつつ，移民政策を梃子にしてクルグズ遊牧社会の内部に介入し，マナプの影響力を切り崩すよりは，地域の治安を乱しかねない移民事業団の活動に非協力的であるばかりでなく，治安の維持を図る上でマナプの存在を重視したのであった．とりわけシャブダンへの土地の特別分与を巡る一件はこのことを鮮明に浮き彫りにするものであった．この地域が軍事征服の最前線から，「移民政策の最前線」として新たに位置づけられてゆく中で，ロシア軍政当局は軍事征服の功労者シャブダンの存在を無視するわけにはゆかなかったのである．

第6章　聖地を目指す遊牧英雄

　前章において，20世紀初頭におけるシャブダンの動向を移民政策との関係から検討した．それを通して明らかになったのは，移民政策にともない，土地収用が焦眉の課題となる中で，治安の悪化を懸念するロシア軍政当局の恐怖心や警戒感に――意図するとせざるとにかかわらず――乗じて，シャブダンが特別な形での土地分与を勝ち取ったことであった．

　このように，20世紀初頭におけるシャブダンの活動が，先鋭化する土地問題への対応に当てられていたことは紛れもない事実である．しかし，それは決してすべてではなかった．この時代に至って，シャブダンの動向に大きな影響を与えたもの――それはイスラームであった．

　ロシア統治下の中央アジア社会の動向を，イスラームとの関わりから動態的に描き出す試みは，定住民地域を中心に行なわれてきた[1]．他方で，遊牧民地域におけるイスラームの動向を巡っては，従来十分な光が当てられてきたとは言い難く[2]，検討が必要な課題が少なからず残されている．とくにクルグズとイスラームの関わりについて言えば，従来の研究は，本章前半でも触れるように，シャーマニズムやスーフィズムとの関係に集中しており[3]，19世紀末から20世紀初頭にかけてのイスラーム復興との関わりについては検討の対象とはされてこなかった．むろん，定住地域における動きと比較した場合，遊牧民地域におけるイスラーム・ファクターは比較的小さいものであったことは否定できないものの，19世紀末からロシア内地のムスリム地域や中央アジア定住地域において顕著となりつつあったイスラーム復興の波は，多かれ少なかれクルグズのもとにも及ぶことになったのである．

　実際に，シャブダンは，セミレチエのクルグズにおけるイスラーム潮流を象徴する人物でもあった．すでに述べたように，シャブダンは遊牧民の伝統的な

価値観に配慮しつつ，遊牧英雄バートゥルとしての首領の権威を生涯にわたって強調し続けた．その一方で，シャブダンは，イスラームを熱心に信仰するとともに，その敬虔なムスリムとしてのあり方を民衆に示そうとしていたことを指摘したい．実際に，1920年代初頭にアブラムゾンが実施した民族学調査からは，シャブダンが儀礼を厳格に遂行する様子が浮かび上がる．それによれば，シャブダンは毎日夜明け前に起床して沐浴し，礼拝（ナマーズ）をあげていた，またあるとき，シャブダンがモスクで礼拝していた最中に大きな地震が起こると，モスクにいた人々は，皆すぐさま外に避難したが，シャブダンはただ一人モスクに残り，礼拝を最後までやり遂げたという［Abramzon 1932: 92］．このようにイスラームに傾倒するシャブダンの逸話は，後述するように，この他の史料からも確認することができる．それらは彼のイスラームへの熱意を伝える一方で，シャブダンが生前に敬虔なムスリムとしてのイメージを地域社会にアピールしていたことの一つの表われであるとも考えられる．

　こうしたことを踏まえ，本章では，イスラームを巡るシャブダンの動向について，20世紀初頭に焦点を当てて，その様相を具体的に明らかにしたい．とはいえ，筆者はそうしたシャブダンのイスラームを巡る活動を自己完結したものとしては捉えない．むしろ重要なことは，そうした活動が遊牧民の伝統的な権威，つまり遊牧英雄バートゥルとしての首領のあり方とどう関わっていたのか，またそれはロシア統治の中でどのような意味を持つものだったのかという点であり，そうした相互関係にも留意しながら検討を進めてゆこう．

1　クルグズとイスラーム

　まず前近代におけるクルグズとイスラームとの関わりについて触れておこう．クルグズがイスラームを受容したのは16世紀のこととされる．とりわけ彼らは，仏教を信仰するオイラート（カルマク）のような異教徒と長期間にわたって抗争を繰り返したことを背景に，ムスリムとしての意識を明確に有していたことが知られている［Radlov 1989（1893）: 349-350］．しかし，その一方で，彼らのイスラーム信仰の内実が土俗性や呪術性を色濃く残したものであった点もまた先行研究によって指摘されている［小松 1986: 12; 澤田 1995］．このことにつ

いては，19世紀中期にクルグズ社会を実見したカザフ出身のロシア軍将校で，民族学者でもあったワリハノフが以下のような証言を残している．

> 〔クルグズは〕教義や儀式を知らずとも己をムスリムであると言う．あらゆる儀式や迷信はシャーマニズムの色調を色濃く保っている．〔…〕信仰の基本原理を理解し，読み書きのできる者はおろか，一日五回の礼拝や断食を行なう者すらいない．［Valikhanov 1985a: 72］

また，1860年代末にトクマク郡長としてクルグズの統治に当たったザグリャジスキーは，クルグズにおけるイスラームについて，「〔クルグズは〕ムスリム式の宣誓を一切認めない．彼らはとりわけモスク（mechech'）に無関心である．彼らはモスクをサルトのものと見なしており，それに一切の価値を認めることはない」4)と記している．

当然のことながら，こうしたイスラーム信仰のあり方は，その首領であるマナプたちにも影響を及ぼしていた．以下に，ワリハノフ自身がその場に居合わせて見聞きしたという逸話を紹介しよう．曰く，カザフの首領たちがクルグズのマナプたちに対して，「あなたがたの預言者は誰か？」と尋ねたところ，マナプたちは，「もちろんパイガンバル〔paygambar,「預言者」を意味し，通常ムハンマドを指す〕だ」と答えた．カザフの首領たちが重ねて，「では，預言者の名前は？」と聞き返したところ，マナプたちは「ひどく考えこんだ挙げ句，答えることができなかった」という［Valikhanov 1985a: 72-73］．つまり，マナプたちはムハンマドの名前を知らなかったということになる．ワリハノフのこの証言は，当時マナプたちがムスリムを自認しつつも，実際にはイスラームに対してきわめて無知な状態にあった，ということを如実に示すものであると言える．

それでは，先行研究で指摘されている土俗性や呪術性といった点に関してはどうだったのであろうか．実のところ，この当時のマナプたちには，確かにそうしたシャーマニズム的な要素を有していた形跡が見受けられる．例えば，前述のサルバグシ族のマナプにしてバートゥルのウメトアリーについては，戦争捕虜を殺して生き血を吸い，儀礼の際には人間を生け贄にしたと伝えられている［Abramzon 1932: 86］．彼はまた，シャーマニズムの祭司である「バフシ」

(bakhshi) の異名をもち，そのことを誇りにしていたという [Valikhanov 1985a: 73]．こうしたシャーマニズムとのつながりは，シャブダンの父親であり，マナプにしてバートゥルのジャンタイにも見出すことができる．一例を挙げると，1869 年に東洋学者のラドロフによって採集された，ジャンタイへの挽歌（ko-shok）には以下のような箇所がある．

> 〔…〕ジャンタイが生きていたときには，同胞を山のように守った，敵を黒羊のように絞め殺させた，渡らずに川を波立たせた，逃げずに敵を威嚇した．（強調点筆者）[Radlov 1885: 592]

広く中央ユーラシアの遊牧社会には，「ジャダ」と呼ばれる天候調整の呪術が存在していたことが知られているが [羽田 1982: 405-413]，上掲史料中，「渡らずに川を波立たせた」(kechpei suunï tolkutkan) というくだりからは，ジャダを行なって風を起こすジャンタイの姿が浮かび上がってくる．ジャンタイが実際にこうした呪術を行なっていたかどうかはともかくとして，以上のことから，マナプ＝バートゥルたちとシャーマニズムの間には，密接な関係が存在しており，またそのことが認知されていたことは確かであると言えよう．

2　ムリードとしてのシャブダン

このようにシャーマニズム的な性格を色濃く残しつつも，クルグズ遊牧社会においてイスラーム化は確実に進展していた．その度合いは，特にコーカンド・ハン国と密接な関係にあったフェルガナ盆地周辺のクルグズにおいてより顕著であり，天山山脈北部のセミレチエにもその波は及んでいた．

こうしたイスラーム化の背景にあったと考えられるのがスーフィズムである．中央アジア定住地域，とりわけフェルガナ地方を根拠地とするナクシュバンディー教団系のイシャーン（スーフィー教団の導師）は，天山山中に入ってクルグズからムリード（弟子）を徴募していたという [小松 1986: 12]．

シャブダンがいつ，何を契機としてイスラームに傾倒するようになったのか――このことについては，史料的な制約もあり定かではない．とはいえ，その

背景にはこうしたスーフィズムの影響があったことは確かであると思われる．実際に，シャブダンがイシャーンの熱心なムリードであったことは，史料から確認することができる．

概してイシャーンは各地のムリードを定期的に訪問しては大量の家畜を進物として受領していたことが指摘されているが［小松 1986: 12］，ピシュペク郡長タルィジンが 1897 年にセミレチエ州軍務知事に宛てた上申書によれば，シャブダンは，「イシャーンやホジャへの崇敬を高めつつあり」，彼らのために民衆から莫大な数の家畜を集めていたという[5]．また，アブラムゾンが行なった，前述の聞き取り調査では，イシャーンやホジャの多くは，おおよそ数カ月のサイクルでシャブダンのもとに滞在したが，中には数年にわたって長期滞在する者もあったことが指摘されている［Abramzon 1932: 93］．

小松は，1898 年にフェルガナ地方東部で起こったアンディジャン蜂起の主導者であるドゥクチ・イシャーンが名声を獲得した背景の一つに，貧者に対する食事の提供があった点を指摘しているが［小松 1986: 6］，第 4 章において考察したシャブダンの「気前良さ」も，遊牧的価値観のみならず，こうしたイスラーム的な慈善事業の文脈とも併せて考える必要があるだろう．事実，シャブダンの没後に『セミレチエ州通報』に掲載された追悼文によれば，「〔シャブダン〕バートゥルの周りでは，何十人もの貧民が食べ物を与えられていた」［Rovnyagin 1912］とされ，アブラムゾンの調査記録は，「シャブダンのもとで食事を与えられた貧民（duvan）たちは，遊牧民の集落に入っていって，ムハンマドとシャブダンの偉業を讃えた」ことを伝えている［Abramzon 1932: 93］．

3　バートゥルから「バートゥル・ハージー」へ

20 世紀に入ると，前節で見たようなスーフィズムを媒介とする，言わば伝統的なイスラームのあり方に加えて，シャブダンのイスラームへの関わり方はより可視的な性格を帯びるようになっていったことが指摘できる．20 世紀初頭にシャブダンによって大ケミンにモスクが建設されたことは（図 6-1），こうした動向を端的に示す事例であろう．なお当時，セミレチエにおいて遊牧民によるモスクの建設は皆無ではないにしても，きわめて稀なことであった．

図 6-1　シャブダンのモスク
出典）TsGA KFFD KR, no. 2-5293.

図 6-2　ハッジ・パスポート（見本）
出典）TsGA RK, f. 44, op. 1, d. 2463, l. 338.

またモスクの建設もさることながら，特筆すべきは，イスラームの聖地マッカとマディーナへの巡礼，すなわち「ハッジ」である．19 世紀後半以降，蒸気船や鉄道をはじめとする交通機関の発達を背景として，イスラーム世界の僻地からも巡礼者が訪れるようになったことがよく知られており［坂本 2000: 66-73］，領内に多くのムスリム人口を擁するロシア帝国も，こうした潮流と無縁ではなかった．ロシア帝国統治下の中央アジアにおいても，19 世紀末以降，鉄道の敷設の進展にともなって比較的多くのムスリムが聖地を目指すようになった．ロシア軍政当局の公文書史料中には，巡礼者へのパスポート（図6-2）発給記録が残されており，クルグズが居住するセミレチエ州のピシュペク郡だけでも，1902 年から 1906 年にかけて毎年 50 名近くのクルグズにパスポートが発給されていたことが特筆される[6]．こうした中で，シャブダンも 1904 年 12 月から翌 1905 年 5 月にかけてハッジを敢行したのであった．

よく知られるように，ハッジを終えて帰郷した者は故郷で敬意の念をもって迎えられ，「ハージー」という尊称で呼ばれたが［SMM: 33-34］，シャブダンにとってもそれは新たな権威の源となったと考えられる．その証左としてまず注目したいのは，彼の印影である．図 6-3 に示した印影は，シャブダンがハッジから帰還した 1905 年に作成された文書に添付されたものであり[7]，そこには，「シャブダン・ハージー・ジャンタイ」というように，シャブダンの名前に「ハージー」という尊称が付されている．

第 6 章　聖地を目指す遊牧英雄　155

図 6-3　シャブダンの印影
出典）TsGA RK, f. 44, op. 1, d. 8815, l. 10.

図 6-4　イフラームに身を包むシャブダン
（中列中央）
出典）TsGA KFFD KR, no. 0-60978.

　次いで，シャブダンの没後 1912 年に建立された墓碑（図 0-14）を見てみよう．それは天然石で作られ（縦約 85 cm，横約 40 cm，奥行き約 15 cm），両面にアラビア文字テュルク語で，シャブダンの系譜とその功績が刻印されている．まず，シャブダンの先祖についての記述を見てみると，「アタケ・バートゥル，その父はトゥナイ・バートゥル」といったように，バートゥルの尊称が付されている．これに対し，シャブダンについては「シャブダン・バートゥル・ハージー」と記されている．このように，彼が従来有していた「バートゥル」という尊称に，「ハージー」というイスラーム的な尊称が付加される形で，「バートゥル・ハージー」という新たな尊称が作り出されていたことは注目に値する．もちろん，当時シャブダンは，単に「バートゥル」としてのみ呼ばれることもあり，この尊称が恒常的に用いられていたわけではない．しかしながら，オスマンアリーやサブル・ガブドゥルマーンの記述にも，「バートゥル・ハージー」や「ハージー・バートゥル」という尊称が散見されること［'Uthmān 'Alī 1914: 62; 'Abd al-Mannuf 1913: no. 4/ 127］を考慮すれば，シャブダンに対するこの尊称が，当時の地域社会において比較的広く認知されていたものと考えることができるだろう．

　それでは，シャブダンを単に「バートゥル」ではなく，「バートゥル・ハージー」という尊称で呼ぶようになったことは何を意味しているのだろうか．むろんそれは，彼が持つ，イスラームの熱心な信奉者・実践者としての側面に敬意を表わすためであったのだろうが，それが用いられた背景には，シャブダ

ン本人，あるいはその周囲の人物たちに，「バートゥル」という従来の遊牧的な尊称に，イスラーム的な要素を付け加えることで，当時にあっては実質をともなうことがもはや困難であった遊牧英雄バートゥルとしての伝統的権威を補強しようとする思惑があったものと推測される．

このことに関連して注目されるのは，シャブダンは自分自身だけではなく，家族や親類をはじめとする周囲の人物に対してもハッジを推奨していた点である．とりわけ興味を惹くのは，シャブダンが自らに仕えるジギトたちにもハッジを勧めていたことである．実際に，シャブダンの青年時代より彼に伺候し，その右腕として遊牧英雄の活動を実質的に支えたジギトのバヤケはシャブダンのハッジに同行したことが知

図 6-5 聖地が描かれた絵図
出典) SA.

られている [Abramzon 1932: 93]．シャブダンの子孫のもとには，彼がハッジへ赴いた際に購入したと考えられる，聖地が描かれた大型の絵図（図6-5）が残されている．この図の下部には「シャブダン・バートゥル・ハージー・ジャンタイ」のほかに，「バヤケ・ハージー・クゥントゥガン」の名を見出すことができるのである．

第1章において検討したように，遊牧英雄バートゥルとその従者ジギトは遊牧社会の軍事力の中核をなす存在であったわけであるが，上図は，中央ユーラシア遊牧世界の伝統的な価値観，つまり「勇敢さ」を体現する彼らが「ハージー」というイスラーム的な権威を帯びるようにもなっていたことを象徴する物的証左と言えるだろう．

ところで，このように，ハッジによって権威の強化を図ろうとする志向はシ

ャブダンに限られたことではなかった．例えば，1910年1月に，アトバシ管区長官はセミレチエ州軍務知事に宛てた上申書の中で，

> 〔…〕民衆の間で影響力を維持するために，マナプたちは他の「徴発」から幾分きわだった手法に頼るようになった．現在マッカへの巡礼者の数は顕著に増えているが，巡礼から戻ってくると，彼らは「ハージー」と名乗って，特別な地位を得ている[8]．

と言うように，他のマナプたちも，ハッジによって自らの権威や影響力を維持しようとしていたことを指摘している．このことに関連して，翌1911年にピシュペク郡長が郡内の査察に赴いた際に押収した，クルグズの間で出回っていたという「決議文」(prigovor) は示唆的である．同文は，まずその冒頭において以下のように述べる．

> マッカ及びマディーナへの巡礼者の数は毎年増加している．今後セミレチエに計画されている鉄道が完成すれば，その数はますます増えるだろう．カラ・キルギズ〔＝クルグズ〕の巡礼者たちはマッカに独自の居所を持たないため，異国の人々と所構わず一緒になることを余儀なくされている．彼らはたいへん頻繁に，我々のような経験の浅い不慣れな巡礼者を侮辱し，盗みをはたらく．それゆえピシュペク，プルジェヴァリスク郡のすべてのカラ・キルギズ〔＝クルグズ〕はマッカとマディーナに自分たちの居所を望み，〔その建設のために〕献金を募る[9]．

こうした事情を踏まえつつ，決議文の後半においては，この運動の取りまとめ役の名が記されており，「ソルト族地域においてはサグンバイ・サティバルディン，サヤク，そしてサルバグシ族地域においてはアマン・シャブダノフを選出する．また献金の徴収は，ソルト族地域ではスライマン・コルチ，サヤク族地域ではムルザベク・ディカンバイ，サルバグシ族地域ではムラタリ・エリタイが行なう」ことが宣言されている[10]．ここに名が挙げられているシャブダンの息子アマン（図0-2）をはじめとする人物は全員マナプの一族の人間であっ

た. この決議文からは，当時クルグズの間でもにわかに流行しつつあったハッジにおいて，マナプたちが主導権を発揮しようとしていたことが窺える.

このように，シャブダンをはじめとするマナプたちが，ハッジに新たな権威の源泉を求めるようになったことは，中央アジアはもちろんのこと，ロシア帝国の枠組みをも越えたイスラーム世界としての広がりが彼らの中で意識されるようになったことを示唆してもいよう.

このことに関して，シャブダンの息子カマルは，「シャブダン伝」の中で以下のような興味深いエピソードを紹介している. それによれば，シャブダンはハッジに赴いた際，オスマン帝国のスルタンにヒジャーズ鉄道建設費用として2000ルーブリを寄付し，賞状と金メダルを授与された. ハッジから戻ると，シャブダンはセミレチエ州軍務知事の許可を得て，ロシア帝国から授与された他のメダルとともに，そのメダルをカフタンにつけていたという [ASh: 23-24]. これはシャブダンがオスマン帝国との特別な政治的な関係を有していたことを必ずしも意味するものではない. しかし，シャブダンがメダルを顕示していた背景には，オスマン帝国のスルタンを盟主とするスンナ派イスラーム世界の中に自らを位置づける意味あいがあったものと想像される.

このような，他地域のムスリムとシャブダンとの関係について，オスマンアリーは，『シャドマーンに捧げしクルグズの歴史』において，以下のように記している.

> 〔…〕シャブダン・バートゥルの噂は遠く離れた国にも届き，彼のもとに〔次のような人々が〕やって来た——アンディジャンからはイシャーンが，ナマンガンからはホジャが，ブハラからはモッラーが，イランからはキジルバシが，マッカからはシャイフが，マディーナからはサイイドが，カシュガルからはデルヴィーシュが〔やって来た〕. ['Uthmān' Alī 1914: 56]

こうした人々が，実際にシャブダンのもとを訪れたのか否かについて論証することは難しいものの，少なくとも，シャブダンが，ロシア帝国という枠組みを越えたイスラーム世界との結びつきを多分に意識し，その中に自らを位置づけようとしていたことは明らかであると言えよう.

〈補説〉イスラームの系譜に結びつけられる部族系譜

ここで，イスラームによる伝統的権威の補強と関連して，系譜の作成という問題にも触れておく必要があるだろう．イスラームの普及とともに，中央ユーラシアのテュルク・モンゴル系の遊牧民の系譜はイスラームの系譜の中に位置づけられるようになっていったことが指摘されてい

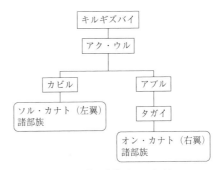

図 6-6　クルグズの系譜（1850 年代）
出典）Valikhanov [1985a: 40] に基づいて筆者作成．

る[11]．クルグズの系譜にも，19 世紀末から 20 世紀初頭にかけて同様の現象が見られるようになった．

元来，クルグズは自らの部族の系譜を口頭伝承の形で伝えてきたことが知られる．図 6-6 は，ワリハノフが 1850 年代に行なったクルグズの部族区分調査記録を基にして，系図に復元したものである．この系譜からは，クルグズたちが，「キルギズバイ」（Kirgizbay）という伝説上の人物を始祖とする系譜意識を有していたことが分かる．なお，マナプという称号は第 1 章で詳しく見たように，図 6-6 にも示されているタガイという人物から派生した，オン・カナト（右翼）諸部族の首領が帯びた称号であった．彼らは，タガイの血統に連なるものであるという，言わば「タガイ裔」とでも呼ぶべき血統意識を 20 世紀初頭に至るまで有していた．

ところが，興味深いことに，20 世紀初頭になると，このようなクルグズの部族系譜を，イスラームの系譜に接合しようとする傾向が確認できるようになる．このことについて，植民官吏のソコロフは次のように証言している．

〔…〕特に規則性が認められるわけではないが，系図の形で現存する主要な部族区分と旧約聖書の系図――イサクの一族のアブラハム，ヤコブの一族のイサク等々といった具合に――を結びつけようとする志向が長老たちの間で顕著に認められた．［Sokolov 1910］

表 6-1 『シャドマーンに捧げしクルグズの歴史』における系譜叙述の構造

①	イスラームの系譜		アダム，エヴァ→ノア→ヤペテ→テュルク→〔…〕→(②へ)
②	テュルク族の系譜		オグズ・ハン→〔…〕→モグール→カラハン→クルグズ→サバル・シャー→〔…〕→アルスタン・ハン→ジャンチョロ(→カザフ・中ジュズ)／カラチョロ(→カザフ・小ジュズ)／バイチョロ(→カザフ・大ジュズ，クルグズ)→〔…〕→(③(a)へ)
③	(a) クルグズ諸部族の系譜		ドロン・ビー→クゥル(中国，天山のクルグズ諸部族：チョン・バグシ，ムンドゥズほか)→アククゥル→ムングゥシ(現在のアンディジャン・クルグズ)／アディゲネ／タガイ→((b)へ)
	(b) タガイ裔諸部族の系譜		エセングルの子たち，テミルの子たち，ドーロトの子たち，トゥナイの子たち，サトップ・アルディの子たち，ドーロスの子たち，タスタルの子たち，トコの子たち，モルイの子たち，チェチェイの子たち，アビラの子たち，ブグの子たち，ソルトの子たち，ブレクパイの子たち，クトゥムベトの子たち，ボトシュの子たち，トルカンの子たち，コショイの子たち，ジャマンサルトの子たち，エシホジャ，カナイ，チヌイ，ボシュコイ，バキ，バヒシャン，タタの子たち，チルパクの子たち，カラチョロ，アズイク，サヤク，チェルティケ

　こうした試みを，より大々的に行ない，その出版にまでこぎ着けたのがオスマンアリーである．本書でこれまでもたびたび言及してきた彼の著作，『シャドマーンに捧げしクルグズの歴史』は実はそうした作業の結果として出されたものであった．同書の大半を占める系譜叙述に関して，それを整理し表にまとめたものが表6-1である．

　ここで，クルグズ諸部族(③-a)ならびにタガイに連なるマナプたちの系譜(③-b)がイスラームの系譜(①)とテュルク族(②)の系譜の中に位置づけられていることが注目される．クルグズの部族系譜をイスラームの系譜と直接的に結びつけようとするこのような傾向は，先に述べた1850年代の系譜上には見られなかったものであり，この間に彼らの系譜に関する意識の変化があったことを窺わせる．もちろん，同書はシャブダンが直接書いたものではなく，オスマンアリーが執筆したものであり，これのみをもってシャブダン本人の系譜意識を量ることは難しい．ただし，同書がシャブダンの資金援助を受けて刊行されたという事実を踏まえれば，程度の差こそあれ，シャブダンがこうした系譜意識を持っていたと考えてもあながち間違いではないだろう．

4 イスラームの代弁者としてのシャブダン

　以上の考察から明らかになったように，シャブダンはイスラームを熱心に信奉し，またそれを介して自らの遊牧英雄としての伝統的権威の補強と強化を図っていた．さらに，そうした次元にはとどまらず，シャブダンが地域社会におけるイスラームの代弁者としての役割を果たそうとしていたことも史料から浮かび上がってくるのである．

　そのことを端的に象徴しているのは，1905 年革命を巡るシャブダンの動向である．帝都サンクトペテルブルグに端を発する 1905 年革命が，中央アジアにおいても少なからぬ反響を呼んでいたことは，先行研究においても指摘されてきた．例えば，カザフ草原では，同年 6 月にセミパラチンスク州で集会が開かれ，ロシア政府の宗教への介入や，ロシア化政策，植民政策などを批判し，教育の改善や地方行政でのカザフ語の使用を求める一万数千名の請願が出された［宇山 1997: 5］[12]．これとほぼ同時に，クルグズの居住地域であるセミレチエでも，シャブダンを中心として，政府中枢への請願の送付が試みられていた．以下に示すのは，公文書館に収蔵されたその請願 (petitsiya) の写しの一部である．その冒頭には，

> 陸軍中佐のシャブダン・ジャンタエーフ〔が〕，・ム・ス・リ・ムであるトルキスタン地方のカラ・キルギズ〔＝クルグズ〕とセミレチエ州のキルギズ・カイサク〔＝カザフ〕を代表して[13]．（強調点筆者）

と記されているように，クルグズとカザフたちの，「ムスリム」としてのアイデンティティが前面に出され，シャブダンが彼らムスリムを代表して政府に請願する，という体裁をとっていた．

　そうしたことを反映して，請願の内容もイスラームに関する事項に焦点が置かれていた．すなわちそれは，トルキスタン地方のクルグズとセミレチエのカザフに一つの宗務局 (Dukhovnoe sobranie) を創設し，婚姻，家族，相続を巡る訴訟案件の審理や，聖職者（ムフティー，カーディー，イマーム）の管理をはじめ，

モスクの建設の承認,ならびにマクタブやマドラサといった教育施設の創設と教師の任免を宗務局に委ねることを求めるものであった[14]。

こうした請願の内容が,シャブダン本人の意向を果たしてどれほど反映したものなのかということについては,必ずしも明らかではない。というのも,宗務局の設置に代表されるような同様の要求が,カザフ草原における請願運動の中でも触れられていた点,そして1905年4月末の時点でセミレチエ州の「タランチ・ドゥンガン・キルギズ」大会がトルキスタンに宗務局を設立するよう内務省に請願を行なっていたことを考慮すると［小松 2008: 81］,そうした動きから何らかの形で影響を受けていた可能性も十分に考えられるからである。また,後述するように,この当時の中央アジアにはタタール人たちが進出しており,シャブダンも彼らとのつながりを有していたことが知られている。それゆえ,同請願がそうしたタタール人の意向を反映したものであった可能性も否定できない。さらに言えば,たといイスラーム化の波が及んでいたとはいえ,こうした一連の要求に見合うほどに,クルグズ社会においてイスラームが普及・浸透していたのかということも疑わしい[15]。ただし,少なくともシャブダンがこの地域のイスラームの代弁者を自認するとともに,周囲からもそのように目されていたことは確かであると思われる。

とりわけ,教育を巡る彼の動きにはそのような傾向が顕著に見て取れることが特筆される。事実,政府に宛てて書かれた前述の請願書において,ギムナジアに通うムスリム学生に対するイスラーム教育を求めていた点にもそれは確認することができる[16]。

このように,シャブダンがロシア式学校におけるイスラーム教育の導入を求める一方で,自分自身でも独自にイスラーム式教育に取り組んでいたことを指摘したい。とりわけ彼は,いわゆる「新方式教育」(ジャディード)運動に関与していた。よく知られるように,この運動は,ロシア帝国内においてムスリムがロシア人と対等に渡りあうためには教育改革が不可欠であるとの認識から,伝統的な寺子屋形式のマクタブを改革して,イスラームの基礎に加え,母語とロシア語の読み書きや算数,歴史,地理などの世俗化科目を,教科書を用いて学年別に教える近代的な初等教育の導入を目指すものであった。それは当初,ヴォルガ・ウラル地方のタタール人を中心に展開されていたが,20世紀に入

るとタタール人の商業ネットワークに乗って中央アジアにも普及した［小松 1996: 57-59］．クルグズもこうした潮流と無関係ではあり得なかった．このことについて，オスマンアリーは，『シャドマーンに捧げしクルグズの歴史』の中で次のように記している．

> 〔…〕1901 年から 1902 年にかけて，トロイツクの街からトクマクの街に老ザーキル・ワッハーブ殿が来た．このとき生徒がたいへん多くなり，トクマクに住むチャヴォコフという我々の部族の人が子供たちを〔トクマクの〕街で学ばせないよう命じ，追い出しはじめた．シャブダン・バートゥルの願いや，我らが教師ザーキル・モッラーの努力のお陰で子供たちが罰せられることはなかった．年々〔生徒は〕多くなっていった．〔…〕ウファの街に行ってガリーイェ・マドラサに入る者たちが現われた．また，謝礼を払って，大きな街から教師を招く者も現われた．［'Uthmān 'Alī 1914: 47-48］

この記述からは，シャブダンがタタール人のジャディード運動の活動家であると思われるザーキルという人物の教育活動に共感し，それを支援していたことが窺える．彼が教育活動に積極的に取り組んでいたことは，アブラムゾンがその調査記録の中で，シャブダンは自分のモスクにタタール人のイマームを招聘するとともに，長男のヒサメトディンは新方式学校を創設し，カザンからタタール人教師を招聘したと述べていること［Abramzon 1932: 92］からも明らかであろう．

以上，本章ではロシア統治下におけるシャブダンの動向をイスラームとの関わりに着目しながら考察した．史料的制約もあり，その様態を詳細に描き出し得たとは言い難いものの，19 世紀末から 20 世紀初頭にかけて，シャブダンのみならずその他のマナプたちの中に，イスラームに積極的に関与しようとする志向が顕在化していたことは確かであると考えられる．彼が晩年に冠せられた尊称「バートゥル・ハーッジー」は，まさにそれを象徴するものであった．

シャブダンとイスラームの関わりには二つの背景があったと考えられる．第一に，自らをイスラーム世界の中に位置づけることで，従来の遊牧英雄バートゥルとしての権威を補強しようとする側面である．しかし，注目すべきはシャ

ブダンとイスラームとの関わりがそうした伝統的権威の維持だけに終始しなかった点である．すなわち，シャブダンはイスラーム世界と地域社会とを結びつける媒介者となり，イスラームの代弁者となっていった．そのことは，新方式教育の導入において顕著であるように，新たなイスラーム潮流を介して社会の近代化を図ることが彼の念頭において——多かれ少なかれ——意図されていたことを示すものであったと言えるだろう．

5 ロシア支配との相互関係

それでは，シャブダンとイスラームとの関わりがより明確なものとなってゆくことを巡って，ロシア軍政当局はどのように対応したのだろうか．

本章の考察からも明らかなように，ロシア軍政当局はシャブダンがイスラームとの関係を強めつつあったことを明確に認知していた．さらに，ロシア人軍政官の中には，そうした動きに危機感を抱き，それを積極的に阻止するよう主張する者もいた．例えば，前述のアンディジャン蜂起の後にトルキスタン総督に就任したドゥホフスコイが挙げられる．彼は「汎イスラーム主義」の脅威ならびにトルキスタンの遊牧民のイスラーム化への懸念を強く訴えたことで知られているが [小松 1988]，シャブダンによるモスク建設の動きを知ったドゥホフスコイは，果たしてその阻止を強く求めた．彼はセミレチエ州軍務知事に対して，「何らかの口実を見つけてモスクの建設を阻止するべきである」と主張したのである[17]．

ただし，ロシア軍政当局の中に，イスラームの影響を積極的に抑止しようとするこのような動きが存在していたことは確かであるものの，それはあくまでも例外的なものであった．概して，ロシア軍政当局は，シャブダンをはじめとするマナプたちを，ロシア支配に敵対的な汎イスラーム主義勢力の一員と見なすよりは，むしろ民衆をそうした外部の影響から守るための防波堤として位置づけようとしたのである．その証左として，以下の例を挙げたい．トクマク地区警察署長は，1909 年に当時のトルキスタン総督サムソノフに宛てた報告書において，次のように述べている．

〔…〕民衆に対する地元の聖職者の影響力は，完全にマナプたちに依存している．地元のモッラーたちはマナプの腹心となっており，彼らの影響力なしに現在の地位を得たモッラーは誰一人としていない．モッラーは，個人的かつ社会的利益におけるマナプたちの視点の伝達者であり，彼らが民衆に政治的影響力を行使することはない[18]．

この中でトクマク地区警察署長が，モッラーたちがあくまでもマナプの影響下にあるものと見なし，汎イスラーム主義への警戒感を強める総督の懸念を打ち消そうとしている点は注目に値する．

他方，このような汎イスラーム主義への警戒感は，当時焦眉の課題となっていた移民政策の展開とも密接に関係していたことも注目に値する．すなわち，殺到する移民を入植させるためには，遊牧民からの大規模な土地収用が不可欠であったが，そうしたことへの反感が汎イスラーム主義に煽動されて叛乱に結びつくことをロシア軍政当局はことのほか恐れていた[19]．このことと関連して改めて見直しておきたいのが，前章において検討した，シャブダンへの土地分与を巡る案件である．

ロシア軍政当局，とりわけトルキスタン総督サムソノフは，土地収用を円滑に遂行するため，シャブダンに400デシャチナに及ぶ広大な土地を特別に分与して懐柔することで，土地収用に対する遊牧民の抵抗を封じ込めようとした．移民政策を統括する土地整理農業総局長官のクリヴォシェインをはじめとして帝国中央政府はこうした特別措置に対して否定的であったが，注目すべきは，1909年6月にサムソノフがクリヴォシェインを説得するために送った書簡において，以下に示すくだりが最後に書き添えられていたことである．

〔…〕警察力が完全に欠如する状況にあって，シャブダン・ジャンタエーフはカザン・タタールによる煽動活動と闘争する上でのきわめて望ましい対抗勢力（*protivoves*）である[20]．

本章で考察したように，シャブダンはタタール人とも結びつつ，「イスラームの代弁者」としての顔を持つようにもなっていた．サムソノフがその点に関し

てどの程度把握していたのかは定かではないものの，シャブダンのそうした側面について無知であったことは到底ありえない．にもかかわらず，サムソノフはシャブダンを敵視してしりぞけるのではなく，むしろ「汎イスラーム主義」との闘争を行なう上での協力者としての重要性を強調したのである．

このように，シャブダンへの土地分与は，単に遊牧民の抵抗の封じ込めという脈絡のみならず，対「汎イスラーム主義」闘争とも不可分に結びついたものであったことが明らかである．同時に，このことは，ロシア軍政当局が抱えたジレンマを如実に示すものでもあった．すなわち，長縄宣博は，タタール人の事例に即しながら，ロシア帝国が，イスラームの代弁者としての性格を帯びるようになった協力者に対する警戒感を持ちつつも，統治の協力者として頼らざるを得なかったことを指摘しているが［長縄 2013a］，警戒の対象であるがゆえに皮肉にも物的に支援せざるを得ないという，シャブダンを巡るサムソノフの対応にも，それと同様のジレンマを鮮明に見て取ることができよう．

ここで，そもそもシャブダンがイスラームの代弁者としての顔を有するようになった背景には，ロシア帝国自体がそれを助長していた側面が少なからずあったということも指摘しておかなければならない．

シャブダンに限らず，ロシア帝国が意図せずして現地民のイスラーム化を助長したという指摘は，前出のドゥホフスコイをはじめとして同時代のロシア軍人たちによってもなされていた[21]．その顕著な事例として，中央アジアにおける鉄道の敷設は，帝国中央への統合を強化するよりもむしろ，現地民のハッジを促進し，イスラーム世界との結びつきを助長することになったというパラドクスがよく知られているが，シャブダンもまたロシア帝国が敷いた鉄道を乗り継いでハッジを行なった人であった．

さらに，より直接的には，シャブダンがロシア帝国に軍事協力を行なっていた点も看過できない．ハッジに赴くにせよ，モスクを建てるにせよ，イスラームの代弁者としての体裁を整えるためには，当然のことながら多額の資金が欠かせない．シャブダンがそのための資金繰りを具体的にどのように行なっていたのか，詳細を明らかにすることは難しい．推測の域を出るものではないが，第4章で明らかになった，様々な事業から得られた収入に加えて，軍功の見返りとしてロシア側から支給された金銭の存在を看過することはできない．この

ことに関連して，19世紀末に，シャブダンが，陸軍中佐位に付随して支給されていた年金の増額を要求したこと（第4章），さらには，ハッジに赴く一年前の1903年に，1876年のフェルガナ遠征での軍功に対して授与された軍事勲章（*voennyi orden*）にも相応の年金が支払われるべきであるとして，国庫総局（*Glavnyi department gosudarstvennogo kaznacheistva*）に年金26年分を請求したこと[22]は非常に興味深い．このように，過去の軍功を口実に，ロシア帝国から金銭的利益を可能な限り引き出そうとしていた背景には，活発化するイスラーム実践が大きく作用していたであろうことは想像に難くない．

　以上のことから，20世紀初頭にシャブダンに冠せられた「バートゥル・ハージー」という尊称は，ロシア帝国と無関係なものだったのではなく，むしろ帝国の軍事征服と統治の言わば副産物として生まれたものでもあったと言っても，決して過言ではないだろう．

＊

　ところで，ロシア支配の協力者であったことが，シャブダンのイスラームの代弁者としての側面を助長していたことは確かであるとしても，逆にそのことが負の要因として作用することはなかったのだろうかという疑問が残る．

　とりわけ，シャブダンがコーカンド・ハン国の軍事征服に直接参加した点を見過ごすことはできない．というのも，シャブダンはスコベレフの手足となってフェルガナ盆地の征服軍事作戦に参加したわけであるが，そのことは異教徒であるロシア人に従って現地のムスリムの殺害に——直接的にであれ，間接的にであれ——加担したことを意味してもいたからである．もちろん，1870年代当時のシャブダンの念頭において，軍事征服への協力がどのように意識されていたのかは定かでない．推測の域を出るものではないが，ほぼ同時代のトルキスタンのムスリム知識人たちと同様に，「たとい異教徒であっても公正な支配者は，ムスリムの暴君にまさる」という論理によってそれを正当化していた可能性は少なくない［小松 2008: 61-62］．あるいは，遊牧英雄バートゥルとして，コーカンド・ハン国勢力（「サルト」）からクルグズ遊牧民を保護するという，遊牧社会の正義感が意識されていたことも十分にあるだろう．

だが、少なくとも、20世紀初頭に至って、シャブダンが地域社会におけるイスラームの代弁者としての体裁を整えてゆくに当たって、ムスリム同胞の殺害に関与した過去は多かれ少なかれ影を落としていたのではないだろうか。こうした点からイスラームの代弁者としての資格に疑念を抱く者が地域社会に存在したとしても決して不思議ではないだろう。残念ながら、こうした点を照らし出す同時代史料は、筆者が調べた限りにおいて存在していない。とはいえ、息子のカマルが記した「シャブダン伝」には、このことを考える上で示唆的な以下のくだりがある。

> 〔…〕新たに〔ロシア帝国に〕従った者たちに対しては、可能な限り多くの援助を施し、彼らに害悪を及ぼすことはなかった。ナマンガンの街を征服した際、35名に銃殺刑が宣告された。その中にはホジャ、モッラーや民を治めるアクサカルをはじめとするナマンガンのムスリムたちがいた。シャブダン・バートゥルが願い出ると、スコベレフ将軍は死刑宣告を取りやめ、彼らを解放した。〔ASh: 8-9〕

ここから、フェルガナ征服作戦において、シャブダンがムスリム同胞の虐殺者としてではなく、むしろその救済者としての役割が強調されていることが読み取れる。こうした言説がシャブダンの存命中に流布していたことを示す証拠は存在しないものの、この伝記が実の息子によって書かれた回想録であることを考え併せれば、シャブダンがそうした論理に基づいて、軍事征服作戦への協力とイスラームの代弁者としての側面を調和させようとしていた可能性は十分にあり得る。いずれにせよ、イスラームの代弁者としての側面において、シャブダンがロシア支配——とりわけ軍事征服作戦——の協力者であったがゆえに、少なからぬ葛藤を抱えた存在であったことは確かであろう。

第7章　協力者から叛乱のシンボルへ

　これまでの考察から明らかになるように，征服戦争における軍事協力を媒介としてシャブダンとロシア軍政権力との間に結ばれた属人的関係は，その後のロシア支配にも少なからぬ影響を及ぼしていた．むろん，19世紀末から20世紀初頭にかけて，ロシア軍政当局はシャブダンを統治の障害として見なすとともに，シャブダンの側でも，当局側が導入を試みる新たな政策——例えば，学校事業，移民政策など——の積極的な協力者とはならなかった．しかし他方において，地域の治安を維持する上で軍事征服の功労者で陸軍中佐位を有するシャブダンの存在を無視することはできなかった．第5章で検討した土地の特別分与を巡る一件は，まさにそうした葛藤やジレンマを如実に映し出す鏡であった．

　このように，20世紀初頭に至るまでシャブダンが存在感を保っていたとするならば，彼の死はロシア軍政当局をはじめとする地域社会の動向に少なからぬインパクトを与えることになったに相違ない．

　概して，死やそれにまつわる葬送儀式は，伝統的慣習の収集や記述といった民族誌的あるいは人類学的関心から取り上げられることが多かった．実際に，ロシア帝国統治下の中央アジアにおいても，クルグズやカザフをはじめとする現地民の死者儀礼に関する様々な民族誌が残されている[1]．しかし，他方において，死や死者儀礼は，故人を取り巻く社会の様態や権力関係を表わすなど，言わば「政治の場」ともなり得ることが指摘されているのであり［内堀・山下 2006］，歴史研究にとっても多くの示唆を与え得ることは言うまでもない．

　そこで本章は，ロシア軍政当局ならびにシャブダンの息子たちがシャブダンの死をどのように受けとめて，いかなる対応を示したのかということについて考察する．具体的には，シャブダンの死から数日後に行なわれた葬儀を皮切り

に，その約半年後に実施された「アシ」と呼ばれる供養行事に着目する．さらに，本章後半では，これら一連の行事が終了した後の状況について検討する．これを通して，シャブダン亡き後，その生前にかろうじて保たれていた「協力」関係が崩壊してゆく過程が具体的に明らかになるだろう．

1　シャブダンの葬儀とロシア軍政当局

　1912年4月6日，シャブダンは73年の生涯を閉じた．訃報はすぐに各地に届けられた．タタール語雑誌『シューラー』にシャブダンのアシに関する詳細なレポートを寄稿したザブル・ガブドゥルマーンによれば，「ジギトたちは馬にまたがり，方々へ訃報を広めはじめた．この報せは山々の奥深くにまで到達し，日没までにはセミレチエ州のすべての町や村において知られることとなった」[ʻAbd al-Mannuf 1913: no. 2/ 63]という．

　シャブダンの葬儀はそれから三日後の4月9日に大ケミンにおいて開催された．史料によってばらつきはあるものの，葬儀には数千名が参列したという[2]．なお，葬儀はイスラーム式に則る形で，「ジャナーザ」(janāza) が行なわれた．このことは，実際に葬儀に参列したガブドゥルマーンが，「慣習に従って土が集められた後，モッラーたちによってクルアーンの読誦が行なわれた．埋葬に際して，皆一人一人が手に土を持ってクルアーンの節を読み，祈禱を捧げてから，土を下に投げた」[ʻAbd al-Mannuf 1913: no. 2/ 63] と記していることからも明らかである．

　さて，シャブダンの訃報は，ロシア軍政当局のもとにもただちに届いた．それでは，ロシア軍政当局はそれをどのように受けとめたのだろうか．

　ロシア軍政当局にとって，シャブダンの訃報は少なからぬインパクトを有するものであった．そうしたことは，『トルキスタン通報』や『セミレチエ州通報』といった，ロシア軍政当局によって発行されていた新聞に訃報記事が掲載されたことに端的に表われていた．

　さらに，セミレチエ州軍務知事フォリバウムは，訃報記事の掲載にとどまらず，シャブダンが陸軍中佐位の保持者であった点を考慮し，ピシュペク郡長に対して葬儀に公式に出席するよう命じた [Mestnye... 1912a]．この命令を受け，

葬儀にはピシュペク郡長以下，トクマク地区警察署長とコサック部隊が参列した．葬儀の様子について，トクマク地区警察署長クトゥコフはフォリバウムに宛てて以下のように報告している．

> 〔…〕葬儀には〔…〕セミレチエ・コサック小隊が参加した．シャブダンの遺体に敬礼がなされ，遺体が安置された天幕の傍らにはコサックの衛兵が対で配置された．墓地への遺体移送に際し，その両側にはコサック兵が堵列した．埋葬の前に，コサック兵の手で勲章が取り外されて特別のカバーの中に収められ，三回にわたって空砲が発せられた．〔…〕コサックによって示されたシャブダンへの深い敬意は，州内各地から訪れた4000名のキルギズ〔＝クルグズ，カザフ〕の群集に深い感銘を与え，シャブダンの息子たち及びその他のキルギズ〔＝クルグズ，カザフ〕の代表者たちは閣下に謝意を伝えるよう私に頼んだ[3]．

こうした経緯から，セミレチエ州当局が葬儀に公式に出席し，かつコサック式の葬送の儀式を行なうことで，亡くなったシャブダンとその遺族に敬意を示そうとしていたことが分かる．

この葬儀におけるロシア軍政当局の動向を考える上で注目に値するのは，トクマク地区警察署長クトゥコフである．彼にとって，シャブダンの死は切実な問題であった．というのも，彼にとってシャブダンは，ロシア帝国の軍事官位の保有者というだけでなく，自分が担当する地区の治安維持を行なう上での重要な協力者だったからである．このことに関して，トクマク地区での勤務経験があるウラエフスキーは次のように証言している．

> 〔…〕シャブダン一族との良好な関係の維持は，トクマク地区警察署長クトゥコフとその前任者たちの方針であった．というのも，シャブダン一族は地区を統治する際の負担を著しく緩和してくれたからである．〔…〕地区内で起こる様々な問題をマナプからの援助なくして地区警察署長が解決することは不可能であった[4]．

果たして，トクマク地区警察権力とシャブダンとの間の癒着関係は，葬儀において明白に露呈することとなった。『セミレチエ州通報』に追悼文を寄せたロヴニャーギンは，葬儀におけるクトゥコフの動向について次のように記している。

> 〔…〕クトゥコフは，埋葬時に〔セミレチエ州〕軍務知事やその他の弔電を読み上げてシャブダンの功績を述べた際，調停者，仲裁判事としてのシャブダンの役割を述べ，争い，裁判沙汰，ならびにお互いに侮辱を始めることで墓の中の故人の骨を動揺させぬよう強調した．これを受けて，葬儀に参加していたすべてのキルギズ〔＝クルグズ，カザフ〕諸郷の有力者たちは，直近の上司〔＝クトゥコフ〕の賢明な助言に従って，自分たちの企みによってバートゥル〔＝シャブダン〕の思い出を汚さないことを誓約した．
> [Rovnyagin 1912]

このくだりからは，フォリバウムの命令に従ってコサック葬を粛々と執り行なうにとどまらず，遊牧英雄バートゥルたるシャブダンの権威を媒介に，地区の統治を遂行しようとするクトゥコフの姿が浮かび上がる．さらに，当時の様々な証言からは，クトゥコフがシャブダンの死後，その息子たちとも従来の関係を維持しようとしていたことが分かる．例えば，ピシュペク市警察署長のグリバノフスキーの証言によれば，シャブダンの死後，クトゥコフは，「シャブダンの親族を敬い，その助言に従うようキルギズ〔クルグズ〕に吹き込んだ」[ShB: 172]という．葬儀から程ない，1912年5月に実施されたサルバグシ郷長選挙において，郷長と郷長補佐にそれぞれシャブダンの息子のカマルとアマンが就任した[ShB: 157-158]背景には，クトゥコフのそうした意向が強くはたらいていたものと考えられる．

2　供養行事「アシ」を巡るシャブダンの息子たちの思惑

クルグズおよびカザフ社会においては，葬儀終了後一定期間が過ぎると，「アシ」(āsh)と呼ばれる供養行事が実施されることになっていた．こうした

第 7 章　協力者から叛乱のシンボルへ　173

図 7-1　アシ会場の中心に据えられたシャブダンの天幕と軍旗（後方）
出典）Dmitriev［1913］付録．

　慣例に則り，葬儀から約半年後の 1912 年 10 月 10 日から 15 日にかけて，シャブダンのアシが実施された．本節では，アシの開催を巡って，シャブダンの息子たちがどのような思惑を抱いていたのか検討してみたい．
　大きく言って，アシには二つの側面があったものと考えられる．第一に，故人であるシャブダン本人の権威を追想する場としての側面である．さらに，第二の側面として指摘できるのは，主催者であるシャブダンの息子たちが，アシの開催を通して，現地社会における影響力をアピールする場としてのそれである．まず，前者の側面に着目しながら，シャブダンのアシを見てみよう．
　アシにおいては，シャブダンの権威が様々な形で顕示された．会場となった小ケミン（図 3-6）には，シャブダンが生前暮らした天幕が故地大ケミンから運ばれ，会場の中心に彼の軍旗とともに設えられた（図 7-1）．出席者の大部分を占めたのはクルグズを中心とする遊牧民であったが，彼らは自ら携えてきた天幕をシャブダンの天幕を取り囲むように設営した［Dmitriev 1913: 3-4; Malaya...1912: no. 225］．そして，彼らは，「我がハン！　我が父！」と泣き叫びながらシ

図 7-2 シャブダンの天幕の内部の様子
出典) Dmitriev [1913] 付録.

ャブダンの天幕へ向かい，その中に入った．

　図7-2は天幕の内部を撮影した写真である．手前に見えるのは，クルグズ語で「コショク」(koshok)と呼ばれる儀礼的号泣を行なう女性たちである．同図からは，天幕の壁面にシャブダンを偲ばせる様々なものが掲げられているのが分かる．左端にはシャブダンの馬具，中央にはロシア軍政当局から授与された肩章やメダルが装着されたカフタン，さらに，その右上隣には1883年のアレクサンドル3世戴冠式への出席の際に撮影された肖像写真（図3-4）が確認できる．天幕に入った参列者は，クルアーンの一節を読誦して短いバタ（アッラーに祝福や平安を願って唱える短い祈り）を行ない，主催者に贈物を差し出した [Malaya... 1912: no. 227; Kenesarin 1993: 566-567].

　天幕の外でもシャブダンの功績が様々な形で顕示された．アシの会場には，英雄叙事詩の語り部である「アクン」やスーフィー修行僧たちがおり，彼らもシャブダンの功績や資質――モスクの建設，勇敢さ，気前の良さ，民衆への愛，

第7章 協力者から叛乱のシンボルへ　175

図 7-3　バイゲ
出典）TsGA KFFD RK, no. 2-55018.

図 7-4　相撲
出典）Dmitriev［1913］付録.

図 7-5　サイシ
出典）Dmitriev［1913］付録.

頭の良さ，率直さ——を謳いあげた［Dmitriev 1913: 6; Malaya... 1912: no. 225］．

さらに，会場では数日間にわたって様々な見世物が披露された．すなわち，「バイゲ」（bayge）と呼ばれる競馬を皮切りに，相撲，そして，馬に乗り棒を持った二人の男が，どちらかが落馬するまで闘う「サイシ」（sāysh）と呼ばれる競技が行なわれた（図7-3, 4, 5）．

このようにして，参列者は，遊牧英雄バートゥルの尊称を有したシャブダンにふさわしく，遊牧民の伝統的な価値観に則った一連の見世物を通して，シャブダンの権威を追想したのである．

さて，以上で見てきたように，アシは，今は亡きシャブダンその人の威光を示し，それを追想する場であった一方で，シャブダンの息子たちが現地社会における自らの存在感や影響力を示す場でもあったと考えられる．こうした側面は何も，シャブダンの息子たちに限ったことではなく，マナプ層にとって，アシの開催は，現地社会での影響力を示す上での重要な試金石であった．このことに関連して，『シューラー』誌に掲載された「クルグズについて」には，20世紀初頭におけるマナプ層とアシの関係を示す，次のようなくだりを見い出すことができる．

〔…〕アシを開催することは年とともに流行してきている．〔マナプが〕アシを開催しないことは大きな恥である．〔アシを〕開かないマナプの子供は，力の無さと無知のために侮辱される．（強調点筆者）［Sh. V. 1911: 103］

なぜアシが年々流行傾向にあるのか——残念ながら「クルグズについて」の筆者は，その背景事情を一切記していない．とはいえ，これまでの本書の考察から推察するならば，20世紀初頭という時代において，マナプ層がもはやかつてのように軍事指導者としての役割を果たすことが実質上不可能となる中で，彼らが首領としての権威を示す手段としてアシの重要性が増す傾向にあったと考えてもあながち間違いではないだろう．以下では，こうした観点からシャブダンのアシを見てみたい．

ガブドゥルマーンが記すところによると，アシ開催の約四カ月前に当たる1912年6月13日に，アシのための集会（「ケネシ」）が大ケミンで開催された

['Abd al-Mannuf 1913: no. 4/ 127]．ケネシには，シャブダンの息子たちの他，サルバグシ族エセングル支系のマナプ，チョコ・カイドゥ，トゥナイ支系のマナプ，デュル・ソーロンバイやスルタン・ダルバイらが参加した．

ケネシにおいて，過去200年に及ぶアシの歴史が振り返られ，史上稀に見る盛大なアシが企画された［Malaya... 1912: no. 225］という．とりわけ，その盛大さは，アシ最大の見世物であるバイゲの賞金額に比例するものと考えられていた．ガブドゥルマーンは，ケネシの参加者たちが競うように大きな賞金額を申し出る様子を記している．

> ［…］ある者は「バートゥル・ハーッジー〔=シャブダン〕の偉大さにふさわしく，先祖において行なわれたことがないようなアシにしよう．私はバイゲに白駱駝500頭を出してもよい」と言い，ある者は「我らの祖先の某バートゥルのバイゲでは羊500頭，駱駝100頭，馬100頭，ヤンブ〔=馬蹄銀〕100個だった」と言った．また，ある者は「サタイ・バートゥルのバイゲでは綿布100枚，チャパン〔=上着〕100枚，ヤンブ100個であった」と言った．['Abd al-Mannuf 1913: no. 4/ 127-128]

このように，アシを盛大に実施するためには，当然のことながら多額の資金や家畜が必要とされたが，そうした開催費用について，マナプが民衆から集める旨の決議がケネシにおいてなされた．それによると，シャブダンの息子たちが暮らすサルバグシ郷から2万ルーブリ，アタケ郷から1万5000ルーブリ，トゥナイ郷から1万ルーブリ，シャムス郷から1万ルーブリ（以上トゥナイ支系諸郷）及びカザフから3000ルーブリを徴収することが約束された ['Abd al-Mannuf 1913: no. 4/ 128]．ここから，アシの開催資金がシャブダンの出身母体であるサルバグシ族トゥナイ支系のクルグズからの徴税によって主に賄われていたことが分かる．

さらに，こうした金銭的負担に加えて，アシが間近に迫ると，トゥナイ支系のクルグズたちはその準備のために駆り出されていった［Dmitriev 1913: 2］．ガブドゥルマーンの表現を借りれば，その様子は「まるで熊が触れた蜜蜂の巣のよう」['Abd al-Mannuf 1913: no.5/ 158] であったという．

以上のことから分かるように，アシは，シャブダンの権威を媒介にして，彼の息子たちが民衆や同族のマナプたちを動員することで，現地社会における影響力をアピールする場になるはずであった．

しかし，事は彼らの思惑通りには運ばなかった．シャブダンの息子たちはアシを通して影響力を誇示するどころか，むしろそれとは逆に，彼らの弱さを露呈することになったのである．このことは，以下に引用するように，アシ当日に，マナプたちがケネシで約束した分担金を出し合う場面において露呈された．

〔…〕マナプたちは約束したお金を出そうとはしなかった．彼らはお互いに，「お前が最初に出せ，お前が出せ，出せ！」と言い合い，押し合った．彼らは，各々が集めたお金を少しでも多く自分の懐に入れようとしたのだった．その結果，〔…〕豪華に計画・準備されたアシのプログラムは簡略化され，それに応じて賞金も減額された．父親のような有名なマナプたらんことを欲するシャブダン・ハージーの息子たちは，アシの無力さを大いに悲しんだ．なすすべはなし！　['Abd al-Mannuf 1913: no. 5/ 159]

このように，シャブダンの息子たちが当初企図したような「盛大な」アシが実現することはなかった．また，このくだりには，マナプたちがシャブダンのアシを利用して私腹を肥やそうとしたことが書かれているが，そのことは，シャブダンの息子たちが，父親に匹敵する影響力を現地社会においてもはや有してはいなかったことを如実に示してもいた．

この点に関連して，アシ最終日10月15日の動向が注目に値する．この日，まず初めに有力なマナプたちの集会が開かれ，シャブダンの継承者について話し合われた．その後に，アシを締めくくる軍旗切断の儀式が行われた．それは，天幕に設えられたシャブダンの軍旗（図7-1）を幾つかに切断し，前述の集会で選ばれた継承者に引き渡す儀式であったとされる [Malaya... 1912: no.229; Dmitriev 1913: 15]．この儀式において，果たして誰が軍旗を受け取ったのかということを示す明確な史料は残されていない．そして，そもそも，儀式が実質的な意義を持つものだったのか，あるいは形式的なものにすぎなかったのかも定かではない．とはいえ，シャブダン亡き後，トゥナイ支系のマナプ，デュル・ソ

ーロンバイがシャブダンの後継者として同集会で選出され，軍旗を受け取ったという見解が流布していた点は重要である．

　デュルが実質的にシャブダンの後継者であったのか否かはともかくとして，当時彼が地域社会の指導者として頭角を現しつつあったことは確かであろう．例えば，1911 年にピシュペク郡のクルグズの間で土地収用に対する不満が高まった際，デュルは，サンクトペテルブルグの土地整理農業総局に直訴を行うために，クルグズの代表に選ばれていた[5]．とはいえ，すでに第 3 章でも指摘したとおり，デュルは，同じサルバグシ族トゥナイ支系のマナプでも，シャブダンのような軍事エリートつまりバートゥルではなかった点に注意しておく必要がある．彼は州拠点ヴェールヌィの男子ギムナジアを卒業するなど，ロシア式の高等教育を受けた経験の持ち主でもあり，言わば教育エリートとしての側面を有し，ロシア語が非常に堪能なことでも知られていた［'Uthmān 'Alī 1914: 51-52］．そうしたことから，植民地官吏のルミャンツェフが，「デュル・ソーロンバイはその頭の回転の良さと才能で際立ち，きわめて知的な人物としての印象を受ける」と記している［MOM: 205-206］ように，彼はロシア人たちからもインテリゲンツィアとして一目置かれる存在であった．トクマク地区警察署長のクトゥコフもそうした中の一人であった．例えば，1913 年にセミレチエ州軍務知事がトルキスタン総督に書き送った上申書によれば，クトゥコフは，シャブダンとその一族の存在を重視しつつも，「トクマクには教養のある人物がきわめて少ないことから，デュルを蔑ろにするわけにはいかなかった」[6] という．

　また，この当時，マナプの家系からはデュルの他にも教育エリートが頭角を現すようになっていた．アブデュケリム・スドゥコフもその一人である．彼は，第 4 章で触れた，家畜商業で成功したソルト族のマナプ，ウズベクの甥に当たる人物であった．彼もまた 1904 年から 1911 年にかけてヴェールヌィの男子ギムナジアで学び，その後カザン大学獣医学部に入学した経歴の持ち主であった［Kurmanov and Sadykov 2002: 12-13］．

　このように，20 世紀初頭においてマナプ層の中からもいわゆる知識人に準ずる教養層が現われるようになったのである．彼らの数はごく限られたものであったとはいえ，シャブダンのような軍事エリートに代わって，地域社会にお

いて相応の存在感を持つようになっていた．軍旗切断の儀式をめぐる一連の経緯において，デュルがシャブダンの後継者と目されたことからは，そうした知識人に連なるマナプの台頭が推察されるのであり，シャブダンの息子たちは，彼らの陰に隠れてゆくことを余儀なくされていたと考えてもあながち間違いではないだろう．

3　アシを巡るロシア軍政当局の対応

それでは，アシの開催を巡って，ロシア軍政当局はいかなる対応を示したのだろうか．

このことを検討するに当たって，まず指摘しておかなければならないのは，シャブダンの息子たちが，クルグズをはじめとする現地民のみならず，ロシア人に対してもアシへの参加を積極的に呼びかけていた点である．アシが開催される三カ月前にプログラムが作成され，セミレチエ州のみならず，隣接するシルダリヤ州やフェルガナ州にも送付されたが，その際，それはロシア人にも送付された [Dmitriev 1913: 2]．さらに，アシ開催の約一週間前から同期間中にかけて，『セミレチエ州通報』に掲載されたアシの囲み広告（図7-6）は，アラビア文字表記テュルク語だけでなく，ロシア語でも表記されていた．

こうしたことから，アシの開催に当たって，シャブダンの息子たちがロシア人を少なからず意識していたことが窺える．とりわけ，彼らが重視したのは軍政当局関係者であった．その背景には，軍事征服ならびにロシア支配の確立における功労者であった父シャブダンの存在感をロシア軍政当局側に顕示するねらいがあったものと考えられる．実際に，ロシア人軍政官の中には，招待に応じてアシに参加した者もおり，彼らは丁重なもてなしを受けた [Abramzon 1932: 94-95]．

ところが，ロシア軍政当局のトップである軍務知事フォリバウムは決してアシに出席しようとはしなかった．むろん，フォリバウムはアシ開催の四カ月前の同年六月の時点で，シャブダンの息子たちに対して，アシの開催を許可するとともに [ShB: 158]，アシ開催期間中には，治安維持のためにコサック部隊を派遣するようピシュペク郡長に命じた[7]．このように，フォリバウムはアシの

開催を認可する反面，4月に挙行された葬式とは違い，ロシア軍政当局としてアシに公式に出席することはなかった．事実，アシ初日の1912年10月10日，シャブダンの息子たちはフォリバウムにアシへの出席を求めて電信を送付しているが，

図7-6 『セミレチエ州通報』に掲載されたアシの広告
出典）Traditsionnaya...［1912］．

フォリバウムは電報紙面に「行かぬ」（Ne poedu）と決裁を書き込み，出席を固辞したのである[8]．

　フォリバウムはなぜこうした対応をとったのだろうか．このことを考える上で，重要な示唆を与えてくれるのは，カザフ知識人トゥヌシュバエフの回想である．それによれば，シャブダンの死後，「何としてでもシャブダン一族を抑え込む」ことがセミレチエ州当局の中で決定されていたという［VOS: 370-371］．こうした点を勘案すれば，アシへの出席がシャブダンの息子たちの影響力を助長しかねないという懸念がフォリバウムの念頭にあったものと推察される．

　さらに，フォリバウムは，アシへ出席しないばかりか，その開催を巡って民衆から違法な徴税や徴発が行なわれていることを非常に問題視し，ロシア人軍政官一名を特任官吏として会場に派遣した[9]．結局のところ，シャブダンの息子たちが軍政当局から摘発されるという事態までには至らなかったものの[10]，ここからは，フォリバウムが彼らの動きを抑止しようとしていたことが浮かび上がってくる．

　こうしたことに関連して注目に値するのは，アシ開催直後に『セミレチエ州通報』紙上に「小ケミン」というタイトルで数回にわたって連載された，特派員によるアシのレポート記事である．興味深いことに，それらは，アシの内容を客観的に伝えているというよりは，むしろ，アシのみならずシャブダンの息子たちを揶揄する叙述傾向が顕著に認められる．例えば，同記事には，会場内のアクンたちが唱っていたという詩が引用されていたが，その中には次のようなくだりが含まれていたとする．

〔…〕今や汝〔＝シャブダン〕はいない．傑出した汝のごとき人間は．〔…〕残された四人の息子には汝の偉大な功績の一部ですらも達成できまい．お上〔＝ロシア軍政当局〕から汝と同様の注目を勝ち取ることもあるまい．〔…〕死の数年前〔…〕息子の一人は殺人で有罪となり牢に入った．この禍は汝から活力を奪い，死を早めた．ああ，何たること．汝の陰でまったく平和に生きてきた家族よ．［Malaya... 1912: no. 227］

むろん，前節の考察を踏まえれば，シャブダンの息子たちが現地社会において大きな影響力を有さなかったことは確かであり，上述のくだりもそうした事実を反映したものと考えることができる．また，これらの記事にフォリバウムをはじめとする州当局の意向がどれほど反映されていたのか，明確な証拠は残されていない．とはいえ，これが，州当局が発行する新聞に掲載されていたことを考慮すれば，多かれ少なかれ彼らの意向が反映されていた可能性は高いものと考えられる．このように，これらの特派員記事が，アシの開催を通して現地社会に影響力を示すことを企図するシャブダンの息子たちの思惑を抑止するための，言わばネガティヴ・キャンペーンであったとしてもあながち間違いではないだろう．

このように，フォリバウムを筆頭とする州当局がアシの開催を巡って，シャブダンの息子たちを牽制する一方で，別の史料からは，葬式のときと同様に，アシの開催に積極的に協力するトクマク地区警察権力の姿が浮かび上がる．このことに関して，あるクルグズは，1913 年にトルキスタン総督へ宛てた訴願の中で，「シャブダンの一族は〔…〕軍務知事が派遣した〔特任〕官吏が〔アシの会場から〕立ち去ると，私たちから多額のお金を徴収した．〔…〕それは〔地区警察の〕<u>巡査スミルノフの立ち会いのもと，郷長が行なった</u>」[11]（強調点筆者）と訴えている．また，別の証言によると，トクマク地区警察署長は，徴発に応じないクルグズを逮捕したという［Soltonoev 2003: 284］．

それでは，アシの終了の後，ロシア軍政当局はシャブダンの息子たちをどのように扱っていったのだろうか．このことについて次節で検討しよう．

4 介入を強めるロシア軍政当局

　実のところ,シャブダンの息子たちに対するロシア軍政当局側からの牽制は,シャブダンの没後に始まったことではなかった.例えば,1911年5月,つまりシャブダンが没する約一年前には,シャブダンの息子のモクシュとそのジギトが,ヴェールヌィ郡からフェルガナ州へ家畜を移送中の家畜業者を,耕地の踏み荒らしを理由に殺害するという事件が発生した.この事件により,モクシュは逮捕され,トクマクの拘置所に拘禁された[12].軍務知事フォリバウムはこの事件を口実にサルバグシ郷への介入を強めていった.すなわち,シャブダンの息子で当時サルバグシ郷長の地位にあった,モクシュの兄ヒサメトディンを「危険〔人物〕」(*neblagonadezhnost'*)として郷長職から解任し,新たな郷長として,ヴェールヌィ郡チャマルガン郷のカザフ,ムサハン・アルティスパイを任命した［ShB: 148-155］.また,これと並行してサルバグシ郷において土地収用が実施され,二つのロシア人移民村落が創設されたのであった［西山 2002: 180］.

　そして,シャブダンが没すると,ロシア軍政当局はその抑圧的な姿勢を強めていった.すなわち,当局は彼の息子たちに対して陸軍中佐位とそれに付随する特権の世襲を認めることはなく,それらを速やかに回収していった.まず,1913年5月には,シャブダンが生前着用していたカフタンや勲章がコサック軍博物館に寄贈された［ShB: 160］.

　さらに,こうしたこととならんで,最大の焦点は特別分与地の問題であった.第5章で明らかにしたように,この土地はあくまでもシャブダンの「終身利用」という条件つきで特別に分与されていた.しかし,シャブダンはこの決定に満足していなかった.事実,彼は,亡くなる約半年前の1911年11月に,ツァーリ,ニコライ2世に宛てて,同地の「永代領有」(*potomstvennoe vladenie*) を求めて請願を行なっていた[13].

　この請願に対する当局側の返答がなされたのは,シャブダンの死から五カ月が経過した1912年9月であった.その際,軍務知事フォリバウムと移民事業団主管ヴェレツキーは,ある条件を提示して,シャブダンの息子たちに件の土地の永代領有を認める姿勢を示した.その条件とは,シャブダンの息子たちに

対して，特別分与地内に個別経営として定着することを認める代わりに，サルバグシ郷から分離し，同郷の土地を利用せず，同郷の共同体事案にも参加しないというものであった[14]．要するに，ロシア軍政当局はシャブダンの息子たちを現地社会から分断し，その影響力を排除しようとしたのである．この提案に対して，シャブダンの息子たちは，1913年1月にフォリバウムに宛てて返答を行なっているが，その中で彼らは憤りを露わにし，そうした措置が，「我らの父の功績に対する褒美ならぬ，懲罰に等しい」ものであるとして提案を拒絶した[15]．

シャブダンの軍功を重視し，土地分与に尽力したトルキスタン総督サムソノフも，シャブダンの死後その態度を一変させた．シャブダンの息子たちが当局側からの前述の提案を拒否したことを受けて，1913年2月サムソノフは陸軍参謀本部長に宛てて次のように書き送っている．

〔…〕シャブダンが亡くなった現在，彼の息子たちや親族には，セミレチエ州のキルギズ〔＝クルグズ，カザフ〕の一般土地整理規則から外れて，シャブダンに与えられた恒常的な土地利用権を供与するに値する功績は存在しない[16]．

陸軍参謀本部もサムソノフの見解に同意し，同年10月には同地の世襲は完全に否決された[17]．そして，翌1914年になると，この土地は移民事業団によって収用され，国有灌漑賃貸地として移民の利用に供されていった．これに対し，同地が収用された後も，シャブダンの息子たちはロシア軍政当局に嘆願書を送付し，その返還を求めていった．確認できる限りにおいて，彼らが最後に送付した嘆願書は1916年5月16日付である．その中で彼らは，父シャブダンがロシア帝国に対して行なった軍事協力を強調しつつ，土地収用の理不尽さを訴えたのである[18]．

このように，州レヴェル以上のロシア軍政当局——セミレチエ州軍務知事やトルキスタン総督——がシャブダンの息子たちに対してあからさまに抑圧的な対応を示すようになっていたことが分かる．しかし，他方において，郡レヴェル以下のロシア軍政権力，とりわけトクマク地区警察権力の対応は微温的であ

った.

　それどころか，シャブダンの息子たちに対抗する勢力が定住移行を利用して郷の分割を行なおうとすると，地区警察署長はそうした動きを阻止しようとした．例えば，サルバグシ郷のクルグズが提出した訴願によると，彼らのもとを訪れた地区警察署長は，「〔…〕農民への移行は不利益であり，農民生活と慣習（アダット）は一致しない．〔もし農民になれば〕ワインを飲み，豚肉を食べ，妻たちはシャルバル〔＝ズボン〕なしで歩くことになる．だから遊牧生活を捨てるべきではない」と論して定住への移行を断念するように迫ったという[19]．

　また，トクマク地区警察署長とシャブダンの息子たちとの関係に関連して，1915年にシャブダンの弟アラグシがサルバグシ郷の分割を企図したことを巡る一件も注目に値する．史料上明確な証拠は残されていないものの，州当局がそれを熱心かつ執拗に支持したことを考慮すれば，州当局がアラグシに郷分割を教唆した可能性も十分に考えられる．

　郷分割に必要な手続きとして，州当局は土地利用調査と尋問の実施をトクマク地区警察署長に指示していた．しかし署長は請願者たち計700世帯のうち約400世帯の尋問で終えてしまい，「未調査の約300世帯が尋問を申し入れるとそれを拒否した」．また，本来署長自身が現地調査に基づいて作成しなければならない，サルバグシ郷におけるアウル（牧民集落）配置の概略図は実質的にカマルが作成していた．アラグシの訴願によれば，カマルは天幕の配置換えを行ない，アラグシ傘下のクルグズとそれ以外のクルグズの土地利用の混淆状態を故意に作り出した．こうすることでピシュペク郡行政を誤解させ，郷分割を防ごうとしたのだという[20]．

　果たして，カマルの戦略は功を奏した．1915年10月ピシュペク郡長補佐は，トクマク地区警察署長の報告に従ってアラグシの請願の無効を州庁に報告した．これに対し州当局は郡長補佐に対して，トクマク地区警察署長を介さずに自ら直接サルバグシ郷に赴いて尋問を実施し，アウル配置図を作成するように指示した．しかし，郡長補佐はアラグシの請願が根拠なしという判断を再び下し，事案は棄却されている[21]．

5　1916年夏：協力関係の決定的崩壊

　以上，本章は，シャブダンの死とその後を巡る彼の息子たち，ならびにロシア軍政当局の動向を検討してきた．

　シャブダンの息子たちは，アシの開催を通して現地社会における影響力の誇示を試みるとともに，ロシア軍政当局に対しては，父親の功績を利用することで，引き続き特権——土地の特別分与——を得ようとした．しかし，ロシア軍政当局及び現地社会双方において，彼らは父シャブダン同様の存在として認められることはなかった．ロシア軍政当局は，軍事的功績はおろか，統治における卓越した功績を有さないシャブダンの息子たちに父親同様の特権を与えようとはしなかった．そればかりか，彼らが現地社会において影響力を持たぬよう，抑圧的な対応を示すようになっていった．もちろん，ロシア軍政当局も決して一枚岩ではなかった．事実，シャブダンの息子たちに対するトクマク地区警察権力の対応は微温的であり，シャブダンの没後も，両者の癒着関係は多かれ少なかれ継続していたものと考えられる．

　いずれにせよ，抑圧的な姿勢を強めるロシア軍政当局に対して，シャブダンの息子たちは明らかに強い反感を抱いていたことは確かであろう．にもかかわらず，彼らはただちにロシア支配に対して反旗を翻すことはなかった．ところが，1916年の夏に事態は急変していった．

　同年6月25日，第一次世界大戦における戦時労働力の不足を背景に，政府が突如異族人の徴用に関する勅令を発したのをきっかけに，中央アジア全域を巻き込んだ大叛乱が勃発した．その中でも，クルグズが暮らすセミレチエ州南部においては，折からの土地収用を背景に，叛乱は激しい様相を呈した．

　当然のことながら，シャブダンの息子たちもこうした大混乱と無関係ではあり得ず，その渦に巻き込まれていった．とりわけ，シャブダンの二男モクシュは叛徒に合流するとともに，ハンとして推戴されて叛乱の指導者となっていった．本章の考察からも推察されるように，その背景には，シャブダンの没後における特権の回収に加えて，1911年に殺人で逮捕されるなど，モクシュが，シャブダン一族に対するロシア軍政当局側からの抑圧を，言わば正面から受け

た存在であったことが大きく影響していたものと考えられる．モクシュを頭目とする叛徒たちは，かつて父シャブダンが建設したモスク（図6-1）で叛乱の契りを結ぶとともに，広い範囲に檄文を送付していたことが知られているが，それは「バートゥル・ハージー〔＝シャブダン〕の名のもとに」叛徒の結集を呼びかけるものであった［VOS: 381］．皮肉にも，軍事征服に協力し，ロシア支配を確立させる上での功労者であったシャブダンは，ここに至ってロシア支配に対する叛乱のシンボルへと転化することとなったのであった．

図7-7　クロパトキン
出典) TsGA KFFD KR, no. 0-27859.

とはいえ，ロシア支配を否定し，それに対する叛乱の中核となっていったモクシュに対して，シャブダンの息子たち全員が同調していたわけではなかった．特に，当時サルバグシ郷長の座にあったカマルはモクシュとは正反対の対応をとった．すなわち，彼はロシア軍政当局の求めに応じて，郷内の徴用者名簿を作成して提出するとともに，モクシュたち叛徒を制止すべく弟のアマンとともに最後まで説得を試みた．さらに，ロシア人移民村落を叛徒の焼き討ちから守ろうとした［VOS: 381］．

それでは，カマルはいかにしてモクシュを説得しようとしたのだろうか．そして，その際二人の間でどのような会話がやり取りされたのだろうか——残念ながら，そのことに関する記録は筆者が調べた限りにおいて残されてはいない．しかし，敢えて推測を交じえて言えば，カマルは，父シャブダンを叛乱のシンボルとするモクシュに対して，シャブダンが生涯にわたって身をもって示したように，あくまでもロシア支配を維持し，それを土台として生きてゆく途を諭したのではなかっただろうか[22]．

しかし，カマルらの説得むなしく，モクシュに率いられた叛徒はロシア人移民村落を襲撃し，それらを焼き討ちにしていった．その後，叛徒はロシア領トルキスタンを離れ，天山山脈を越えて東トルキスタン，すなわち当時の中華民国領新疆省に逃れていった．

こうしてシャブダンの息子が叛乱に参加し，その中核となっていったことは，

当然のことながらロシア軍政当局にも大きな衝撃を与えた．とりわけ，叛乱を収拾するために，同年 8 月に新たにトルキスタン総督に任命されたクロパトキン（図 7-7）にとってその衝撃は計り知れないものであった．事実，彼は同年 8 月 18 日に陸軍大臣シュヴァーエフに宛てて，セミレチエ州南部における叛乱について記す中で，

> 〔…〕41 年前にフェルガナを征服した際，現在決起しているキルギズ〔＝クルグズ〕たちは，彼らの名誉ある首領の陸軍中佐シャブダン・ジャンタエーフとともに山を越えてフェルガナに渡り，スコベレフが同地の定住民を征服するのを助けたのだった．［VOS: 345-346］

と回想し，ロシア帝国の軍事征服の功労者であったシャブダンの息子たちが今やロシア帝国に反旗を翻していることを確認しなければならなかった．西山克典はこの箇所にクロパトキンの「痛恨の念」を読み取っているが［西山 2002: 179］，本書の考察から明らかになったように，クロパトキンはシャブダンへの軍事官位授与を後押しし，ロシア支配の特別な協力者として彼を積極的に支援してきた張本人であった．それだけに，彼の痛恨の念は計り知れないものであったに相違ない．

クロパトキン率いるロシア軍政当局は大規模な軍隊を投入し，叛乱の鎮圧に乗り出した．かつてシャブダンがバートゥル・ハーッジーとして建設した大ケミンのモスクもまた，その中で焼き払われたのであった．

終章　現地協力者のミクロヒストリーから見えてくるもの

　以上七章にわたり，本書は中央アジアにおけるロシア帝国の軍事侵攻と支配の展開を，その「協力者（コラボレーター）」となった現地有力者に焦点を当てて考察してきた．より具体的には，19世紀中期から20世紀初頭にかけて，ロシア帝国が，中央アジアは天山山脈周辺の山岳・高原地帯を生活圏とする遊牧民族クルグズを支配下に組み込んでゆく過程において，その部族首領層であるマナプをどのように位置づけていったのか，そしてロシアの進出と支配に対してマナプ層がどのように対応していたのかという二つの問題を巡って，ロシア帝国の軍事侵攻からその後の支配に至る約半世紀に及ぶ過程を包括的に経験し，その特別な協力者となっていった，シャブダン・ジャンタイ（1839-1912）という一人のマナプの生涯に光を当て，その軌跡を公文書館に収蔵される未公刊一次史料の読解を通じて実証的に検討した．最後に，シャブダンという一人の現地協力者のミクロヒストリーを通して明らかになる点をまとめることで本書の結びとしたい．

＊

　上述の通り，本書はシャブダンという一首領の生涯を微視的に再構成した点に大きな特徴がある．それゆえ，シャブダンという一事例のみをもってマナプ層全体や，ましてやクルグズ遊牧社会の次元にまで議論を一般化することは慎まねばならない．とはいえ，ロシアによる征服から支配に至る過程を一通り経験した彼の生涯を辿ってゆくことを通して，それらの点についてある程度の見通しをつけることは可能であると考えられる．
　はじめに，ロシア帝国がマナプ層をどのように位置づけていったのかという

点について，本書の考察をもとに振り返ってみたい．

　ロシア帝国の進出は総じて二つの局面から成り立っていた．一つ目は，1840年代後半から1870年代末にかけての約30年間に進展した軍事侵攻の側面であり，二つ目は，1860年代後半から1916年にまで至る約半世紀間に進行した統治の側面である．結論を先に言えば，ロシア帝国とマナプ層の関係の基層は軍事侵攻の中で形成され，それが後年に展開する統治にも大きな影響を及ぼすことになった．

　1840年代におけるケネサル叛乱の鎮圧から，1870年代後半におけるコーカンド・ハン国の征服に至るまで，ロシア帝国は中央アジアにおける軍事侵攻を進展させていった．ロシア帝国にとってマナプとは，何よりも中央アジアへの軍事侵攻を進める上での有用な協力者であった．実際に，彼らとその親衛隊であるジギト部隊が発揮する「戦闘性」（*voinstvennost*），つまり機動力はロシアが軍事作戦を遂行する上で不可欠であった．彼らはまた，戦闘行為のみならず情報収集においても重要な役割を果たした．1882年にシャブダンが陸軍中佐位を授与されたことは，ロシア帝国が軍事侵攻におけるマナプ層の協力と貢献を非常に高く評価していたことの証でもあったと言えるだろう．

　しかしながら，ロシア帝国がこのようにマナプを軍事侵攻との関わりにおいて有用な協力者として位置づけたことは確かであるとしても，クルグズ遊牧民を帝国の臣民として統治してゆく局面において，マナプは制度上認められなくなった．にもかかわらず，こうした施策が実施された後もマナプはロシア統治のもとで消滅することはなかった．それどころか，非公式の存在でありながらも，以後半世紀以上に及ぶロシア統治の中で，マナプは少なからぬ存在感を保ち続けることになった．本論でも引用したように，シャブダンは生前，「マナプによる支配は私とともに消えてゆくだろう」と語っていた［ASh: 21-22］というが，穿った見方をすれば，それは20世紀初頭に入ってもなおマナプが存続していたことを如実に示してもいた．

　それでは，なぜ非公式の存在にもかかわらず，マナプはロシア支配のもとで存続することができたのだろうか．その背景にあったと考えられるのは，ロシア統治の脆弱性や不備である．端的に言って，ロシア帝国は半世紀に及ぶ直轄統治を通して現地遊牧社会の内部にロシア権力を浸透させ，それを直接的に把

終章　現地協力者のミクロヒストリーから見えてくるもの　191

握することはできなかった．序章において，ロシア帝国史研究の近年の研究動向を整理する中で，ロシア帝国の「弱さ」が露呈してきた点を確認したが，本書の考察から明らかになるのは，マナプは，こうしたロシア帝国の統治能力の低さを補完する存在であり続けたということである．言い換えれば，こうした不完全な統治こそが，20 世紀に入ってもなおマナプが存続することを可能にした重要な条件だったと言えよう．

　このことに関連して，中央アジアが帝政が崩壊するまで陸軍省の管轄下に置かれたことにも触れておく必要がある．この中で実際に統治に当たったのはロシア軍人たちであったが，中央アジア征服軍事作戦においてシャブダンをはじめとするマナプが示した軍事協力——それは半世紀も前の過去のことではあったが——が彼らの思考や対応に少なからぬ影響を及ぼし続けた．19 世紀末から 20 世紀初頭にかけて浮上した，シャブダンの年金の増額（第 3 章）や土地の特別分与（第 5 章）といった諸事案が示しているように，軍事協力を媒介としてシャブダンとロシア軍人との間で結ばれた属人的要素は，その後の統治過程に無視できない影響を及ぼしたのである．

　もちろん，ロシア帝国はマナプに対して一切干渉せず，彼らの行動を放任していたのではない．1860 年代後半から 1870 年代後半にかけての直轄統治草創期において，ロシア帝国はマナプを新たに設置した郷制度の枠組みに組み入れていったが，その過程で従来マナプを指導者として行なわれてきた，彼らの英雄的行為の象徴である襲撃・掠奪行為を，地域秩序の混乱を招くものとして抑止していった．さらに，軍事侵攻が終息する 1880 年代以降になると，ロシア帝国は，現地遊牧社会の中により直接的に権力を浸透させ，「民衆」(narod) を把握することを目指すようになる．その中でマナプは植民地統治の障害と見なされ，「闘争」(bor'ba) の対象として位置づけられていった．ただし，流刑に見られるような強硬な措置が実際に実行される場合も確かにあったものの，全体として見れば，「対マナプ闘争」はあくまでもポーズに終始したのであり，マナプの影響力を切り崩し，従来の関係を実質上断ち切るまでには至らなかった．

　しかし，ここで，留意すべき点があることも忘れてはならない．すなわち，ロシア帝国は，マナプを統治の協力者として積極的に登用したというよりは，

むしろ利用せざるをえなかった，言い換えれば消極的に依存していた側面が強いということである．

実のところ，本書の考察から明らかになるように，シャブダンは，19世紀末から20世紀初頭にかけて，ロシア軍政当局が遂行しようとした具体的な施策——学校政策や移民政策——の実質的な協力者ではなかった．ロシア軍政当局が統治を遂行する上でシャブダンに期待していたのは，治安維持における貢献であった．序章で引用した宇山智彦の見解に立ち返るならば，シャブダンはロシア化政策の協力者ではなかったものの，その場限りでの消極的な安定を保つ上では有用な協力者であり続けていたと言える．しかし，その反面において，ロシア帝国もまた，マナプを現地の統治エリートとして積極的に保護・育成することはなかった．そのことは，シャブダンの死後彼の息子たちに対して陸軍中佐位と特別分与地の世襲を一切認めず，彼らの世襲エリート化を阻止したことに如実に表われていた．

また，確かに，ロシア帝国はマナプをクルグズ社会の貴族層として社会的に認知していったものの，17世紀から18世紀にかけてロシア正教に改宗しロシア化を遂げたタタールやカフカース諸民族のエリート層などとは違い，彼らを正式な貴族身分として帝国の統治システムに取り込むことは一切なかった．このように，マナプに対するロシア帝国の統合は中途半端なものに終始したのであり，帝国の統治エリートとして見た場合，彼らは不安定さを抱えた存在であった．

以上のように，シャブダンをはじめとするマナプ層に対するロシア帝国の対応を通時的に考察することで，本書冒頭で提示した，ロシア帝国の重層性を改めて確認することができるように思われる．

シャブダンをはじめとするマナプたちは，19世紀中期の大改革から，19世紀後半のアレクサンドル3世治下の反改革と愛民政策，そして20世紀に入り，1905年革命を経る中で，次第に多元性を喪失し，「ロシア人の帝国」へと変質してゆくロシア帝国の動向を鮮明に映し出す存在であった．とりわけ，彼らはロシア帝国が軍事膨張と支配の過程で直面した，帝国の重層的な統治構造に起因するジレンマを先鋭的に体現する存在であったと言っても過言ではなかった．総督府に象徴される特殊権益や異族人に付与された権利を漸次的に廃して平準

化し，帝国内地への統合を図ろうとする中央政府と，地域の特殊性を根拠に総督府の存続を求める現地ロシア軍政権力との齟齬は，先行研究でもつとに指摘されてきた点であるが，シャブダンをはじめとするマナプは，ロシア帝国全体に見られる，そうした中央—地方間の歩調の不一致を巡る新たな参照点となるだろう．

ところで，こうした事態は中央—地方間関係だけに限られたことではなかった．中央アジアでは1867年に直轄統治体制が敷かれ，トルキスタン総督府以下，州—郡—地区警察にまで至る行政ヒエラルヒーが明確化されたものの，現地のロシア軍政権力の間でも利害が一致しているとは言い難かった．実際に，州レヴェルにおいては，早くも直轄統治草創期には特別な現地協力者の存在を疑問視する声があった一方で，郡や末端の地区警察権力にとっては，彼らの協力が不可欠であった．こうした重層的統治構造に起因する様々な不備や齟齬のために，行政ヒエラルヒーとは別個に，非公式かつ曖昧な形で存続する現地協力者との属人的関係が20世紀初頭に至るまで残存し，統治を大きく左右する結果となった．帝国中央が辺境への統合の度合いを強めようとすればするほど，辺境の現地ロシア権力はそうした属人的関係の必要性を確認し，またそれに依存せざるを得ないというジレンマに直面することになったのである．

*

本書のもう一つの柱は，ロシア帝国による軍事侵攻と統治が進展してゆく中での，シャブダンをはじめとするマナプ層の動向を明らかにすることであった．

1840年代後半におけるケネサル叛乱の討伐から，1870年代後半におけるコーカンド・ハン国の征服に至るまで，ロシア帝国が中央アジアにおける軍事侵攻を進展させる過程で，マナプたちはロシア帝国の進出に協力していった．とはいえ，彼らはロシア帝国の軍事膨張に対して受動的かつ無条件に協力していたのではなかった．

ロシアとの接触を巡るマナプたちの主体的な契機を析出するために，19世紀中期に至るクルグズ遊牧民の動向を検討した結果，以下の点が明らかになった．すなわち，18世紀中期にジューンガル政権が崩壊した後，クルグズにと

っての最重要事項は放牧地の確保であったが，19世紀中期に至ってもなお，彼らの放牧地の帰属は依然として不安定な状況にあった．放牧地の帰属を巡って，クルグズ諸部族はカザフをはじめとする周辺諸勢力との抗争に絶えず晒されており，このような時代状況に対応する上で，部族の首領であるマナプには，特に勇敢で優れた軍事指導者バートゥルとしての資質が求められていた．こうしたことを背景に，マナプ＝バートゥルたちは，ロシア帝国への軍事協力の見返りとして，放牧地や恩賞といった実利を求めていたのであり，決して無条件に協力していたわけではなかった．それゆえ，ロシア側から利益が引き出せないことがわかると，協力者から抵抗・叛乱勢力に転向することにもなった．

事実，シャブダンは軍事協力を背景に陸軍中佐位という高い軍事官位を手に入れただけでなく，20世紀初頭には特別な形で広大な土地の分与を受けることに成功した．ところが，シャブダンの没後，そうした特権がただちに回収されると，彼の息子たちは叛乱の指導者に転化することになった．このように，シャブダンを中心として，その父と息子をも含めた三代にわたる一族の動向を詳細に跡づけることを通して，「協力者」と「抵抗者」の区別が決して固定的なものではなかったことが改めて確認できる．「協力者」は状況によってはいとも容易く「抵抗者」に転化したのであって，総じて両者は複雑に絡み合った表裏一体の存在であったと言えるのである．

さらに，本書の考察からは，ロシア支配下のクルグズ社会において，中央ユーラシアの遊牧民の伝統的価値観や心性が色濃く残存し，マナプ層がそれに配慮していたことが明らかになった．とりわけシャブダンは，ロシア支配下にありながらも遊牧英雄バートゥルの尊称を保持し続けた．すなわち，シャブダンはロシア帝国の陸軍中佐であったというだけではなく，中央ユーラシアの遊牧民の価値観に見合った遊牧英雄バートゥルとしての権威も併せ持っていたのである．とはいえ，彼がロシア支配のもとでも従来と同様に襲撃と掠奪に明け暮れていたというわけではなく，軍事作戦の中で襲撃と掠奪を「軍事奉仕」に転換することで，遊牧英雄バートゥルとしての活動をロシア支配に調和させるように努めていた．さらに，ロシア帝国の軍事侵攻が終息する1880年代以降においても，シャブダンは「気前の良い」，「勇敢な」遊牧英雄バートゥルであることを民衆に顕示するなど，中央ユーラシアの遊牧民社会の伝統的価値観の体

終章　現地協力者のミクロヒストリーから見えてくるもの　195

現者としての側面を強調していた．

　このように，シャブダンが遊牧英雄バートゥルとしての権威を有したことは，シャブダン本人の伝統的権威を維持するのみならず，ロシア軍政権力にとっても有益にはたらいていたものと考えられる．というのも，ロシア権力が遊牧社会の末端にまで浸透しない状況にあって，シャブダンのような，伝統的権威に裏打ちされた協力者の存在は貴重であったと考えられるからである．この点に関連して，本書ではシャブダンが現地社会において仲裁者として名声を博していたことを指摘したが，そのことは言い換えれば，シャブダンが派閥抗争をはじめとする，現地社会における大小様々な諍いをロシア軍政当局に代わって解決することで，ひいては，ロシア帝国による支配秩序を末端で維持することに貢献していたことを意味していた．以上の点を総合すれば，遊牧英雄バートゥルはロシア支配のもとで真っ向から否定されてただちに排除の対象となったわけではなく，――もちろん一定の制約はあるにせよ――ロシア支配を補完するかたちで「生き」続けたのであり，ロシア支配の脆弱性こそがそれを可能たらしめた重要な条件であったと言うことができる．

　しかし，19 世紀末から 20 世紀初頭にかけて，ロシア帝国が「ロシア人のための帝国」へと変質し，従来の多元性を喪失してゆく中で，ロシア軍政当局による現地民の利益の保護姿勢が骨抜きにされるようになると，従来保たれていたシャブダンとロシア帝国との間の調和的な関係には陰りが生ずるようになる．とりわけシャブダンは，20 世紀初頭に中央政府の強い主導のもとで進展した移民政策と，それに付随して行なわれた土地収用に対して大きな反感を抱いていた．彼は移民政策の協力者とはならず，それどころか反対に，土地収用の手段として実施される遊牧民の定住移行策に強い警戒感を持ち，その進行を妨害することも厭わなかった．このように，20 世紀初頭に至り，シャブダンはもはや「協力者」というよりは，「抵抗者」としての側面が顕在化するようになっていた．シャブダンの没後，州当局は『セミレチエ州通報』に訃報を掲載し，その中で，「〔…〕ロシア人，なかんずく行政府にとって，シャブダンは真に忠実で頼りになる現地民の模範的存在であり，州の外にまで及ぶ，民衆への絶大な影響力を常に全体の利益にとって望ましい形で行使した」[Mestnye... 1912a] と賞賛されていたこととは裏腹に，とりわけ，晩年の彼の姿は模範的な「協力

者」としてのそれとは相当にかけ離れていたと言わなければならないだろう．

さらに，こうしたことと並行して，19世紀末から20世紀初頭にかけてのシャブダンの動向で特筆すべきはイスラームとの関わりである．その背景には，遊牧英雄バートゥルとしての従来の権威を強化するのみならず，地域社会における「イスラームの代弁者」という新たな地平を模索しようとするシャブダンの思惑があった．もちろん，シャブダンはイスラームを旗印とする体制転覆を目論んでいたのでは決してない．むしろ，彼の念頭には，あくまでもロシア帝国による支配体制を維持しつつも，その中で新方式教育に代表される新たなイスラーム改革運動を介して現地社会の近代化を図ることがあったと考えるのが妥当であろう．しかし，前述のようにシャブダンの没後程なくして起こった1916年叛乱の中で，彼の息子の一人を指導者とする叛徒たちが，亡き父が建設したモスクで叛乱の契りを結び，「バートゥル・ハージー」の名のもとに叛徒の結集を図ったことは，イスラームが叛乱の旗印に転化したこととならんで，新たなイスラーム潮流を媒介とした社会改革の試みが挫折したことをあからさまに露呈させることになったのである．

*

最後に，以上の諸点を総合すれば，ロシア支配下におけるシャブダンならびにマナプ層の動向は，ロシアとの二者関係にのみ限定されるものではなく，中央ユーラシアの遊牧的価値観及びイスラームを加えた三要素が交錯する過程であったことが分かる．そのことは，シャブダンをはじめとするマナプたちの動向が，ソ連時代以降に新たに創出された「民族」国家の枠組みに必ずしも収斂するものではないことを同時に示してもいよう．すなわち，彼らの行動原理は「クルグズ」という単位に基づくものではなく，あくまでも部族やその支系を単位として行なわれたのであって，20世紀初頭に至るまで彼らの足並みが揃うことはなかったのである．

クルグズに限らず，現代中央アジア諸国では，ロシア帝政期以前の歴史叙述においても，現行の民族国家の枠組みを適用する傾向が顕著であるが，本書の考察からも明らかなように，彼らの行動はそうした枠組みには到底収まり切る

ことのないダイナミズムを有するものであった．今後も引き続いて，こうした既存の枠組みに囚われない形で歴史を再構築してゆくことは外国人研究者に課せられた重要な責務であろう．

　しかし，他方において，ナショナル・ヒストリーを相対化するだけでは不十分であることもまた指摘しておかなければならない．なぜなら，20世紀初頭以降になると，中央アジアの諸集団の間でも，現代的文脈における「民族」というまとまりが明確に意識されはじめるからである．本書が取り上げたクルグズもその例外ではなかった．ロシア革命期からソ連時代初期にかけて，マナプたちが「民族」を巡ってどのように立ち回っていったのかという問題については，今後に取り組むべき課題としなければならない．

註

序　章

1) 本書において「中央ユーラシア」は，クリミア半島，ヴォルガ・ウラル地方，カフカース，中央アジア，アフガニスタン，西シベリアなどの諸地域を含む地域概念として使用する．
2) 本書で使用する「中央アジア」は，現在の国家区分で言えば，ウズベキスタン，カザフスタン，クルグズスタン，タジキスタン，トルクメニスタンの五カ国に中国新疆を加えた地域を指すものとする．
3) 日本において，クルグズは「キルギス」と呼ぶのが慣例となっている．しかし現地語の発音に厳密に従うならば「クルグズ」(Qïrghïz) と呼ぶのがより正確である．そこで，本書は地の文においては彼らの自称に従い「クルグズ」と記すことにする．なお，ロシア帝政期及びソ連時代初期の1925年に至るまで，主にロシア語で書かれた公文書等においてクルグズはカザフとともに「キルギズ」(kirgiz) と総称された．場合によってクルグズは「カラ・キルギズ」(kara-kirgiz) あるいは「ディコカメンヌィ・キルギズ」(dikokamennyi-kirgiz)，カザフは「キルギズ・カイサク」(kirgiz-kaisak)や「キルギズ・カザク」(kirgiz-kazak) として区別されることもあった．そこで引用史料中においては原文表記に従い，〔　〕でクルグズである旨を補うこととする．ちなみに，戦前期日本において，クルグズを扱った文献として，西［1886］，佐口［1944］がある．
4) ミクロヒストリーを代表する作業として，ギンズブルグ［1984］やラデュリ［1990・1991］が挙げられる．またミクロヒストリーの歴史や特徴については，バーク［2010: 66-70］を参照．
5) こうした研究潮流を代表する業績として，栗本・井野瀬［1999］を参照．
6) ロシア帝国史研究の歴史や特徴については，宇山［2012a］が参考になる．
7) ロシア帝国の版図拡大と非ロシア系異民族支配を包括的に扱う研究として，Kappeler［2001］を参照．また，Khodarkovsky［2002］は，16世紀から19世紀初頭におけるロシア帝国の遊牧民地域への進出とその変遷を跡づけている．
8) 「民族の牢獄」論の見直しについては，松里［1998］を参照．
9) こうした点に関連して，中央アジアの征服・統治に関わったロシア人軍政官たちの思惟傾向やメンタリティについて，Marshall［2006］や宇山［2013］を参照．
10) 異族人の位置づけを巡っては，西山［2003］，高田［2012: 66-81］を参照．
11) 協力者の理論的位置づけについては，高橋［2005: 226-229］が参考になる．
12) 中央アジア定住民地域の動向に関しては，Morrison［2008］，塩谷［2014］を参照．ちなみに清朝統治下東トルキスタンの定住民地域におけるベクを巡る研究として，濱田［1993］，小沼［2007］，河野［2013・2014］を参照．カザフについては，Dzhampeisova［2006］, Sultangalieva［2009］, Martin［2010］, 長沼［2015］を参照．
13) バシキールの叛乱については，豊川［2006］を参照．
14) 18世紀後半のカザフ草原西部ではスルム・ダトフを指導者とする叛乱が起こった［Vyatkin 1998 (1947)］他，19世紀に入ると，カザフ・ハン家のケネサルを筆頭にカザフ草原全域を巻き込んだ大規模な叛乱が19世紀中頃まで続いた［Bekmakhanov 1947］．
15) 1916年叛乱についてはこれまで多くの研究蓄積がある．日本における代表的な研究として，伊藤［1995］，西山［2002］がある．
16) 中央ユーラシアの近代的知識人を巡る代表的な研究成果として，小松［1996］，宇山［1997］, Khalid［1998］を参照．また，東トルキスタン（新疆）のウイグル知識人については，大石［1996］，新免［2001］，清水［2009］, Shimizu［2012］を参照．
17) また，アンディジャン蜂起を巡る現地のムスリム知識人の認識について，小松［2008］を参照．
18) 例えば，Uyama［2011b］は，ロシア革命から内戦期に至るカザフ民族運動の展開をロシア帝国

の支配や統治の遺産との関わりから捉えている.
19) 例えば，カザフ知識人のドゥラトフはカザフ社会の有力者に対して厳しい目を向けていたことが知られている［宇山 1997: 10］.
20) ヴォルガ・ウラル地方のタタール人社会の動向に関して，磯貝［2012］は，近代的知識人によって打破と克服が目指された，「改革」以前の「伝統」の様態の解明の必要性という観点から，同地方のマドラサ教育の実態を考察している.
21) 協力者の位置づけを巡っては，ビルマ史を扱う根本［2010］やアフリカ史を扱う栗本［1999］のほか，日本の朝鮮植民地支配を扱う Moon［2013］も参考になる.
22) ジェニシュ・ジュヌシャリーエフ氏からの聞き取り（2007年2月22日，クルグズ共和国ビシュケク市）.
23) 例えば，Bedel'baev［2003］, Toktonaliev［2003］, Kyzaev［2004］などがある.
24) 例えば，Naganawa［2011］, 長縄［2012・2014］を参照.
25) 代表的な成果として，護［1967・1992・1997］, 本田［1991］, 杉山［1997a］, 林［2009］を参照.
26) 古代中国の史書においてもこの尊称の使用例が確認できる．例えば『北史室韋伝』には，「部落の大酋長は，乞引莫何咄（バガトゥル）と号す」と記される［内田・田村他 1971: 293］. さらに，この尊称は中央ユーラシアのみならずユーラシア各地にも普及し［Clauson 1972: 313］, ペルシア語圏では「バハードゥル」（bahadur）［Fleischer 1989: 436-437］, またロシア語にも「ボガトゥィル」（bogatyr）として流入していったものと考えられる.
27) ソ連時代から現代に至るまでのクルグズ共和国におけるバートゥルの位置づけを巡る動向については，Şahin［2013: 148-157］を参照.
28) 「長期持続」については，ブローデル［2005: 191-229］を参照.
29) 総督府制度全般については，Matsuzato［2004］を参照．ステップ総督府に関しては，Remnev［2005］の研究がある.
30) 中央アジアにおけるロシア帝国の軍事侵攻と統治機構については Pierce［1960: 17-91］に詳しい.
31) ただし1882年から1899年にかけて，セミレチエ州はトルキスタン総督府からステップ総督府に移管された.
32) 1889年にピシュペク郡に改称された．1897年の帝国人口調査によれば，ピシュペク郡の民族別人口は，クルグズが15万1107名，ロシア人をはじめとするスラヴ系が1万2280名，タタール人が602名，サルト（中央アジア南部出身のムスリム定住民を指す）が4227名，タランチ（ジューンガル政権によってイリ地方の開墾のために強制移住させられた，東トルキスタンの定住オアシス地域出身のウイグル人を指す）が151名となっており，クルグズが人口の86%を占めた［Pervaya... 1905: 2-3］.
33) ロシア帝国の軍政文書については，「文書館略号, f. (*fond*:所蔵分類), op. (*opis'*:目録), d. (*delo*:案件), l. (*list*:葉)」のように示す．なお，葉の裏面を示す場合は ob. (*oborot*) を用いる．例えば，「TsGA RK, f. 374, op. 1, d. 1669, l. 133ob.」は「カザフスタン国立中央公文書館の所蔵分類374目録1第1669案件第133葉裏面」を意味している.
34) ワリハノフがクルグズのもとで行なった調査とその背景については，澤田［1993・1999］を参照.
35) オスマンアリーの経歴については，Sadykova［2008］を参照.
36) 歴史の捉え方を巡るこうした視座については，二宮［1995: 14］を参照.

第1章

1) ジューンガルについては宮脇［1995］, ウズベクの動向については堀川［1991］や磯貝［1993］, カザフについては長峰［2008］や野田［2011］を参照.
2) 英雄叙事詩を巡る研究・訳出については，Hatto［1977］, 若松［2001・2003・2005］を参照.
3) 同政権の盛衰に関しては，宮脇［1995］を参照.
4) こうした東漸運動は後の世代にも語り継がれていった［Abramzon 1972］. 例えば18世紀中期から一世紀以上が経過した1880年代後半にクルグズのもとで民族誌調査に従事したロシア人学者ク

ラスノフは,「あなたがたはどこからやって来たのか?」という質問に対して,クルグズたちは,「ある者は南西を指さし,またある者はアンディジャンの名前を挙げた」と記している[Krasnov 1887: 478].
5) ジュズとはカザフ社会に存在する部族連合体を指し,大・中・小の三つのジュズが存在した.ちなみにロシア語史料においてジュズはオルダ(*orda*)と呼ばれた[宇山 2005a].
6) 清朝のクルグズ政策については,Bernshtam[1946],Saparaliev[1995],Di Cosmo[2003]及びKhafizova[2007]においても検討されている.
7) 清朝は,元々モンゴル遊牧社会に由来し,支配下のモンゴル系遊牧民との間に設定していた「エジェン‐アルバト」関係を軸とする調整作用に基づき,乾隆帝がエジェンの立場からアルバト同士の調停に臨み,互いの和合を促していた[小沼 2014: 221].
8) 18世紀末の時点において,クルグズの指導者たちによる北京への遣使はほぼ途絶えていたという[Kuznetsov 1983: 42].
9) クルグズ及びカザフ社会において,こうした襲撃・掠奪行為は「バルムタ」(barïmta)と呼ばれていた.ロシア人はバルムタを「バランタ」(*baranta*)と呼んだ.Martin[2001: 140-155]によると,バルムタとは慣習法によって認められた合法的な復讐行為であり,強盗や家畜泥棒とは明確に区別されていたという.しかし,実際に両者が区別されているか否かを史料上確認することは困難であるばかりでなく,両者の区別は必ずしも明確ではなかったものと推察される.そのため,本書では史料中に登場する「バランタ」という語を「襲撃・掠奪」と訳し,括弧で(バランタ)と補うこととする.
10)「ジギト」とは,元来「若者」や「勇敢な者」を意味するテュルク語の「イギット」(yigit)に由来するが,君主や首領に伺候する者を指すようにもなった[Clauson 1972: 911].有能な軍事指導者の周囲に人々が集うというパターンは,クルグズに限ったことではなく,中央ユーラシアのテュルク・モンゴル系遊牧民のもとにおいて古くから見受けられたが,「イギット」に後者の意味がいつ頃,どういった契機で生じるようになったのかは不明である.ちなみに,オスマン朝の歴史を伝える『ネシュリー年代記』によれば,オスマン朝の始祖であるオスマン1世(1258頃-1326)は「夜となく昼となく,離れたところまで狩猟にでかけ,彼のもとに男たちがより集まっ」た.エルトゥグルルの遺子のうち,「オスマンが勇者(バハドゥル)となった.それゆえ人々はオスマンを尊敬して,狩猟のときにはトルコ人の若者(イギット)が大勢彼のもとに集まった」[小山 1998: 105]という記述がある.
11) これはクルグズに限ったことではなく,中央ユーラシアの遊牧社会の首領に歴史上共通して求められた資質でもあった.例えば,匈奴の君主である単于の多くは,自らの軍事的才覚を牧民たちに示すために,即位後三年以内に万里の長城を越えて中国領内への侵掠を頻繁に行なったという[沢田 1996: 148-150].また,14世紀から15世紀にかけて勃興したティムール朝創始者のティムールも掠奪で頭角を現わしていったことが知られている[クラヴィホ 1967: 189-191].
12) ベクレルベクとは,主に1830年代におけるタシュケントの知事のことを,またコシュベギは地方長官または3000の兵を統率する軍事長官を指す[Beisembiev 2008: 739, 805].
13) キプチャクは中央ユーラシアで歴史的に大きな役割を果たしたテュルク系遊牧集団であり,歴史上様々な政権や国家の一部を構成してきた.とくに19世紀のコーカンド・ハン国においてキプチャク部族は有力な政治・軍事集団であったことが知られている[坂井 2005].
14) この経緯に関しては,野田[2011: 221-256]を参照.
15) ケネサル叛乱に関しては,Bekmakhanov[1947]を参照.
16) こうした状況は,後年コーカンド・ハン国で執筆された歴史書『アーリムクルの生涯』の中でも触れられている[Mulla Muhammad... 2003: 30-32].
17) 同様の呼び方は,カザフ研究で知られるロシア人学者のリョフシンが1832年に著わした『キルギズ・カザクまたはキルギズ・カイサクの諸オルダとステップの描写』の中にも見出すことができる[Levshin 1996(1832): 143-144].
18) TsGA RK, f. 374, op. 1, d. 1669, l. 118.

19) ロシア帝国への臣従を巡っては，カザフ・小ジュズのハン，アブルハイルのロシア臣籍について の野田の議論が参考になる［野田 2011: 45-50］．また，ジャンタイによるロシア帝国の引き込みに ついては，米国人研究者ポロックが提唱する「招かれた帝国」の一つの例として考えることもでき る［Pollock 2006］．
20) TsGA RK, f. 3, op. 1, d. 402, l. 6.
21) TsGA RK, f. 3, op. 1, d. 167, l. 98-99ob.
22) ヤークーブ・ベグ政権については，新免［1987］や Hodong［2004］に詳しい．
23) TsGA RUz, f. I-336, op. 1, d. 19, l. 1-3ob., 8-10ob.
24) TsGA RUz, f. I-336, op. 1, d. 19, l. 2-2ob.
25) TsGA RUz, f. I-336, op. 1, d. 19, l. 2ob.-3.
26) 1850年代にクルグズのもとで調査を行なった地理学者セミョーノフは，トレゲルディの「冒険 心と勇敢さ」はロシア人にも知られていたことを回想している［Semenov 1958: 185］．また，オス マンアリー・スドゥコフも，「トレゲルディが示した勇敢さ（bātirlīq）の数々は人間業を超えてい た」と指摘している［ʻUthmān ʻAlī 1914: 44］．

第2章

1) 同様の観点から，カフカースの山岳民地域におけるロシア統治の成立・展開過程を考察した論考 として，Blauvelt［2010］を参照．また，同じくロシア帝国のカフカース統治を巡って最近刊行さ れた高田和夫の著作も参考になる［高田 2015］．
2) TsGA RK, f. 44, op. 1, d. 28959, l. 13ob.
3) TsGA RK, f. 44, op. 1, d. 29153, l. 9ob.
4) TsGA RK, f. 44, op. 1, d. 29153, l. 11.
5) TsGA RK, f. 44, op. 1, d. 29153, l. 63.
6) TsGA RK, f. 44, op. 1, d. 28959, l. 517ob.
7) TsGA RK, f. 44, op. 1, d. 28959, l. 517ob.
8) TsGA RK, f. 44, op. 1, d. 28959, l. 517ob.
9) TsGA RK, f. 44, op. 1, d. 28959, l. 547ob.
10) TsGA RK, f. 44, op. 1, d. 44657, l. 1, 1ob., 18, 20.
11) TsGA RK, f. 44, op. 1, d. 28959, l. 519.
12) TsGA RK, f. 44, op. 1, d. 28959, l. 3.
13) TsGA RK, f. 44, op. 1, d. 43638, l. 7.
14) TsGA RK, f. 44, op. 1, d. 2895, l. 517ob.-518.
15) TsGA RK, f. 44, op. 1, d. 2895, l. 517.
16) TsGA RK, f. 44, op. 1, d. 2895, l. 517.
17) TsGA RK, f. 44, op. 1, d. 2895, l. 517.
18) 息子のカマルが著わした「シャブダン伝」によれば，シャブダンは「ロシアには仕えず，カシュ ガルのヤークーブ・ベグのもとへ行く」つもりであったという［ASh: 6］．また，真偽の程は定か でないものの，民族学者アブラムゾンの聞き取り調査によれば，シャブダンの妻八名のうち，一人 はヤークーブ・ベグの後妻であったという［Abramzon 1930］．
19) TsGA RK, f. 44, op. 1, d. 2895, l. 41.
20) TsGA RK, f. 44, op. 1, d. 31764, l. 58.
21) TsGA RK, f. 44, op. 1, d. 31764, l. 1-1ob.
22) TsGA RK, f. 44, op. 1, d. 31763, l. 5.
23) TsGA RK, f. 44, op. 1, d. 43575, l. 30.
24) TsGA RK, f. 44, op. 1, d. 31884, l. 27.
25) TsGA RUz, f. I-1, op. 1, d. 320, l. 6-7.
26) TsGA RK, f. 44, op. 1, d. 30185, l. 300.

27) TsGA RK, f. 44, op. 1, d. 31755, l. 1-3.
28) TsGA RK, f. 44, op. 1, d. 31755, l. 5ob.
29) 民衆法廷 (*narodnyi sud*) は, 民衆から選挙で選ばれる「民衆判事」によって構成された. それは, 一名以下の判事で構成される「アウル法廷」, 四名以上の判事で構成される「郷法廷」から成り立っていた. さらに, 各郷の判事全員が参加する「郷集会」, 相異なる郡や郷の住人が参加する, 広域案件を解決するために, 軍務知事の命令で指定される「臨時集会」があった [伊藤 2000: 5-7]. なお, ロシア統治下中央アジアの遊牧民の司法関係については, Kozhonaliev [2000] や野田 [2014] も参照.
30) TsGA RUz, f. I-1, op. 20, d. 3806, l. 3ob.-5.
31) TsGA RUz, f. I-1, op. 20, d. 3806, l. 5ob.-6.
32) TsGA RUz, f. I-1, op. 20, d. 3806, l. 5ob.-6.
33) TsGA RUz, f. I-1, op. 20, d. 3806, l. 23-23ob.
34) TsGA RK, f. 44, op. 1, d. 30244, l. 12.

第3章

1) ステップ総督府の創設の背景については Remnev [2005: 198] を参照.
2) 愛民政策ならびにアレクサンドル3世治下の統治政策については, 和田 [1994: 289-293] を参照.
3) TsGA RK, f. 44, op. 1, d. 1217, l. 233-235ob.
4) アレクサンドル3世を含むツァーリの戴冠式については Wortman [2000] を参照.
5) TsGA RK, f. 44, op. 1, d. 31638, l. 53.
6) TsGA RK, f. 44, op. 1, d. 42221, l. 321-322.
7) 「シャブダン伝」によれば, 戴冠式終了後に官位を受け取るために陸軍参謀本部を訪れたシャブダンに対し, 同部長は「四階級をまたぎ越した規定外授与である」として難色を示した. この際シャブダンに助け船を出したのが, 同じく中央アジア征服に参加した陸軍軍人のクロパトキンであった. 伝記が続けて記すところによると, クロパトキンは「中佐はおろか, 少将でも不十分である」と言って, シャブダンへの軍事官位授与を強く推薦したという [ASh: 18].
8) 例えば, Geins [1897: 419], Venyukov [1861: 158-159], Maev [1870: 10-11] など.
9) ザグリャジスキーの略歴とその著述活動については Baskhanov [2005: 86] を参照.
10) 例えば, Svedeniya o dikokamennykh... [1851: 140], Valikhanov [1985a: 40-41] など.
11) 例えば, Khoroshkhin [1872], Smirnov [1887: 55] など.
12) RGIA, f. 1276, op. 6, d. 712, l. 11ob.
13) TsGA KR, f. 77, op. 1, d. 1, l. 6ob.
14) TsGA RK, f. 44, op. 1, d. 6619, l. 9ob.
15) TsGA RK, f. 44, op. 1, d. 6619, l. 9ob.
16) TsGA RK, f. 44, op. 1, d. 6619, l. 9ob.-10.
17) TsGA RK, f. 44, op. 1, d. 40841.
18) TsGA RK, f. 44, op. 1, d. 35315.
19) TsGA RK, f. 44, op. 1, d. 6619, l. 62-103.
20) TsGA RK, f. 44, op. 1, d. 6619, l. 10.
21) TsGA RK, f. 44, op. 1, d. 6619, l. 9ob.
22) TsGA RK, f. 44, op. 1, d. 6619, l. 4ob.-35ob.
23) とはいえ, そもそもタルィジンが当初から「対マナブ闘争」に, マナブを刑事罰にかけるといったような, 実質的な効果を期待していたかと言えば, 決してそうではないだろう. タルィジンはむしろ, その結果はどうあれ, 民衆がロシア権力にマナブの横暴を訴えるという行為自体に重きを置いていたというのが, より現実に近いものと考えられる. ロシア統治下の中央アジア現地民によるロシア軍政当局への訴願の送付を巡っては, ほぼ同時期の定住地域の動向を扱う Sartori

[2014] が参考になる.
24) TsGA RK, f. 44, op. 1, d. 7831, l. 1; d. 7768, l. 24ob.
25) TsGA RK, f. 44, op. 1, d. 1745, l. 5.
26) TsGA RUz, f. I-1, op. 4, d. 659, l. 6.
27) TsGA RUz, f. I-1, op. 4, d. 659, l. 7, 31.
28) TsGA RUz, f. I-1, op. 4, d. 659, l. 2.
29) TsGA RUz, f. I-1, op. 4, d. 659, l. 2.
30) TsGA RK, f. 44, op. 1, d. 35769, l. 6.
31) TsGA RK, f. 44, op. 1, d. 35769, l. 35-35ob.
32) TsGA RK, f. 64, op. 1, d. 689, l. 11.
33) TsGA RK, f. 64, op. 1, d. 1786, l. 12-12ob.
34) TsGA RK, f. 44, op. 1, d. 695, l. 21-21ob.
35) TsGA RK, f. 44, op. 1, d. 695, l. 22-23.
36) TsGA RK, f. 44, op. 1, d. 695, l. 6ob.
37) TsGA RK, f. 64, op. 1, d. 516, l. 20ob.
38) 学校事業に関しては帯谷 [2005a] を参照.
39) TsGA RK, f. 44, op. 1, d. 695, l. 5ob.
40) TsGA RK, f. 44, op. 1, d. 695, l. 5ob.-6.
41) TsGA RK, f. 44, op. 1, d. 695, l. 10-10ob.
42) TsGA RK, f. 44, op. 1, d. 695, l. 5ob.-6.
43) TsGA RK, f. 44, op. 1, d. 6619, l. 1-2.
44) デュルは学校事業への協力により1901年6月に叙勲している [TsGA RK, f. 44, op. 1, d. 1682, l. 108, 113]. ロシア語・キルギズ語学校事業へのマナプたちの関与の実態は不明な点が多く，その解明は今後の課題として残されている．学校事業があくまでもロシア軍政当局の主導によって実施されていた点は否定できないものの，マナプたちの間にロシア式教育を含む，教育への志向が少なからず芽生えていたことは確かであろう．マナプたちの教育への志向は，ロシア人軍政官たちの証言からも窺い知ることができる．例えば，20世紀初頭にソルト族のもとでクルグズの土地利用調査を行なったソコロフは，「私が気づいた限りにおいて，ほぼすべてのマナプたちは読み書きができ，ムスリムの読み書き (*musul'manskaya gramota*) の他にも，〔子弟に〕ロシア語を習わせており，ロシアの小学校 (*gorodskaya uchil'sha*) に通わせているマナプもいる」と指摘している [Sokolov 1910]. また，別のロシア人軍政官は，サヤク族のマナプのクルマン・レプスについて，「子供をピシュペクの学校で学ばせるなど，ロシア文化の優れたものを摂取するべく努めている」と証言している [TsGA RK, f. 19, op. 1, d. 1475, l. 103ob.]. マナプたちが子弟の教育に熱心な姿勢を示していた背景には，軍事指導者としての役割を実質的に喪失した彼らが，クルグズ社会の中で主導的な役割を引き続き担うためには，かつてのような軍事エリートではなく教育エリートとなることが重視されていた可能性が浮かび上がってこよう．

第4章

1) なお, "zverlik" は, 「獣」や「野獣」を意味するロシア語 *zver'* として解釈した.
2) 後年, テュルク学者のユダヒンが編纂した『クルグズ語—ロシア語辞典』(1965年, モスクワ) には, 「マナプの地位」(*polozhenie manapa*) を意味するクルグズ語として "manaptïk" という単語が採録されている [Yudakhin 1965: 515].
3) TsGA RK, f. 44, op. 1, d. 6619, l. 104ob.
4) TsGA RK, f. 19, op. 1, d. 1359, l. 14.
5) TsGA RK, f. 44, op. 1, d. 6619, l. 10.
6) TsGA RK, f. 44, op. 1, d. 6619, l. 10.
7) TsGA RUz, f. I-1, op. 13, d. 587, l. 106.

8) とりわけ，セミレチエとフェルガナの結びつきに関しては，植田［2013: 110-112］を参照．
9) TsGA RK, f. 44, op. 1, d. 6613, l. 92ob.-93.
10) TsGA RK, f. 44, op. 1, d. 36062, l. 2-2ob.
11) TsGA RK, f. 44, op. 1, d. 6461, l. 38.
12) TsGA RK, f. 44, op. 1, d. 695, l. 22.
13) TsGA RK, f. 44, op. 1, d. 695, l. 7-7ob.
14) TsGA RK, f. 44, op. 1, d. 695, l. 7-7ob.

第5章

1) セミレチエ州における移民入植事業に関してはGaluzo［1965］や西山［2002］を参照．
2) TsGA RUz, f. I-1, op. 16, d. 2257, l. 10-11ob.
3) TsGA RUz, f. I-1, op. 16, d. 2257, l. 93.
4) TsGA RK, f. 44, op. 1, d. 2715, l. 17ob.
5) RGIA, f. 391, op. 3, d. 870, l. 315.
6) RGIA, f. 391, op. 3, d. 914, l. 23ob.
7) RGIA, f. 391, op. 3, d. 914, l. 24.
8) 例えばVoronkov［1908］，Rumyantsev［1909］，Vasil'ev［1915］など．
9) ケネサリンとアシロフは，1905年から1907年にかけて「キルギズ貸付金庫」を利用して，最新型の改良型農耕器具——草刈り機，刈り取り機《Spopo-Vyazalki》，サンクトペテルブルグのNadezhda社製の刈取り機《Dirin》——を購入している［TsGA RK, f. 44, op. 1, d. 2752, l. 3, d. 27517, l. 7, d. 27735, l. 8］．
10) この点に関連して，帝政期にセミレチエ州の司法当局に勤務し，後年革命派ソビエトの指導者となるブロイドは，帝政末期のセミレチエにおける移民政策と土地収用の実態について回想する中で，移民事業団はある郷から余剰地を収用すると，その代替地として別の郷の土地を割り当て，そのことが遊牧民間の対立を惹起したと指摘している［Broido 1924: 410-411］が，こうした措置も，現地社会内部の対立を煽ることで，土地収用に対する遊牧民の反抗を防ぐために採られたものと考えられる．
11) TsGA RK, f. 19, op. 1, d. 56, l. 166ob.-167.
12) TsGA RK, f. 19, op. 1, d. 56, l. 167-167ob.
13) また，会合において直接に表明されたわけではないが，州当局の念頭には経済的側面からの懸念があったことも十分に想像できる．このことに関して，軍務知事イオノフは1905年の皇帝宛上奏文の中で，「キルギズの土地整理を巡っては最大限の慎重さをもって臨まなければならない．一方で，［…］キルギズの定住農耕着手を促進させる策を講じなければならないが，他方で，現在のところ州の最も重要な富であり，かつ周辺地域にとっても重要な意味を持つ畜産を破滅させないようにしなければならない」と記している［TsGA RUz, f. I-1, op. 12, d. 911, l. 10ob.］．
14) こうした対立関係の背後には，中央の土地整理農業総局に従う移民事業団と，陸軍省に属し，トルキスタン総督を頂点とする現地軍政権力との間のセクショナリズムを想定することも十分に可能だろう．
15) TsGA RK, f. 44, op. 1, d. 10801, l. 103.
16) TsGA RK, f. 44, op. 1, d. 25996, l. 257-257ob.
17) TsGA RK, f. 44, op. 1, d. 9475, l. 27-27ob.
18) TsGA RK, f. 44, op. 1, d. 10801, l. 46-51.
19) TsGA RK, f. 44, op. 1, d. 10801, l. 2, 42.
20) このことに関連して，山岳地域を統括するアトバシ管区長官の動向も注目に値する．第3章で検討したように，同地区では，対マナプ闘争が先鋭的な形で実施されていた．しかし，チュイ盆地での土地不足を背景に，移民事業団が余剰地の獲得を目指して山岳地域にまで進出するようになると，長官の動向には明らかに変化が現われるようになった．例えば，1911年8月，定住移行を希望す

るサヤク郷のクルグズが，同地区で土地整理に従事する移民事業団官吏のマズレンコに宛てて，徴税をはじめとする「マナプからの抑圧」を訴える訴願を提出した［TsGA RK, f. 44, op. 1, d. 21155, l. 4-5］．この訴えを受けて，セミレチエ州庁はアトバシ管区長官に対して，「定住への移行を請願している者たちをマナプの横暴から保護するための処置を早急に講じるよう」指示した［TsGA RK, f. 44, op. 1, d. 21155, l. 6-6ob.］．ところが，長官は，「マナプによる徴税は伝統によって守られてきた慣習であり，マナプが公職についていない限りロシア法廷の管轄にはならない．民衆にとって破滅的なこの慣習との闘争は，行政，つまり民衆法廷の中で行なわれなばならない」と応じた［TsGA RK, f. 44, op. 1, d. 21155, l. 6ob.］．ここからも明らかなように，長官はマナプの徴税に否定的な評価を下しつつも，それを積極的に取り締まろうとはしなかった．続けて長官は，「訴願がマズレンコの教唆のもとで，その書記によって執筆された」ことを指摘し，「移民事業団の官吏が行政に介入しない」ことを強く求めた［TsGA RK, f. 44, op. 1, d. 21155, l. 2ob.-3ob.］．ここから，長官の批判の矛先がマナプではなく，むしろ移民事業団の官吏に向いていたことが分かる．
21) パーレン伯のトルキスタン査察については，伊藤［1999］に詳しい．
22) TsGA RK, f. 44, op. 1, d. 10801, l. 25.
23) TsGA RK, f. 44, op. 1, d. 10801, l. 107ob.-108.
24) TsGA RK, f. 44, op. 1, d. 10801, l. 46-51. 1911 年，チョルパンクルにはスタニスラフ綬大金メダルが，ケネサリンとアシロフにはスタニスラフ綬小銀メダルが授与された［TsGA RK, f. 44, op. 1, d. 3476, l. 68ob.; Mestnye... 1912］．
25) 公文書の記録には犂を 23 本購入したことが記されている［TsGA RK, f. 44, op. 1, d. 27381, l. 108-109］．
26) TsGA RK, f. 44, op. 1, d. 25996, l. 102ob.
27) 同地の取得を巡るシャブダンとロシア軍政当局とのやり取りに関しては，Iliyasov［1963: 46-49］がその経緯に触れているものの，移民政策による土地収用という時代状況のもとで，ロシア軍政当局とシャブダンの土地戦略が交錯する様相を相互連関的に描き出すには至っていない．
28) RGVIA, f. 400, op. 1, d. 3267, l. 86-86ob.
29) TsGA RUz, f. I-1, op. 13, d. 430, l. 1-2.
1912 年にセミレチエ州を調査した移民局官吏のギンスは，その旅行記の中で，「カラ・キルギズ〔＝クルグズ〕は容易に定住生活文化を習得し，土地整理に備えている．〔…〕最近，次第に民衆が成長してきたのに従って，キルギズ〔＝クルグズ〕の中には〔マナプからの〕独立の精神が益々発達している．民衆はマナプの権威に従わなくなりつつある」と指摘している［Gins 1913: 329］．
30) TsGA RK, f. 19, op. 1, d. 56, l. 171-172ob.
31) RGIA, f. 391, op. 3, d. 925, l. 5.
32) RGIA, f. 391, op. 3, d. 925, l. 9ob.
33) RGIA, f. 391, op. 3, d. 925, l. 5.
34) RGIA, f. 391, op. 3, d. 925, l. 18ob.
35) RGIA, f. 391, op. 3, d. 925, l. 19.

第 6 章

1) これまで数多くの研究が蓄積されてきたが，国内外の代表的な研究として，小松［1983・1986・1988・2008］，永井［2008］，Arapov and Larina［2006］，Crews［2006］，Frank［2012］，Kimura［2012］，Kokoshin［2013］などを参照．
2) ロシア統治下のカザフ社会のイスラームを巡る近年の研究として Remnev［2006］と Uyama［2013］を参照．
3) この点に関しては，澤田［1995］，Moldobaev［2001］，Somfai Kara［2013］，Biard［2013］を参照．
4) TsGA RK, f. 44, op. 1, d. 29215, l. 4.
5) TsGA RK, f. 44, op. 1, d. 695, l. 5ob.

6) TsGA RK, f. 44, op. 1, d. 1710, 2133, 2205, 2463.
7) TsGA RK, f. 44, op. 1, d. 8815, l. 10.
8) TsGA RK, f. 44, op. 1, d. 10253, l. 42ob.
9) TsGA RK, f. 44, op. 1, d. 12702, l. 5.
10) TsGA RK, f. 44, op. 1, d. 12702, l. 5.
11) 例えば，濱田［2007: 54-59］を参照．
12) 請願書全文は AQ［33-34］に掲載されている．
13) TsGA RK, f. 44, op. 1, d. 8815, l. 5.
14) TsGA RK, f. 44, op. 1, d. 8815, l. 5ob., 6ob.
15) イスラーム化を推し量る上での重要な指標の一つとして，シャリーア（イスラーム法）の普及を挙げることができる．前述の大臣評議会議長宛の請願書において，シャブダンは「ムスリムであるクルグズとカザフはクルアーンとシャリーアに身を委ね，その誓いを揺るぎないものと見なしている」と指摘している［TsGA RK, f. 44, op. 1, d. 8815, l. 6］が，果たしてこの当時クルグズが法の運用に当たってどの程度までシャリーアに依拠していたのかは不明である．
16) TsGA RK, f. 44, op. 1, d. 8815, l. 6ob.
17) TsGA RK, f. 44, op. 1, d. 20752, l. 98-98ob.
18) TsGA RK, f. 44, op. 1, d. 10253, l. 28ob.
19) 例えば，セミレチエ州軍務知事のフォリバウムは1911年にトルキスタン総督代行に宛てて，前章で考察した「1909年指令」に従って定住へと移行した者たちの扱いについて述べる中で，彼らを「小規模村落として分散居住させ，ロシア分子（*russkii element*）がムスリム分子（*musul'manskii element*）の影響下に置かれないように，反対にムスリムを自らの影響下に置くことを可能にする〔数の〕ロシア人を定住キルギズ村落に入植させる．〔…〕要するに，ムスリム原住民とロシア人を混ぜて，ムスリム原住民を相互に隔離することで，煽情を不可能にし，他方でロシア人との共同生活によって共通の経済的ならびに生活上の利害を生じさせ，その漸次的同化を促進させる」と述べている［TsGA RK, f. 44, op. 1, d. 38202, l. 10-10ob.］．なお，こうしたことを背景に，実際に創設された，定住移行したクルグズとロシア人入植者との「混成村落」（*smeshannoe poselenie*）については，秋山［2012a］を参照のこと．
20) RGIA, f. 391, op. 3, d. 925, l. 19.
21) 例えばドゥホフスコイは，セミレチエ州軍務知事に対してシャブダンによるモスク建設の阻止を求めた際，「かつてイスラームに無関心であったトルキスタンの遊牧民の間でイスラームのプロパガンダが大きな成功を収めている．〔…〕ロシアが到来する以前にこの地で支配的であった内訌に終止符を打つことで，征服地の平和と静謐を守り市民生活の様々な分野における現地民の繁栄を促進してきた我々は，同時に道すがら多くの場合，言わばその意志に反してイスラームの繁栄をも促進したのである」と指摘している［TsGA RK, f. 44, op. 1, d. 20752, l. 98-98ob.］．
22) RGVIA, f. 400, op. 1, d. 3275, l. 13.

第7章

1) 例えば，Valikhanov［1985a］，Zagryazhskii［1873a］，Grodekov［1889］，Chimkent［1896］など．
2) Soltonoev［2003: 283］は「アルマトゥ，ビシュペク，ナルン及びカラコルから1000キビトカが参加し，ジャナーザ全体で約7000名〔の参加〕があった」としている．
3) TsGA RK, f. 44, op. 1, d. 4125, l. 9-10.
4) TsGA RK, f. 44, op. 1, d. 20951, l. 17.
5) TsGA RUz, f. I-1, op. 31, d. 773, l. 9ob.
6) TsGA RK, f. 44, op. 1, d. 20951, l. 4ob.
7) Kenesarin［1993: 567］によれば，アシには「コサック100名，郡長及び警察署長」が参加したという．
8) TsGA RK, f. 44, op. 1, d. 4125, l. 15.

9) TsGA RK, f. 44, op. 1, d. 4125, l. 15.
10) この経緯に関して，実際にアシに参加したボルバイ・ケネサリンは次のような回想を残している．それによれば，「〔…〕軍務知事代理〔＝特任官吏〕，郡長及び他の官吏たちは，アシの会場へ到着すると，その晩にマナプ全員を呼び集めた．郡長は手に一枚の紙〔＝訴願〕を持ちながら，アリケ・アリムベクという人物が軍務知事へ宛てて，シャブダンのアシが民衆を破滅させているという訴願を提出したと話した．これに対して我が兄のジャンタイは，シャブダンがクルグズをロシアに臣従させた事績に着目しながら，『このたび私は80名を帯同して来たが，食糧を持参してアシの開催を助けている』と言って，アリケの訴願は嘘であると述べた．これを聞いて，郡長たちはアリケの訴願が嘘であるという結論を下した」[Kenesarin 1993: 567] という．ここから，派遣されたロシア人軍政官たちが訴願の提出者である民衆から直接話を聞くことなく，マナプに対して表面的な尋問をするだけで済ませてしまっていたことが一目瞭然である．フォリバウムはアシを介して，言わば「対マナプ闘争」を行なおうとしたとも言えるが，こうした経緯から推察すれば，それは警告のポーズに終始するものであったと言えよう．
11) TsGA RUz, f. I-1, op. 17, d. 935, l. 20ob.
12) TsGA RK, f. 77, op. 1, d. 604, l. 2-7.
13) RGVIA, f. 400, op. 1, d. 3267, l. 99ob.
14) TsGA RUz, f. I-1, op. 13, d. 430, l. 25.
15) RGVIA, f. 400, op. 1, d. 3267, l. 87.
16) RGVIA, f. 400, op. 1, d. 3267, l. 83.
17) RGVIA, f. 400, op. 1, d. 3267, l. 96.
18) TsGA RK, f. 19, op. 1, d. 2603, l. 8.
19) TsGA RK, f. 19, op. 1, d. 1364, l. 98.
20) TsGA RK, f. 44, op. 1, d. 25583, l. 4-4ob.
21) TsGA RK, f. 44, op. 1, d. 25583, l. 4ob-5.
22) 実のところ，このように叛乱に加担せず，徴用令に応じる姿勢を示したマナプは，カマル一人ではなかった．とりわけ，当時頭角を現わしつつあった，近代的知識人に連なるマナプたちの行動にはそれが明確に窺われる．例えば，同じサルバグシ族トゥナイ支系のマナプのデュル・ソーロンバイは中国領への移牧を行なわず，領民400天幕をツァーリ政府の懲罰から救おうとしたことが知られている [Soltonoev 1993: 106]．

参考文献

未公刊史料

ASh: Камал [Шабданов], *Атабыз Шабдан баатыр тууралу жазылган тарихи*, Рукописный фонд института манасоведения национальной академии наук Кыргызской Республики, Инв. №. 158.

RGIA: Российский государственный исторический архив.
    f. 391: Переселенческое управление.
    f. 1276: Совет министров.
    f. 1291: Земский отдел.

RGVIA: Российский государственный военно-исторический архив.
    f. 400: Главный штаб, Азиатская часть.

SA: Семейный архив потомков Шабдана баатыра.

ShJ: Муса Чагатаев, *Шабдан жомагы*, Рукописный фонд института манасоведения национальной академии наук Кыргызской Республики, Инв. №. 280.

TsGA KFFD KR: Центральный государственный архив кинофотофонодокументов Кыргызской Республики.

TsGA KR: Центральный государственный архив Кыргызской Республики.
    f. 77: Шабдан Джантаев.

TsGA KZ RK: Центральный государственный архив кинофотодокументов и звукозаписи Республики Казахстан.

TsGA RK: Центральный государственный архив Республики Казахстан.
    f. 3: Начальник Алатавского округа.
    f. 19: Заведующий переселенческим делом в Семиреченском районе Главного управления землеустройства и земледелия.
    f. 44: Семиреченское областное правление.
    f. 64: Канцелярия Степного генерал-губернатора.
    f. 77: Верненский окружный суд.
    f. 374: Пограничное управление Сибирскими киргизами.
    f. 689: Коллекция карт.

TsGA RUz: Центральный государственный архив Республики Узбекистан.
    f. I-1: Канцелярия Туркестанского генерал-губернатора.
    f. I-336: Военный губернатор и командующий войсками Туркестанской области.

史料集

AQ: *Алаш Қозғалысы: Құжаттар мен материалдар жинағы. Сәуір 1901 ж.-желтоқсан*

1917 ж., Алматы, 2004.

KR: *Кыргызстан-Россия: история взаимоотношений (XVIII-XIXвв.): сборник документов и материалов*, Бишкек, 1998.

KRO: *Казахско-русские отношения в XVIII-XIX веках: сборник документов и материалов*, Алма-Ата, 1964.

MIK: *Материалы по истории киргизов и Киргизии*, Вып.1, Москва, 1973.

MIP: *Материалы по истории политического строя Казахстана*, Т. 1, Алма-Ата, 1960.

MKO: *Материалы по казахскому обычному праву*, Алматы, 1996.

MOM: *Материалы по обследованию туземного и русского старожильческого хозяйства и землепользования в Семиреченской области, собранные и разработанные под руководством П. П. Румянцева*, Т. VII, Пишпекский уезд. Киргизское хозяйство. Вып. 2, текст. Петроград, 1916.

NO: *Национально-освободительная борьба казахского народа под предводительством Кенесары Касымова: сборник документов*, Алматы, 1996.

OZh: *Особый журнал совета министров*, Санкт-Петербург.
  1909: 25 ноября 1909 года. (По представлению Военного Министерства от 26 октября 1909 года, за № 69080 (по Главн. Штаву), о введении в селении Таш-Тюбе, Семиреченской области, управления по закону об оседлых поселениях)
  1910: 28 сентября 1910 года. (Об отводе войсковому старшине милиции Джантаеву земельного участка в Семиреченской области)

PSZ: *Полное собрание законов Российской империи*, Санкт-Петербург.

ShB: *Шабдан баатыр: эпоха и личность: документы и материалы*, Бишкек, 1999.

SMM: *Сборник материалов по мусульманству*, Санкт-Петербург, 1899.

SZ: Добровольский А. А. ред., *Свод законов Российской империи дополненный по продолжениям 1906, 1908, 1909 и 1910 г. г. и позднейшим узаконениям 1911 и 1912 г. г.*, Санкт-Петербург, 1913.

TK: Серебренников А. Г. ред., *Туркестанский край: сборник материалов для истории его завоевания. 1864 год*, Ч. 1, Ташкент, 1914.

VOS: *Восстание 1916 года в Средней Азии и Казахстане: сборник документов*, Москва, 1960.

公刊史料

'Abd al-Mannuf [1913] Ṣābir 'Abd al-Mannuf, "Tiyānshān ṭāwīning tīran chūqurlarindan", *Shūrā*, no. 2, 4, 5.

Abramzon [1930] Абрамзон С. М., "У истоков манапства", *Советская киргизия*, №. 262.

Abramzon [1931a] Абрамзон С. М., "Этнографическая работа в Киргизии", *Советская этнография*, №. 1-2.

Abramzon [1931b] Абрамзон С. М., "Современное манапство в Киргизии", *Советская этнография*, №. 3.

Abramzon [1932] Абрамзон С. М., "Манапство и религия", *Советская этнография*, №. 2.
Alibii [1905] Алибий. "Кара-киргизские съезды: поминки манапа Кенесары Бошкоева", *Туркестанские ведомости*, №. 167.
Andreev [1998（1785）] Андреев И. Г., *Описание Средней орды киргиз-кайсаков*, Алматы.
Aristov [2001（1893）] Аристов Н., *Усуни и кырызы или кара-кыргызы: очерки истории и быта населения западного Тянь-Шаня и исследования по его исторической географии*, Бишкек.
Aziatskaya... [1914] *Азиатская Россия*, Т. 1（люди и порядки за Уралом）, Санкт-Петербург.
Bol'shaya... [1912] "Большая Кебень（с нашего корреспондента）", *Семиреченские областные ведомости*, №. 236.
Broido [1924] Бройдо Г. И., "Материалы к истории восстания киргиз в 1916 году", *Новый восток*, №. 6.
Burov-Petrov [1927] Буров-Петров. *На борьбу с байством и манапством*, Фрунзе.
Chimkent [1896]: "Чимкент", *Окраина*, №. 57.
Chirkin [1907] Чиркин Г., "Землеустройстве киргиз в связи с колонизацей степи", *Вопросы колонизации*, №. 2.
Dmitriev [1913] Дмитриев С. Е., "Байга у каракиргизов по случаю смерти манапа Шабдана Джантаева в Пишпекском уезде（Читано в заседении Отделения этнографии И. Р. Г. О.）", Отдельный оттиск из *«Известий Императорского Русского географического общества»*, Т. XLVIII, Вып. VI-X, 1912 г.
Entsiklopedicheskii... [1893] Андреевский И. Е. под ред., *Энциклопедический словарь*, Т. 10А, Санкт-Петербург.
Frideriks [1869] Фридерикс. Н., "Туркестан и реформы: Из записок очевидца", *Вестник европы*, Т. 3.
G. Yu. [1912] Г. Ю., "Последний из могикан", *Туркестанские ведомости*, № 101.
Gavrilov [1927] Гаврилов М. Ф., "Манап", *Современный аул Средней Азии (социально-экономический очерк)*, Вып. X, Загорная часть（Каракол-Нарынского Округа Киргизской АССР）, Ташкент.
Geins [1897] Гейнс. А. К., "Дневник 1866 года. Путешествие в Туркестан", *Собрание литературных трудов Александра Константиновича Гейнса*, Т. 1, Санкт-Петербург.
Gins [1913] Гинс Г. К., "В киргизских аулах: очерки из поездки по Семиречью", *Исторический вестник*, №. 134.
Grodekov [1889] Гродеков Н., *Киргизы и каракиргизы Сыр-Дарьнской области*, Т. 1. Юридический быт, Ташкент.
Itogi... [1910] *Итоги переселенческого движения за время с 1896 по 1909 гг.*, Санкт-Петербург.
Izvestiya... [1870] "Известия и заметки", *Туркестанские ведомости*, №. 3.
Karakirgiz [1896] Каракиргиз, "Открытие школ", *Dala walayatïnïng gazeti*, №. 20.
Karakirgiz [1897] Каракиргиз, "Корреспонденция из Пишпекского уезда", *Dala walayatïnïng*

gazetï, №. 38.

Kaufman [1913] Кауфман А., "Переселения и переселенческий вопрос в России", *Энциклопедический словарь*: Т-ва, Бр. А. и И. Гранат и К, Т. 31, Москва.

Kazak Iliskii [1913] "Памяти Шабдана Джантаева", *Семиреченские областные ведомости*, №. 240.

Kenesarin [1880] Кенесарин, Ахмет, *Султаны Кенесара и Садык*, Ташкент.

Kenesarin [1993] Кенесарин Б., "Аш-тойлор", *Кыргыздар: санжыра, тарых, мурас, салт*,Т. 2, Бишкек.

Khoroshkhin [1872] Хорошхин А., "Байтук-батыр (разсказ из кара-киргизской жизни, 1867 года)", *Туркестанские ведомости*, №. 43.

Korrespondentsiya... [1896] "Корреспонденция из Пишпекского уезда", *Dala walayatïnïng gazetï*, №. 16.

Kostenko [1871] Костенко Л., *Средняя Азия и водворение в ней русской гражданственности*, Санкт-Петербург.

Krasnov [1887] Краснов А. Н., "Очерк быта Семиреченских киргиз", *Известия Императорского Русского географического общества*, Т. XXIII.

Levshin [1996 (1832)] Левшин А. И., *Описание киргиз-казачьих, или киргиз-кайсацких орд и степей*, Алматы.

Maev [1870] Маев Н. А. *Путеводитель от С.-Петербурга до Ташкента*, Санкт-Петербург.

Maev [1872] Маев Н. А. ред., *Материалы для статистики Туркестанского края: ежегодник*, Вып. I, Санкт-Петербург.

Malaya... [1912] "Малая Кебень (с нашего корреспондента)", *Семиреченские областные ведомости*, №. 225, 227, 228, 229, 232.

Mestnye... [1912a] "Местные известия", *Семиреченские областные ведомости*, №. 38.

Mestnye... [1912b] "Местные известия", *Семиреченские областные ведомости*, №. 80.

Mulla Muhammad... [2003] Mulla Muhammad Yunus Djan Shighavul Dadkhah Tashkandi (edited and translated by Timur K.Beisembiev), *The Life of 'Alimqul: a native chronicle of nineteenth century Central Asia*, London: Routledge Curzon.

Nalivkin [1886] Наливкин В., *Краткая история Кокандского ханства*, Казань.

Ostroumov [1899] Остроумов Н., *Константин Петрович фон-Кауфман, устроитель Туркестанского края. (личные воспоминания Н. Остроумова.1877-1881 г. г.)*, Ташкент.

Pahlen [1964] Pahlen K. K., *Mission to Turkestan*, London: Oxford University Press.

Pervaya... [1905] *Первая всеобщая перепись населения Российской империи 1897 г.*, Т. LXXXV, Семиреченская область, Санкт-Петербург.

Pishpekdan khaṭ [1897] "Pishpekdan khaṭ", *Dala walayatïnïng gazetï*, №. 38.

Poezdka... [1911] *Поездка в Сибирь и Поволжье: записка П. А. Столыпина и А. В. Кривошеина*, Санкт-Петербург.

Proekt polozheniya... [1867] *Проект положения об управлении Семиреченской и Сыр-Дарьинской областей*, Санкт-Петербург.

Proekt Vsepoddaneishago... [1885] *Проект Всеподданейшаго отчета ген.-Адъютанта К. П. фон-Кауфмана по гражданскому управлению и устройству в областях Туркестанского Генерал-Губернаторства. 7 Ноября 1867– 25 Марта 1881 г.*, Санкт-Петербург.
Putevye zapiski... [1936] "Путевые записки лекаря Зибберштейна", *Исторический архив*, №. 1, Москва-Ленинград.
Radlov [1885] Радлов В. В., *Образцы народной литературы северных тюркских племен*, Ч. V, Наречие дикокаменных киргизов, Санкт-Петербург.
Radlov [1989 (1893)] Радлов В. В., *Из сибири*, Москва.
Radlov [1911] Радлов В. В., *Опыт словаря тюркских наречий*, Т. 4, Санкт-Петербург.
Romanovskii [1868] Романовский Д. И., *Заметки по средне-азиатскому вопросу*, Санкт-Петербург.
Rovnyagin [1912] Ровнягин В., "Войсковой старшина милиции Шабдан Джантаев (Некролог)", *Семиреченские областные ведомости*, №. 96.
Rumyantsev [1909] Румянцев П. П., "Социальное строение киргизского народа в прошлом и настоящем", *Вопросы колонизации*, №. 5.
Sanktpeterburg [1867] "Санктпетербург", *Голос*, №. 238.
Schuyler [1876] Schuyler E., *Turkistan: notes of a journey in Russian Turkistan, Khokand, Bukhara, and Kuldja*, London.
Semenov [1865] Семенов П., "Киргизы", *Географическо-статистический словарь Российской империи*, Т. II, Санкт-Петербург.
Semenov [1958] Семенов-Тян-Шанский П. П., *Путешествие в Тянь-Шань*, Москва.
Severtsov [1873] Северцов Н. А., *Путешествия по Туркестанскому краю и изследование горной страны Тян-шаня, собранные по поручению Императорского Русского географического общества*, Санкт-Петербург.
Sh. V. [1911] Sh. V. "Qïrġïzlar ṭūġrūsïnda", *Shura*, no. 4.
Shābdān... [1912] "Shābdān Jānṭāy ūghlining wafātī", *Семиреченские областные ведомости*, №. 80.
Shkapskii [1905] Шкапский О., "Киргизы-крестьяне (из жизни Семиречья)", *Известия Императорского Русского географического общества*, Т. XLI.
Shkapskii [1907] Шкапский О., "Переселенцы и аграрный вопрос в Семиреченской области", *Вопросы колонизации*, №. 1.
Smirnov [1887] Смирнов Е., *Сыр-Дарьинская область: описание по официальным данным*, Санкт-Петербург.
Sokolov [1910] Соколов А., "О кара-киргизах", *Семиреченские областные ведомости*, №. 53.
Soltonoev [1993] Солтоноев Б., *Кызыл кыргыз тарыхы*, Т. 2, Бишкек.
Soltonoev [2003] Солтоноев Б., *Кыргыз тарыхы*, Бишкек.
Svedeniya o dikokamennykh... [1851] "Сведения о дикокаменных киргизах", *Записки*

Императорского Русского географического общества, Кн. V.
Sydykov [1927] Сыдыков А. С., *Родовое деление киргиз*, Ташкент.
Talïp Moldo [1993] Талып Молдо, "Кыргыз тарыхы, уруучулук курулушу түрлүү салттар", *Кыргыздар*, Бишкек.
Talyzin [1898] Талызин А., "Пишпекский уезд, исторический очерк (1855-1868 гг.)", *Памятная книжка Семиреченской области на 1898 год*, Т. 2, Верный.
Terent'ev [1906] Терентьев М. А., *История завоевания Средней Азии*, Т. 3, Санкт-Петербург.
Traditsionnaya... [1912] "Традиционная байга", *Семиреченские областные ведомости*, №. 212.
'Uthmān 'Alī [1914] 'Uthmān 'Alī Sïdïkov, *Ta'rīkh-i Qirghiz-i Shādmānīya*, Ufā.
Valikhanov [1985a] Валиханов Ч. Ч., "Записка о киргизах", *Собрание сочинений в пяти томах*, Т. 2, Алма-Ата.
Valikhanov [1985b] Валиханов Ч. Ч., "Кашгарский дневник I", *Собрание сочинений в пяти томах*, Т. 3, Алма-Ата.
Valikhanov [1985c] Валиханов Ч. Ч., "Г. А. Колпаковскому", *Собрание сочинений в пяти томах*, Т. 5, Алма-Ата.
Vasil'ev [1915] Васильев В., *Семиреченская область как колония и роль в ней Чуйской долины*, Петроград.
Veletskii [1911] Велецкий С., "Русское дело в Туркестане", *Семиреченские областные ведомости*, №. 72.
Veletskii [1916] Велецкий С., *Семиреченская область и ее колонизация*, Верный.
Venyukov [1861] Венюков М., "Очерки Заилийского края и Причуйской страны", *Записки Императорского Русского географического общества*, Кн. 1.
Vnutrennye novosti... [1867] "Внутренные новости: Петербургская хроника", *Голос*, №. 76.
Voronkov [1908] Воронков В., *По вопросу о поземельном устройстве туземного киргизского населения в Семиреченской области*, Верный.
Yanushkevich [2006] Янушкевич А., *Дневники и письма из путешествия по казахским степям*, Павлодар.
Yuvachev [1907] Ювачев И.П., "Курбан-джан-датха, кара-киргизская царица Алая", *Исторический вестник*, №. 12.
Zagryazhskii [1871] Загряжский Г., "Заметки о народном самоуправлении у кара-киргиз", *Туркестанские ведомости*, №. 2.
Zagryazhskii [1873a] Загряжский Г., "Киргизские очерки: аш или тризна по умершем", *Туркестанские ведомости*, №. 1.
Zagryazhskii [1873b] Загряжский Г., "Очерки Токмакского уезда", *Туркестанские ведомости*, №. 10.
Zagryazhskii [1874] Загряжский Г., "Кара-киргизы", *Туркестанские ведомости*, №. 45.
Zagryazhskii [1876] Загряжский Г., "Юридический обычай киргизов о различных родах

состояний и о правах, им присвоенных", *Материалы для статистики Туркестанского края, ежегодник*, Вып. IV, Санкт-Петербург.

研究文献その他

Abramzon [1951] Абрамзон С. М., "Формы родопременной организации у кочевников Средней Азии", *Родовое общество: этнографические материалы и исследования*, Москва.

Abramzon [1960] Абрамзон С. М., "Этнический состав киргизского населения северной Киргизии", Дебец Г. Ф. под ред., *Труды Киргизской археолого-этнографической экспедиции*, Т. 4, Москва.

Abramzon [1972] Абрамзон С. М., "Народные предания как источник для изучения этнической истории киргизов Центрального Тянь-шаня", *Этническая история народов Азии*, Москва.

Abramzon [1974] Абрамзон С. М., *Киргизы и их этногенетические и историко-культурные связи*, Ленинград.

Akaev [2004] Акаев А., *Кыргызская государственность и народный эпос «Манас»*, Бишкек.

Alisheva [1990] Алишева А. Р., "Оседание киргизских хозяйств в конце XIX-начале XX в. (по данным прошений кочевников)", *Известия академии наук Киргизской ССР.: общественные науки*, №. 1.

Arapov, Larina [2006]: Арапов Д., Ларина Е., "Среднеазиатские мусульмане в 1914 году (по материалам Туркестанского районного охранного отделения)", *Расы и народы*, №. 32.

Asanov [2003] Асанов Т. И., "Кыргызско-казахские пограничные вопросы XVIII-XIX вв.", *Кенесары Қасымұлы: туғанына 200 жыл толуына арналған халықаралық ғылыми-теориялық конференция материалдары*, Алматы.

Asanov [2006] Асанов Т., "Шабдан баатыр жана кыргыздардагы башкаруу бийлигинин традициясы", *Кыргызстан: история и современность*, Бишкек.

Attokurov [1995] Аттокуров С., *Кыргыз санжырасы*, Бишкек.

Babadzhanov [2010] Бабаджанов Б. М., *Кокандское ханство : власть, политика, религия*,Ташкент; Токио.

Bartol'd [1927] Бартольд В. В., *Киргизы. (исторический очерк)*, Фрунзе.

Baskhanov [2005] Басханов М. К., *Русские военные востоковеды до 1917 г.: библиографический словарь*, Москва.

Bedel'baev [2003] Бедельбаев А., *Шабдан таатыр. (тарыхый очерк)*, Бишкек.

Beisembiev [1987] Бейсембиев Т. К., *«Тарих-и Шахрухи» как исторический источник*, Алма-Ата.

Beisembiev [2008] Timur K. Beisembiev, *Annotated Indices to the Kokand Chronicles*, Tokyo: Research Institute for Languages and Cultures of Asia and Africa (ILCAA).

Beisembiev [2009] БейсембиевТ. К., *Кокандская историография: исследование по источниковедению Средней Азии XVIII–XIX веков*, Алматы.

Bekmakhanov [1947] Бекмаханов Б., *Казахстан в 20–40 годы XIX века*, Алма-Ата.

Bernshtam [1946] Бернштам А., "Источники по истории киргизов XVIII века", *Вопросы истории*, №. 11–12.

Biard [2013]: Biard, Aurélie, "Interrelation to the Invisible in Kirghizistan", in Thierry Zarcone and Angela Hobart eds., *Shamanism and Islam: Sufism, healing rituals and spirits in the Muslim world*, London: I.B. Tauris.

Blauvelt [2010] Timothy K. Blauvelt, "Military-Civil Administration and Islam in the North Caucasus, 1858–83", *Kritika: Explorations in Russian and Eurasian History*, 11(2).

Brower [2003] Daniel Brower, *Turkestan and the fate of the Russian empire*, Routledge Curzon: London.

Brower, Lazzerini [1997] Daniel R. Brower, Edward J. Lazzerini eds., *Russia's Orient: Imperial Borderlands and Peoples, 1700–1917*, Bloomington: Indiana University Press.

Burbank, Hagen, Remnev [2007] Jane Burbank, Mark von Hagen, Anatolyi Remnev eds., *Russian Empire: space, people, power, 1700–1930*, Bloomington: Indiana University Press.

Clauson [1972] Clauson, Gerard, Sir, *An Etymological Dictionary of Pre-Thirteenth-Century Turkish*, Oxford: Clarendon Press.

Crews [2006] Crews, Robert D., *For Prophet and Tsar: Islam and empire in Russia and Central Asia*, Harvard University Press: Cambridge; Mass.

Di Cosmo [2003] Di Cosmo N., "Kirghiz Nomads on the Qing Frontier: Tribute, Trade, or Gift-Exchange?" in Nicola Di Cosmo, N., Wyatt, Don J. eds., *Political Frontiers, Ethnic Boundaries, and Human Geographies in Chinese History*, London: Routledge Curzon.

Di Cosmo, Frank, Golden [2009] Nicola Di Cosmo, Allen J. Frank and Peter B. Golden eds., *The Cambridge History of Inner Asia: the Chinggisid Age*, Cambridge: Cambridge University Press.

Dmitriev [2013] *Царские коронации: из истории коронационных торжеств Дома Романовых*, Москва.

Dublitskii [1923] Дублицкий В. Н., *Родословная таблица «кара» кыргыз, проживающих в Джетысуйской области, и краткая их история*, Алма-Ата.

Dzhamankaraev [1965] Джаманкараев А. Б., *Развитие торговли в Киргизии в конце XIX–начале XXвв.*, Фрунзе.

Dzhamgerchinov [1959] Джамгерчинов Б., *Присоединение Киргизии к России*, Москва.

Dzhamgerchinov [1966] Джамгерчинов Б., *Очерки политической истории Киргизии XIX века*, Фрунзе.

Dzhamgerchinov [2002] Джамгерчинов Б., "Киргизы в эпоху Ормон-хана (Из истории феодально-родовых войн киргизов в XIX веке)", *Ормон хан илимий эмгектерде жана архивдик материалдарда*, Бишкек.

Dzhampeisova [2006] Джампеисова Ж., *Казахское общество и право в пореформенной*

степи, Астана.
Dzhumagulov [1990] Джумагулов А., "Манапы – кто они?", *Советская киргизия*, №. 263.
Dzhumagulov [1991] Джумагулов А., "О термине «манап»", *Известия академии наук Республики Кыргызстан*, №. 4.
Fiel'strup [2002] Фиельструп Ф. А., *Из обрядовой жизни киргизов XX века*, Москва.
Fleischer [1989] Fleischer C., "bahādor", in Ehsan Yarshater ed., *Encyclopædia Iranica*, vol. 3, London and New York: Routledge and Kegan Paul.
Frank [2012] Frank, Allen J., *Bukhara and the Muslims of Russia: Sufism, education, and the paradox of islamic prestige*, Leiden and Boston: Brill.
Galuzo [1965] Галузо П. Г., *Аграрные отношения на юге Казахстана в 1867–1914 гг.*, Алма-Ата.
Geiss [2003] Geiss P. G., *Pre-Tsarist and Tsarist Central Asia: communal commitment and political order in change*, London and New York: Routledge Curzon.
Hatto [1977] Hatto A. T., *The Memorial Feast for Kökötöy-khan (Kökötöydün aši): A Kirghiz Epic Poem*, Oxford and New York: Oxford University Press.
Hodong [2004] Hodong, Kim, *Holy War in China: The Muslim Rebellion and State in Chinese Central Asia, 1864–1877*, Stanford: Stanford University Press.
IK [1984] *История Киргизской ССР: с древнейших времен до наших дней, в 5-ти томах*, Т. 1, Фрунзе.
IK [1986] *История Киргизской ССР: с древнейших времен до наших дней, в 5-ти томах*, Т. 2, Фрунзе.
Il'yasov [1963] Ильясов С. И., *Земельные отношения в Киргизии в конце XIX- начале XX вв.*, Фрунзе.
Israilova-Khar'ekhuzen [1999] Исраилова-Харьехузен Ч. Р., *Традиционное общество кыргызов в период русской колонизации во второй половине XIX-началеXX в и система их родства*, Бишкек.
Istoriya kolonizatsii... [2009] *История колонизации Казахстана в 20-60-х годах XIX века*, Алматы.
Jacquesson [2011] Svetlana Jacquesson, *Pastorealismes: Anthropologie Historique des Processus D'integration Chez les Kirghiz du Tian Shan Interieur*, Wiesbaden: Reichert Verlag.
Jacquesson [2013] Svetlana Jacquesson, "Performance and Politics in Kyrgyz Memorial Feasts: The Discursive Construction of Identity Categories", in Paolo Sartori ed., *Explorations in the Social History of Modern Central Asia (19th- Early 20th Century)*, Leiden and Boston: Brill.
Kappeler [2001] Andreas Kappeler, *The Russian Empire: a multiethnic history*, Harlow, England: Longman.
Khabizhanova, Valikhanov, Krivkov [2003] Хабижанова Г. Б., Валиханов Э. Ж., Кривков А. Л., *Русская демократическая интеллигенция в Казахстане, (вторая половина XIX-на-*

чало XX в.), Москва.

Khafizova [2007] Хафизова, Клара, *Казахская стратегия Цинской империи*, Алматы.

Khalid [1998] Khalid, Adeeb, *The Politics of Muslim Cultural Reform: jadidism in Central Asia*, Berkeley: University of California Press.

Khasanov [1961] Хасанов А. Х., *Взаимоотношения киргизов с Кокандским ханством и Россией в 50-70 годах XIX века*, Фрунзе.

Khasanov [1977] Хасанов А. Х., *Народные движения в Киргизии в период Кокандского ханства*, Москва.

Khodarkovsky [2002] Michael Khodarkovsky, *Russia's Steppe Frontier: the making of a colonial empire, 1500-1800*, Bloomington: Indiana University Press.

Kimura [2012] Kimura, Satoru, "Sunni-Shi'i Relations in the Russian Protectorate of Bukhara, as Perceived by the Local 'Ulama", in Uyama Tomohiko ed., *Asiatic Russia: imperial power in regional and international contexts*, London and New York: Routledge.

Kïrgïz... [2003] *Кыргыз тарыхы: энциклопедия*, Бишкек.

Kokoshin [2013] Кокошин А.А. ред., *Россия-Средняя Азия: политика и ислам в конце XVIII-начале XXI века*, Москва.

Korneev [2001] Корнеев В. В., "Управление Туркестанским краем: реальность и «правовые мечтания» (60-е годы XIX в.-февраль 1917 года)", *Вопросы истории*, №. 7.

Kostin [2000] Костин Б., *Скобелев, 1843-1882*, Москва.

Kozhonaliev [2000] Кожоналиев С.К., *Обычное право кыргызов*, Бишкек.

Kurmanov, Sadykov [2002] Курманов Ж., Садыков Е., *Абдыкерим Сыдыков: личность и история*, Бишкек.

Kushner [1927] Кушнер П., "Манапство в горной Киргизии", *Революционный восток*, №. 2.

Kushner [1929] Кушнер П., *Горная киргизия (социологическая разведка)*, Москва.

Kuznetsov [1983] Кузнецов В. С., *Цинская империя на рубежах Центральной Азии (вторая половина XVIII-первая половина XIX в.)*, Новосибирск.

Kyzaev [2004] Кызаев А., *Жантай хан, (Тарыхый очерк)*, Бишкек.

Loring [2008] Benjamin H. Loring, *Building Socialism in Kyrgyzstan: Nation-Making, Rural Development, and Social Change, 1921-1932*, Ph. D Thesis, Brandeis University.

Mackenzie [1967] David Mackenzie, "Kaufman of Turkestan: An Assessment of His Administration 1867-1881", *Slavic Review*, 2.

Makhaeva [2006] Махаева А. Ш., *Тойшыбек би жэне оныц заманы*, Алматы.

Manap [1954] "Манап", *Большая советская энциклопедия*, Т. 26, Москва.

Marshall [2006] Alex Marshall, *The Russian General Staff and Asia, 1800-1917*, London: Routledge.

Martin [2001] Virginia Martin, *Law and Custom in the Steppe: The Kazakhs of the Middle Horde and Russian Colonialism in the Nineteenth Century*, Richmond, Surrey: Curzon.

Martin [2010] Virginia Martin, "Kazakh Chinggisids, Land and Political Power in the

Nineteenth Century: A Case Study of Syrymbet", *Central Asian Survey*, 29(1).

Matsuzato [2004] Мацузато Кимитака. "Генерал-губернаторства в Российской империи: от этнического к пространственному подходу", *Новая имперская история постсоветского пространства*, Казань.

Moldobaev [2001] Молдобаев И.Б., "Кыргызский шаман (бакшы) в 20-е годы XX века", *Среднеазиатский этнографический сборник*, Вып.IV, Москва.

Moon [2013] Yumi Moon, *Populist Collaborators: the Ilchinhoe and the Japanese colonization of Korea, 1896-1910*, Ithaca: Cornell University Press.

Morrison [2008] Alexander Morrison, *Russian Rule in Samarkand: 1868-1910: A Comparison with British India*, Oxford: Oxford University Press.

Naganawa [2011] Naganawa Norihiro, "The Hajj Making Geopolitics, Empire, and Local Politics: A View from the Volga-Ural Region at the Turn of the Nineteenth and Twentieth Centuries", in Alexandre Papas, Thomas Welsford, and Thierry Zarcone, eds., *Central Asian Pilgrims: Hajj Routes and Pious Visits between Central Asia and the Hijaz*, Berlin: Klaus Schwarz Verlag.

Ömürbekov [2003] Өмүрбеков Т. Н., *Улуу инсандардын кыргызстандын тарыхындагы ролу жана орду (XIX кылымдын ортосу- XX кылымдын башы)*, Бишкек.

Osmonov [2003] Осмонов Ө., *Манап бий деген ким болгон? «Манапчылык» деген эмне?* Бишкек.

Pierce [1960] Richard A. Pierce, *Russian Central Asia, 1867-1917: a study in colonial rule*, Berkeley: University of California Press.

Ploskikh [1977] Плоских В. М., *Киргизы и кокандское ханство*, Фрунзе.

Pogorel'skii, Batrakov [1930] Погорельский П., Батраков В., *Экономика кочевого аула Киргизстана*, Москва.

Pollock [2006] Pollock, Sean, *Empire by invitation?: Russian empire-building in the Caucasus in the reign of Catherine II*, Ph. D Thesis, Harvard University.

Prior [2006a] Daniel G. Prior, *The Twilight Age of the Kirgiz Epic Tradition*, Ph. D Thesis, Indiana University.

Prior [2006b] Daniel G. Prior, "Heroes, chiefs, and the roots of Kirghiz nationalism", in *Studies in Ethnicity and Nationalism*, 6(2).

Prior [2013a] Daniel G. Prior, "High Rank and Power among the Northern Kirghiz: Terms and Their Problems, 1845-1864", in Paolo Sartori ed., *Explorations in the Social History of Modern Central Asia (19th- Early 20th Century)*, Brill: Leiden·Boston.

Prior [2013b] Prior, D. G., *The Šabdan Baatır Codex: Epic and the Writing of Northern Kirghiz History*, Leiden and Boston: Brill.

Qoigeldiev [1995] Мәмбет Қойгелдиев, *Алаш козғалысы*, Алматы.

Remnev [2005] Ремнев А. В., "Степное генерал-губернаторство в имперской географии власти", *Азиатская Россия: сборник научных статей*, Омск.

Remnev [2006a] Ремнев А. В., "Татары в казахской степи: соратники и соперники

Россиской империи", *Вестник евразии*, №. 4(34).

Remnev [2006b] Ремнев А., "Российская империя и ислам в Казахской степи (60-80-е годы XIX века)", *Расы и народы*, №. 32.

Robinson [1972] Ronald Robinson, "Non-European Foundations of European Imperialism: Sketch for a Theory of Collaboration", in Roger Owen and Bob Sutcliffe eds., *Studies in the Theory of Imperialism*, London: Longman.

Sadykova [2008] Садыкова, Шарифа, *Сыдыков Осмоналы: туулган күнүнүн жылдыгына карата*, Бишкек.

Şahin [2013] İlhan Şahin, *Nomads and Nomadism: new approaches in Kyrgyz and Ottoman Nomadic studies*, Tokyo: TIAS (Department of Islamic Area Studies, Center for Evolving Humanities, Graduate School of Humanities and Sociology, The University of Tokyo).

Sakharov [1934] Сахаров М. Г., *Оседание кочевых и полукочевых хозяйств Киргизии*, Москва.

Saparaliev [1995] Сапаралиев Д. Б., *Взаимоотношения кыргызского народа с русским и соседними народами в XVIII в.* Бишкек.

Saparaliev [2004] Сапаралиев Д. Б., "Система управления кыргызов в составе российской империи (1855-1917 гг.)", *Коомдук илимдер журналы. Кыргыз-Түрк «Манас» университети*, №. 12.

Saparaliev [2006] Сапаралиев Д. Б., "Кыргыз мамлекет башкаруучуларынын эң жогорку титулдары жөнүндө (Б. з. ч. I кылымдан – XIX кылымдын ортосу мезгили)", *Кыргызстан тарыхынын маселелери*, №. 2.

Sartori [2014] Sartori, Paolo, "Constructing Colonial Legality in Russian Central Asia: on Guardianship", *Comparative Studies in Society and History*, 56(2).

Sharova [1940] Шарова П. Н., "Переселенческая политика царизма в Средней Азии", *Исторические записки*, Т. 8.

Shimizu [2012] Shimizu Yuriko, *The Memoirs of Muḥammad Amīn Bughra: Autograph Manuscript and Translation*, TIAS Central Eurasian Research Series No. 6, Tokyo: TIAS (Department of Islamic Area Studies, Center for Evolving Humanities, Graduate School of Humanities and Sociology, The University of Tokyo).

Sitnyanskii [1998] Ситнянский Г. Ю., *Сельское хозяйство Киргизов: традиции и современность*, Москва.

Sneath [2007] David Sneath, *The Headless State: Aristocratic Orders, Kinship Society, & Misrepresentations of Nomadic Inner Asia*, New York: Columbia University Press.

Somfai Kara [2013] Somfai Kara, David, "Religious Traditions among the Kazakhs and the Kirghizs", in Thierry Zarcone and Angela Hobart eds., *Shamanism and Islam: Sufism, healing rituals and spirits in the Muslim world*, London : I.B. Tauris.

Strelkova [1990] Стрелкова И., *Валиханов*, Москва.

Sultangalieva [2009] Султангалиева Г., "Казахское чиновничество Оренбургского ведомства: формирование и направление деятельности (XIX)", *Acta Slavica Iaponica*,

27.
Toktonaliev [2003] Токтоналиев Ж., *Ормон хан, (марыхый очерк)*, Бишкек.
Tsentral'naya... [2008] С. Н. Абашин, Д. Ю. Арапов, Н. Е. Бекмаханова, под ред., *Центральная Азия в составе Российской империи*, Москва.
Usenbaev [1980] Усенбаев К., *Общественно-экономические отношения киргизов (вторая половина XIX-начало XX вв.)*, Фрунзе.
Usenbaev [1997] Усенбаев К., *1916: героические и трагические страницы*, Бишкек.
Uyama [2001] Uyama Tomohiko, "Two Attempts at Building a Qazaq State: The Revolt of 1916 and the Alash Movement", in Stéphane A. Dudoignon and Komatsu Hisao, eds., *Islam in Politics in Russia and Central Asia (Early Eighteenth to Late Twentieth Centuries)*, London: Kegan Paul.
Uyama [2003] Uyama Tomohiko, "A Strategic Alliance between Kazakh Intellectuals and Russian Administrators: Imagined Communities in Dala Walayatïnïng Gazetí (1888-1902)", in Hayashi Tadayuki, ed., *The Construction and Deconstruction of National Histories in Slavic Eurasia*, Sapporo: Slavic Research Center, Hokkaido University.
Uyama [2011a] Uyama Tomohiko, "Introduction: Asiatic Russia as a space for asymmetric interaction", in Uyama Tomohiko ed., *Asiatic Russia: Imperial Power in Regional and International Contexts*, London: Routledge.
Uyama [2011b] Uyama Tomohiko, "The Alash Orda's Relations with Siberia, the Urals and Turkestan: The Kazakh National Movement and the Russian Imperial Legacy", in Uyama Tomohiko ed., *Asiatic Russia: Imperial Power in Regional and International Contexts*, London: Routledge.
Uyama [2013] Uyama Tomohiko, "The Changing Religious Orientation of Qazaq Intellectuals in the Tsarist Period: Sharī'a, Secularism, and Ethics", in Niccolò Pianciola and Paolo Sartori, eds., *Islam, Society and States across the Qazaq Steppe (18th – Early 20th Centuries)*, Wien: Verlag der Österreichischen Akademie der Wissenschaften.
Vaganov [1950] Ваганов О. А., "Земельная политика царского правительства в Казахстане (1907-1914гг)", *Исторические записки*, Т. 31.
Vasil'ev [1999] Васильев Д. В., "Организация и функционирование главного управления в Туркестанском генерал-губернаторстве (1865-1884 гг.)", *Вестник Московского университета*, Серия 8, История, №. 3.
Vyatkin [1998 (1947)] Вяткин М., *Батыр Срым*, Алматы.
Wortman [2000] R. S. Wortman, *Scenarios of Power: myth and ceremony in Russian monarchy (v. 2. From Alexander II to the abdication of Nicholas II)*, Princeton: Princeton University Press.
Yudakhin [1965] Юдахин К. К., *Киргизско-Русский словарь*, Москва.

赤坂恒明［2005］「部族」小松久男他編『中央ユーラシアを知る事典』平凡社．
秋田茂・桃木至朗［2011］「歴史学のフロンティア――地域から問い直す国民国家史観」

秋田茂・桃木至朗編『歴史学のフロンティア――地域から問い直す国民国家史観』大阪大学出版会.

秋山徹［2003］「ロシア帝国支配下のクルグズ人社会――請願書に映し出された社会的諸関係とその変貌（19世紀中期から20世紀初頭のセミレーチエ州ピシュペク郡を中心に）」『内陸アジア史研究』18.

秋山徹［2009］「20世紀初頭のクルグズ部族首領権力に関する一考察――シャブダン・ジャンタイの葬送儀式の分析をてがかりとして」『内陸アジア史研究』24.

秋山徹［2010］「クルグズ遊牧社会におけるロシア統治の成立――部族指導者『マナプ』の動向を手がかりとして」『史学雑誌』119(8).

秋山徹［2011］「クルグズ遊牧社会におけるロシア統治の展開――統治の仲介者としてのマナプの位置づけを中心に」『スラヴ研究』58.

秋山徹［2012a］「混成村落の成立にみる20世紀初頭のクルグズ―ロシア関係」『日本中央アジア学会報』8.

秋山徹［2012b］「ロシア統治下におけるクルグズ首領層の権威について――遊牧世界とイスラーム世界のはざまで」『東洋史研究』71(3).

秋山徹［2015］「遊牧英雄からイスラーム的遊牧英雄へ――ロシア帝国の中央アジア統治と現地民コラボレーターの権威」『イスラーム地域研究ジャーナル』7.

磯貝健一［1993］「シャイバーニー・ハーンとウラマー達――16世紀初頭の中央アジアに於けるヤサとシャリーア」『東洋史研究』52(3).

磯貝真澄［2012］「19世紀後半ロシア帝国ヴォルガ・ウラル地域のマドラサ教育」『西南アジア研究』76.

伊藤秀一［1995］「第一次世界大戦とアジア・アフリカ――ロシア帝国領中央アジアの事例」歴史学研究会編『強者の論理――帝国主義の時代（講座世界史5）』東京大学出版会.

伊藤秀一［1999］「中央アジアにおけるロシア人の統治（1）――パレン伯の勅命査察報告を中心に」『研究紀要（日本大学文理学部人文科学研究所）』57.

伊藤秀一［2000］「中央アジアにおけるロシア人の統治（2）――パレン伯の勅命査察報告を中心に」『研究紀要（日本大学文理学部人文科学研究所）』60.

伊藤秀一［2001］「中央アジアにおけるロシア人の統治（3）――パレン伯の勅命査察報告を中心に」『研究紀要（日本大学文理学部人文科学研究所）』61.

植田暁［2013］「帝政ロシア支配期のクルグズの社会経済的変容――フェルガナ州における天水農耕の普及を中心に」『内陸アジア史研究』28.

内田吟風・田村実造他訳注［1971］『騎馬民族史1　正史北狄伝』（東洋文庫197）平凡社.

内堀基光・山下晋司［2006］『死の人類学』講談社学術文庫.

宇山智彦［1997］「20世紀初頭におけるカザフ知識人の世界観――M. ドゥラトフ『めざめよ，カザフ！』を中心に」『スラヴ研究』44.

宇山智彦［2003］「ロシア帝国の支配――『諸民族の牢獄』か？」宇山智彦編『中央アジアを知るための60章』明石書店.

宇山智彦［2005a］「ジュズ」小松久男他編『中央ユーラシアを知る事典』平凡社．
宇山智彦［2005b］「ロシア帝国——中央アジアの併合と統治」小松久男他編『中央ユーラシアを知る事典』平凡社．
宇山智彦［2006］「『個別主義の帝国』ロシアの中央アジア政策——正教化と兵役の問題を中心に」『スラヴ研究』53．
宇山智彦［2012a］「ロシア帝国論」ロシア史研究会編『ロシア史研究案内』彩流社．
宇山智彦［2012b］「北海道中央ユーラシア研究会の歩みとこれからの中央ユーラシア研究」北海道中央ユーラシア研究会編『中央ユーラシア研究を拓く——北海道中央ユーラシア研究会第 100 回記念』（スラブ・ユーラシア研究報告集 5）北海道大学スラブ研究センター，札幌．
宇山智彦［2013］「セミパラチンスク州知事トロイニツキーとカザフ人弾圧——帝国統治における属人的要素」中島毅編『新史料で読むロシア史』山川出版社．
江上波夫［1967］『騎馬民族国家——日本古代史へのアプローチ』中公新書．
大石真一郎［1996］「カシュガルにおけるジャディード運動——ムーサー・バヨフ家と新方式教育」『東洋学報』78(1)．
小沼孝博［2007］「ベク制度の創設——清朝公文書による東トルキスタン史研究序説」『内陸アジア史研究』22．
小沼孝博［2014］『清と中央アジア草原——遊牧民の世界から帝国の辺境へ』東京大学出版会．
帯谷知可［1992］「フェルガナにおけるバスマチ運動 1916-1924——シル・ムハンメド・ベクを中心とした『コルバシュ』の反乱」『ロシア史研究』51．
帯谷知可［2002］「ウズベキスタンの新しい歴史——ソ連解体後の『国史』叙述のいま」森明子編『歴史叙述の現在——歴史学と人類学の対話』人文書院．
帯谷知可［2005a］「オストロウーモフの見たロシア領トルキスタン」『ロシア史研究』76．
帯谷知可［2005b］「英雄の復活——現代ウズベキスタン・ナショナリズムのなかのティムール」酒井啓子・臼杵陽編『イスラーム地域の国家とナショナリズム（イスラーム地域研究叢書 5)』東京大学出版会．
片岡一忠［1991］『清朝新疆統治研究』雄山閣出版．
河野敦史［2013］「18〜19 世紀における回部王侯とベク制に関する一考察——ハーキム・ベク職への任用を中心に」『日本中央アジア学会報』9 号．
河野敦史［2014］「『7 人のホージャたち』の侵入事件（1847 年）におけるベクたちの動向——カシュガルのベクたちによる防衛を中心として」『内陸アジア史研究』29．
ギンズブルグ，カルロ［1984］『チーズとうじ虫——16 世紀の一粉挽屋の世界像』（杉山光信訳）みすず書房．
クラヴィホ［1967］『チムール帝国紀行』（山田信夫訳）桃源社．
栗本英世・井野瀬久美惠編［1999］『植民地経験——人類学と歴史学からのアプローチ』人文書院．
栗本英世［1999］「討伐する側とされる側——すれちがう相互認識」栗本英世・井野瀬

久美恵編『植民地経験――人類学と歴史学からのアプローチ』人文書院.
小松久男［1983］「ブハラとカザン」護雅夫編『内陸アジア・西アジアの社会と文化』山川出版社.
小松久男［1986］「アンディジャン蜂起とイシャーン」『東洋史研究』44(4).
小松久男［1988］「トルキスタンにおけるイスラーム――総督ドゥホフスキーのニコライ2世宛上奏文」『東海大学紀要（文学部）』50.
小松久男［1995］「1905年前後の世界――ロシア・ムスリムの視点から」歴史学研究会編『民族と国家――自覚と抵抗（講座世界史3）』東京大学出版会.
小松久男［1996］『革命の中央アジア――あるジャディードの肖像』東京大学出版会.
小松久男編［2000］『中央ユーラシア史（新版世界各国史4）』山川出版社.
小松久男［2008］「聖戦から自治構想へ――ダール・アル・イスラームとしてのロシア領トルキスタン」『西南アジア研究』69.
小松久男・梅村坦・宇山智彦・帯谷知可・堀川徹編［2005］『中央ユーラシアを知る事典』平凡社.
小山皓一郎［1998］「民族移動がひらく地域――オスマン帝国の起源」松本宣郎・山田勝芳編『移動の地域史（地域の世界史5）』山川出版社.
坂井弘紀［2002］『中央アジアの英雄叙事詩――語り伝わる歴史』東洋書店.
坂井弘紀［2005］「キプチャク」小松久男他編『中央ユーラシアを知る事典』平凡社.
坂井弘紀［2012］「英雄叙事詩の伝える記憶」塩川伸明・小松久男・沼野充義編『ユーラシア世界3 記憶とユートピア』東京大学出版会.
坂本勉［2000］『イスラーム巡礼』岩波新書.
佐口透［1944］「キルギズ民族學序説――（一）民族史篇」『民族學研究』新2(1).
佐口透［1963］『18-19世紀東トルキスタン社会史研究』吉川弘文館.
佐口透［1986］『新疆民族史研究』吉川弘文館.
佐口透［1995］『新疆ムスリム研究』吉川弘文館.
沢田勲［1996］『匈奴――古代遊牧国家の興亡』東方書店.
沢田勲［2015］『冒頓単于――匈奴遊牧国家の創設者』山川出版社.
澤田稔［1993］「セミレチエからカシュガルへ――ワリハーノフの調査紀行」『帝塚山学院短期大学年報』41.
澤田稔［1995］「16世紀後半のキルギズ族とイスラーム」『帝塚山学院短期大学研究年報』43.
澤田稔［1999］「ワリハーノフのキルギズ研究」『国立民族学博物館研究報告別冊』20.
澤田稔［2005］「オアシスを支配した人びと――17世紀ヤルカンドの事例」松原正毅・小長谷有紀・楊海英編『ユーラシア草原からのメッセージ――遊牧研究の最前線』平凡社.
塩川伸明［2008］『民族とネイション――ナショナリズムという難問』岩波新書.
塩谷哲史［2014］『中央アジア灌漑史序説――ラウザーン運河とヒヴァ・ハン国の興亡』風響社.
清水由里子［2009］「ムハンマド・エミン・ボグラに関する一考察――その思想形成の

背景と著作『東トルキスタン史』を中心に」『日本中央アジア学会報』5.
杉山正明［1997a］『遊牧民から見た世界史——民族も国境もこえて』日本経済新聞社.
杉山正明［1997b］「中央ユーラシアの歴史構図」杉山正明編『中央ユーラシアの統合——9-16 世紀（岩波講座世界歴史 11）』岩波書店.
新免康［1987］「ヤークーブ・ベグ政権の性格に関する一考察」『史学雑誌』96(4).
新免康［2001］「ウイグル人民族主義者エイサ・ユスプ・アルプテキンの軌跡」毛里和子編『中華世界——アイデンティティの再編（現代中国の構造変動 7）』東京大学出版会.
鈴木健夫［1995］「ロシア帝国の膨張と『大改革』」歴史学研究会編『民族と国家——自覚と抵抗（講座世界史 3）』東京大学出版会.
スルタンガリエヴァ，グルミラ［2008］「南ウラルと西カザフスタンのテュルク系諸民族に対するロシア帝国の政策の同時性（18-19 世紀前半）」（宇山智彦訳）『ロシア史研究』82.
高田和夫［2012］『ロシア帝国論——19 世紀ロシアの国家・民族・歴史』平凡社.
高田和夫［2015］『帝政ロシアの国家構想——1877-78 年露土戦争とカフカース統治』山川出版社.
高橋進［2005］「帝国主義の政治理論」『植民地帝国日本（岩波講座 近代日本と植民地 1）』岩波書店.
豊川浩一［2006］『ロシア帝国民族統合史の研究——植民政策とバシキール人』北海道大学出版会.
永井朋美［2008］「トルキスタン総督府とワクフ問題——ワクフ地の所有権と免税権を中心に」『アジア史学論集』1.
長縄宣博［2012］「ロシア・ムスリムがみた 20 世紀初頭のオスマン帝国——ファーティフ・ケリミー『イスタンブルの手紙』を読む」中嶋毅編『新史料で読むロシア史』山川出版社.
長縄宣博［2013a］「近代帝国の統治とイスラームの相互連関——ロシア帝国の場合」秋田茂・桃木至朗編『グローバルヒストリーと帝国』（阪大リーブル 44）大阪大学出版会.
長縄宣博［2013b］「協力者か攪乱者か？　ロシア帝国のタタール人」（第 111 回史学会大会公開シンポジウム「帝国とその周辺」報告資料）.
長縄宣博［2014］「イスラーム教育ネットワークの形成と変容——19 世紀から 20 世紀初頭のヴォルガ・ウラル地域」橋本伸也編『ロシア帝国の民族知識人——大学・学知・ネットワーク』昭和堂.
長沼秀幸［2015］「19 世紀前半カザフ草原におけるロシア帝国統治体制の形成——現地権力機関と仲介者のかかわりを中心に」『スラヴ研究』62.
長峰博之［2008］「『カザク・ハン国』形成史の再考——ジョチ・ウルス左翼から『カザク・ハン国』へ」『東洋学報』90(4).
西徳二郎［1886］『中亞細亞紀事』陸軍文庫.
西山克典［2002］『ロシア革命と東方辺境地域——「帝国」秩序からの自立を求めて』北

海道大学図書刊行会.
西山克典［2003］「帝国の『東方』支配──『同化』と『異化』によせて」『ロシア史研究』72.
二宮宏之［1995］『全体を見る眼と歴史家たち』平凡社ライブラリー.
根本敬［2010］『抵抗と協力のはざま──近代ビルマ史のなかのイギリスと日本』岩波書店.
野田仁［2011］『カザフ＝ハン国と露清帝国』東京大学出版会.
野田仁［2014］「カザフ遊牧民の『慣習法』と裁判──ロシア統治期イリ地方の事例から見る帝国の司法制度と紛争解決」堀川徹・大江泰一郎・磯貝健一編『シャリーアとロシア帝国──近代中央ユーラシアの法と社会』臨川書店.
バーク，ピーター［2010］『文化史とは何か（増補改訂版）』（長谷川貴彦訳）法政大学出版局.
羽田明［1982］『中央アジア史研究』臨川書店.
濱田正美［1993］「『塩の義務』と『聖戦』との間で」『東洋史研究』52(2).
濱田正美［2007］「テュルク人とイスラーム──王権の観念をめぐって」紀平英作編『グローバル化時代の人文学──対話と寛容の知を求めて（京都大学文学部創立百周年記念論集（上））』京都大学学術出版会.
濱本真実［2009］『「聖なるロシア」のイスラーム──17-18世紀タタール人の正教改宗』東京大学出版会.
林俊雄［2009］『遊牧国家の誕生』山川出版社.
藤本透子［2011］『よみがえる死者儀礼──現代カザフのイスラーム復興』風響社.
ブローデル，フェルナン［2005］『歴史学の野心（ブローデル歴史集成 II）』（浜名優美監訳）藤原書店.
堀直［1995］「草原の道」歴史学研究会編『世界史とは何か──多元的世界の接触の転機（講座世界史 1）』東京大学出版会.
堀川徹［1991］「遊牧ウズベグ史研究（1）」Cosmica 20.
本田實信［1991］『モンゴル時代史研究』東京大学出版会.
松里公孝［1998］「19世紀から20世紀初頭にかけての右岸ウクライナにおけるポーランド・ファクター」『スラヴ研究』45.
松里公孝［2006］「ソ連崩壊後のスラブ・ユーラシア世界とロシア帝国論の隆盛」山下範尚編『帝国論』講談社.
松原正毅［1991］「遊牧社会における王権」松原正毅編『王権の位相』弘文堂.
宮脇淳子［1995］『最後の遊牧帝国──ジューンガル部の興亡』講談社.
村上正二［1993］『モンゴル帝国史研究』風間書房.
護雅夫［1967・1992・1997］『古代トルコ民族史研究 1〜3』山川出版社.
山内昌之［1986］『スルタンガリエフの夢──イスラム世界とロシア革命』東京大学出版会.
山田信夫［1985］『草原とオアシス（《ビジュアル版》世界の歴史 10)』講談社.
吉田世津子［2004］『中央アジア農村の親族ネットワーク──クルグズスタン・経済移

行の人類学的研究』風響社.
ラデュリ,エマニュエル・ル・ロワ［1990・1991］『モンタイユー——ピレネーの村 1294〜1324（上・下）』(井上幸治他訳) 刀水書房.
若松寛訳［2001］『マナス 少年篇：キルギス英雄叙事詩』(東洋文庫 694) 平凡社.
若松寛訳［2003］『マナス 青年篇：キルギス英雄叙事詩』(東洋文庫 717) 平凡社.
若松寛訳［2005］『マナス 壮年篇：キルギス英雄叙事詩』(東洋文庫 740) 平凡社.
和田春樹［1994］「近代ロシアの国家と社会」田中陽兒・倉持俊一・和田春樹編『ロシア史2（世界歴史大系）』山川出版社.

初出一覧

序　章　書き下ろし．
第 1 章　秋山［2010］前半部分を基に大幅に加筆・修正．
第 2 章　秋山［2010］後半部分を基に大幅に加筆・修正．
第 3 章　秋山［2011］前半部分を基に大幅に加筆・修正．
第 4 章　秋山［2003］ならびに秋山［2012b］前半部分と秋山［2015］前半部分を基に大幅に加筆・修正．
第 5 章　秋山［2010］後半部分と秋山［2012a］を基に大幅に加筆・修正．
第 6 章　秋山［2012b］後半部分と秋山［2015］後半部分を基に大幅に加筆・修正．
第 7 章　秋山［2009］を基に大幅に加筆・修正．
終　章　書き下ろし．

あとがき

　地図が好きだ．少年の頃から今に至るまで，枕元にはいつも地図帳がある．寝しなに読む小説や随筆もいいが，地図をめくる時間は格別だ．確か，あれは小学校高学年の頃だったと思う．ジュニア版世界アトラスをめくっていたその頃のぼくには気になる場所があった——中国の西方，シベリアの南，黒海・カスピ海の東にひろがる広大な領域．それは，その当時のぼくの地理の知識では説明はおろか，イメージすることもできない地域だったのだが，むしろ，その分からなさ故に惹かれたのかもしれない．今にして思えば，それがぼくの中央ユーラシア事始めだった．

　紆余曲折あって文学部の西洋史学科に進学し，その当時読んでいたロシア文学の影響などもあって，近代ロシアの農村社会史などをやりたいと考えていた．そんな矢先に出会ったのが，西山克典著「帝政ロシア・セミレーチエ地方に於ける植民の展開：1867-1914 年」(『北大史学』)だった．読みすすめるうちにぼくの背中に電気が流れた．伏流水のように無意識下を流れていた中央ユーラシアが，思いもかけず地表に現われてきたのだった．ロシア人農民が入植した中央ユーラシアの地に暮らす遊牧民が，ロシア支配のもとで何を感じ，考え，そしてどうのように行動していたのか，社会史的に描き出してみたい——そう強くねがったことを昨日のことのように覚えている．

　前置きが長くなったが，本書の種はこうして蒔かれた．むろんその当時，研究者になることはもとより，出版など夢にも考えてはいなかったのだが，永い歳月を経て，このたび平成 27 年度日本学術振興会科学研究費補助金（研究成果公開促進費）の助成という幸運にあずかり，一冊の本として世に問う運びとなった．あれから 16 年，本書が完成するまでに，本当に多くの方々から直接的，間接的に多大なご支援ご助力をたまわった．もちろん，言うまでもなく，本書の内容のすべての責任はぼくにある．

　学部時代を過ごした明治大学文学部史学地理学科では豊川浩一先生のお世話になった．先生はぼくの指導教官であったが，途方もない構想にいつも耳を傾

け，その都度，的確なアドヴァイスを与えるとともに，関連した文献を紹介してくださった．先生には，授業以外の個人的な時間も割いていただいた．学部2年時には昼休みを利用してロシア語の文献講読の手ほどきを受け，翌3年次からは大学院の講読ゼミにも参加させていただいた．このときにロシア語の学術文献の読解を徹底的に鍛えていただいたことで，中央ユーラシアの研究を進める上で不可欠なロシア語力を培うことができた．

本格的に研究者を志すようになり，豊川先生の勧めもあって進学したのは，北海道大学大学院であった．ぼくが在籍したのは，当時新設間もないスラブ社会文化論という文学研究科の一講座であったが，それは実質上，スラブ研究センター（現スラブ・ユーラシア研究センター．通称スラ研）の若手研究者育成プログラムであった．足かけ8年を過ごしたスラ研では多くの方々のお世話になった．とりわけ大きいのは指導教官の宇山智彦先生の存在である．先生は，物事の本質を瞬時に見抜かれ，それを的確な言葉で指摘される，まさに「目から鼻に抜ける」という喩えに相応しい天才肌の研究者であるが，その正反対を地でゆくようなぼくを本当に辛抱強く見守り，温かくご指導くださった．また，副指導教官の長縄宣博先生は，拙い発表や論文にも逐一コメントを下さり，常に激励して下さった．宇山，長縄両先生のご指導を通して，頭の中で混沌として言葉にならなかったものが，明確化することも珍しくなかった．本書の内容の多くの部分は北大時代に温めたものである．そして，それは宇山，長縄両先生のご指導なくしてはあり得ない．札幌を離れて時間が経てば経つほど，お二人の学恩の大きさとそのありがたさを噛みしめる日々である．この場をお借りして心より御礼申し上げたい．

また，全国各地からスラ研に集った若手研究者の存在も忘れるわけにはゆかない．文化人類学者の後藤正憲さんは，留学から帰国した後に博士論文執筆で行き詰まっていたぼくを激励し，鼓舞してくださった．スラブ社会文化論の院生では，同期の立花優さん，加藤美保子さんのお二人をはじめとして，宇山ゼミの後輩である井上岳彦さん，桜間瑛さん，竹村寧乃さんには公私ともに色々とお世話になった．スラ研以外では，北海道中央アジア研究会（現北海道中央ユーラシア研究会）の活動を通して，北大東洋史の方々と交流する機会を得たことも貴重であった．とりわけ，森本一夫（当時），守川知子両先生はもとより，

東洋史 OB の川口琢司さん，長峰博之さんのお二人からは，スラ研のスタッフとはまたひと味違った角度から数多くの有益なアドヴァイスをいただくことができた．このほか，ぼくがこの分野に入る直接のきっかけを作ってくださった，北大西洋史 OB の西山克典先生との出会いも忘れるわけにはゆかない．先生は，温厚かつ気さくなお人柄でぼくの話を聞いてくださり，お送りする論文にも毎回鋭い切り口でコメントや批評を寄せ，ぼくを育ててくださった．

ところで，本書が多くを依拠している公文書館史料の収集は，現地での長期留学に負うところが大きい．2005 年 4 月から 2007 年 3 月までの 2 年間，カザフスタン共和国のアルマトゥ市を拠点に，中央ユーラシア各地で公文書館調査を思う存分に行なう機会を得た．その際，受け入れをご快諾くださった，同国教育科学省付属東洋学研究所のアブセイトヴァ所長をはじめとする同研究所スタッフの皆さま，また，そうした貴重な機会に惜しみない援助を下さった平和中島財団に厚く御礼申し上げたい．

留学中は様々な文書館に出入りしたが，行く先々で数多くの方々に助けられた．なかでもぼくのテーマに関する史料の多くが収蔵されているカザフスタン国立中央文書館は，留学時代の多くの時間を過ごした場所だ．閲覧課の女性スタッフの皆さまは，史料狂いの日本人のわがままを聞いてくださっただけでなく，カザフ人のしきたりからバザール情報に至るまで，本当に色々なことを教えていただくなど，息子のように可愛がってくださった．

なお，カザフ留学に当たっては，カザフ・ハン国史を専門とされる野田仁さんのお世話になったことに触れないわけにはゆかない．2003 年 1 月末，はじめてカザフスタンを訪れた際，当時アルマトゥに留学されていた野田さんは，ぼくを東洋学研究所にご紹介くださっただけでなく，文書館の使い方から生活上の注意点に至るまできめ細かくサポートくださった．野田さんには，留学から帰国してから今日に至るまでも，研究会でのコメンテーターとして，はたまた職場の同僚として一方ならぬお世話になり続けている．本書の校正ゲラにも目を通していただき感謝に堪えない．

留学中は，カザフスタンを離れ，周辺諸国の文書館へ調査に赴くことも度々あった．そうした調査は，当時現地に留学していた日本人若手研究者の方々のご助力なしにはあり得なかった．ウズベキスタンでは木村暁さん，塩谷哲史さ

ん，田村行生さん，須田将さん，クルグズスタンでは地田徹朗さん，ロシアのサンクトペテルブルグでは左近幸村さんのお世話になった．文書館作業を終えて清々しく疲れきった，埃っぽい初夏のタシュケントの夕方，皆でビールを飲みながら歓談した記憶が懐かしい．研究論議やお互いの国の情報交換はもちろん，道端で焼かれているシャシリク（串焼き肉）の煙に巻いて忘れてしまいたいような，他愛ない話に至るまで，留学時代の幸せな記憶である．

さらに，留学時代で忘れるわけにゆかないのは，本書の主人公であるシャブダンの曾孫に当たるジャヌルさんとの出会いである．彼女は見ず知らずの日本人の若者を温かく迎え入れ，歓待してくださっただけでなく，曾祖父の代から受け継がれてきた貴重なファミリー・アーカイヴを惜しげもなく見せてくれ，スキャン撮影も許可してくださった．ジャヌルさんの寛大なご配慮なくして本書を書き上げることはまず不可能であった．この場をお借りして御礼申し上げたい．ちなみに，本書は，シャブダンとロシア帝国との関わりに焦点を当てるという性格上，1916年を結びとしたが，実は話はそれで終わりではない．上述のファミリー・アーカイヴには，シャブダンの子孫とソ連政権とのやり取りに関する豊富な史料が含まれている．近い将来，こうした史料をはじめ，オーラル・ヒストリーをも交えながら，本書の続編として，「遊牧英雄の末裔たち」が辿った途について書くことは，ぼくに課された責務であると感じている．

さて，2年間の留学を含む8年間に及んだ北大時代が，本書の原型を形作った期間だとすれば，それ以降，現在に至るまでの5年間は，その原型をもとに鋳直し，整形し，色付けに取り組む日々であったと言えるだろうか．

この作業を進める上でも本当に多くの方々のお世話になったが，最初にお名前を挙げなければならないのは小松久男先生である．先生は，言わずと知れた，日本における中央ユーラシア地域研究の牽引者でいらっしゃるが，2010年当時，東京大学文学部長として多忙な日々を過ごされていたにもかかわらず，日本学術振興会特別研究員PDの受入教官をご快諾くださった．毎週本郷キャンパスの法文二号館の研究室（通称「小松研」）で開講されるゼミでは，テュルク語現地史料の読解を一から叩き直してくださった．この学振研究員時代には，前出の野田さんや木村さんをはじめ，島田志津夫さん，濱本真実さん，河原弥生さん，そして小沼孝博さんといった小松ゼミの先輩方はもとより，植田暁さ

んや長沼秀幸さんといった新進気鋭の院生諸氏からも沢山の刺激を受けた．とくに，GISを用いたフェルガナ地方の社会経済史を専攻する植田さんには，本書の執筆に当たり，ロシア帝政期前後の同地方の地名についてご教示を賜った．厚く御礼申し上げたい．

　ゼミや研究会終了後，根津の文学部アネックスに皆でお邪魔し，小松先生ご自慢の日本酒をいただきながらお話をうかがうことは，何よりの楽しみであった．お話の端々から浮かび上がる，歴史をいかに語り，書くのかという，歴史叙述をめぐる先生の哲学に直に触れることができたことは，本書をまとめる上でも大きな刺激となったことは言うまでもない．さらに，先生は当初より出版を強くお勧めくださり，東京大学出版会をご紹介くださった．先生には草稿の段階で本書をお読みいただき，日本語の微細な表現に至るまで懇切丁寧にアドヴァイスを頂いた．本書の刊行が，小松先生の学恩に少しでも報いることになればとねがうばかりである．

　学振研究員時代には，学会運営の末席に携わったことも貴重な経験となった．まず，編集幹事を勤めた内陸アジア史学会では，会長の梅村坦先生（当時）と学会誌編集委員長の柳澤明先生に大変お世話になった．編集業務の中で，同じ分野の論文に多数触れたことで，自らの研究をどのように位置づけ，語るべきなのか，様々なヒントを得ることができた．また，日本中央アジア学会では会計幹事として，会長の新免康先生はじめ真田安先生に大変お世話になった．同学会は毎年春先に合宿形式のワークショップを開催する（昔は伊豆松崎，現在は江ノ島）ことが恒例となっているが，全国から集う研究者の報告や彼らとの語らいからも，本書を執筆する上で多くの刺激を受けた．当学会の活動を通して知り合った富山大学の澤田稔先生は，ロシア支配以前のクルグズについて様々な重要な指摘を下さっただけでなく，先生が代表をつとめられた，人間文化研究機構（NIHU）プログラム・イスラーム地域研究東京大学拠点公募研究「近現代の中央アジア山岳高原部における宗教文化と政治に関する基礎研究」にもお誘いいただいた．本書で史料として扱ったシャブダンの墓碑の調査は，本プログラムの一環として，2012年夏にクルグズ共和国北部で実施された現地調査の中で行なわれたものである．調査に同行する貴重な機会を与えてくださった澤田先生にはこの場を借りて御礼申し上げたい．また，社会人類学者の吉田世

津子先生は，同じくクルグズを研究対象とする大先輩として毎回忌憚のないご意見を寄せてくださった．愛の鞭とも呼ぶべき，その厳しくも適確なアドヴァイスは本書でも生かされている．

　2013年4月に奉職し，現在に至るまでお世話になっている早稲田大学イスラーム地域研究機構を忘れるわけにはゆかない．とりわけ，機構長の桜井啓子先生のお力添えは大きい．先生は，プロジェクトの業務等で何かと多忙な機構スタッフの研究活動にも心を砕かれ，研究スペースと時間の確保にご配慮下さっている．先生のそうしたご配慮がなければ，本書が日の目を見ることはまずなかったであろう．また，着任早々担当することになった「働く日本人のイスラーム」プログラムも思い出深い．これは，イスラーム圏に赴任経験がある日本人に講演会やインタヴューの形でお話をうかがう企画であり，それまで文書史料と日がな一日睨めっこしていた人間にとっては，まったく初めての体験で，当初は戸惑い，途方に暮れたこともあった．しかし，この企画に携わることを通して得られた，時代や背景は違えど，異文化と接触する際に人間がどのように感じ，考え行動するのかという，本書にも通底するテーマを，現場に実際に居合わせた方々から直接聞き出すという体験からは，本書を構想する上での様々なヒントを得ることができた．また，この企画を通して，ご高名であられながらも，好奇心と瑞々しい感性を保ち続けておられる桜井先生の姿勢から学ぶことも多かった．さらに，機構業務の一環としてラホール，クアラルンプール，アブダビに赴いたことにも触れておきたい．本書の屋台骨のひとつであるイスラームとの関わりについて，上述のイスラーム圏各所への訪問を交えながら考えを温め，執筆することができたのは贅沢以外の何ものでもなかった．

　早稲田大学の事務スタッフの皆様にも御礼申し上げたい．イスラーム地域研究機構の長谷川友彦事務長（当時）をはじめ，佐藤菜穂さん，冨田早織さんは，書類一枚書くのに四苦八苦するような経験不足のぼくをいつも温かく導いてくださった．また，研究推進部ならびに研究支援センターの皆様には，科研費への申請からその後の手続きに至るまで手取り足取りサポートいただいた．また，本書は，平成25・26年度日本学術振興会科学研究費補助金・研究活動スタート支援「イスラーム動態からみる近代中央アジアの遊牧社会史研究：クルグズを中心に」による研究成果の一部でもある点をここに申し添えておきたい．

東京大学出版会の山本徹さんと斎藤至さんは，編集者として，本書の作成を，きめ細かに，そして力強くサポート下さった．言うまでもなく，お二人の助けなくして本書を世に送り出すことは不可能であった．お二人は，原稿執筆が遅々として進まないぼくを激励し，辛抱強く待ってくださっただけでなく，はじめての出版で戸惑うことの多かったぼくの素人丸出しの素朴な疑問にも丁寧かつ的確に応じてくださった．また，ご一緒にお仕事をさせていただく中で，学術出版に対するお二人の情熱を垣間見ることができた点も大きな収穫であった．ここに記して深く感謝の意を表明したい．

　カヴァー写真を快く提供してくださった，マレーシア出身の冒険家 Zahariz Khuzaimah さんにも御礼申し上げたい．山岳放牧地の黄昏，草の緑と空の青，そして夕焼けの赤は本書の三本柱であるロシア・遊牧・イスラームを想起させた．そして，そこで草を食む馬はシャブダンだろうか（よく見ていただければ分かると思うが，前左足は縄で繋がれている！）．偶然に見つけたこの写真に，ぼくは一目惚れしてしまったのだった．本書の追い込み作業を後押ししてくれたのは，まぎれもなくこの写真であった．

　私事で恐縮ではあるが，これまでぼくを見守り続けてくれている家族に感謝の言葉を述べることをお許しいただきたい．まず，期待された絵描きの途には進まず，何事につけ「事後報告型」のマイペースな息子を温かく見守り続けてくれている両親（秋山喜和・美津子）には感謝している．人生の伴侶であり，最初の読者にして最も厳しい批評者でもある清水由里子と，3歳になる息子の昴は，原稿締め切りが近づくと連日午前様も辞さず，休日も研究室に籠もってしまう，時代の流れに全く逆行するような，夫・父親として落第点のぼくを温かくサポートしてくれている．また，中央ユーラシアの遊牧民の歴史などという，霞をつかむような浮世離れした仕事を生業とする娘婿にひと言の文句も言わず，手厚くサポート下さっている義父母（清水英明・由美）の存在なくして本書の完成はあり得なかった．煮詰まったとき，言葉は話さずとも優しく鳴きながら体を擦り寄せてくる猫の泰蔵と慶次郎（ともに13歳）は，どれだけぼくを癒してくれたことだろう．

　最後に，祖父青木健三郎（故人）に触れておきたい．祖父は，陸軍将校として戦車部隊を率い，帝国日本の軍事膨張の先端に立った人であった（最後は，

現在の千島列島付近でソ連軍の捕虜となり4年間の抑留生活を送った）．その一方で，かつては「東の小京都」とも呼ばれた織物の街，桐生の旦那衆の風格と気品を漂わせつつ，敬虔なクリスチャンとしての顔も持ちあわせていた．祖父のこうした多面性を思うにつけ，ぼくがシャブダンという対象を選んだのは，祖父の導きではなかったのかと考えることがある．生まれた時代も地域も違う二人だが，帝国の軍事膨張の落とし子であったという点はもとより，在地の伝統や信仰とも深く関わっていたという点で共通しているように思われる．祖父は，戦争をはじめとする自らの過去について，決して誰にも多くを語ろうとはしなかったが，まるでそれを埋め合わせるかのように，平和で何不自由のない時代に生まれた孫のぼくを溺愛した．ぼくが修士1年の晩秋に他界した祖父は生前，研究の途に進むことを誰よりも喜び，応援してくれた．本書を今は亡き青木健三郎に捧げたい．

2016年1月15日，早稲田にて

秋山　徹

索　引

あ　行

愛民政策　　87, 88, 192, 203
アウリエアタ　　28, 52, 63
アカエフ，A.　　9
アクサカル　　52, 167
アク・スイェク（白い骨）　　33, 38, 93, 94
アクモリンスク州　　87
アクン　　174
アシ　　169, 170, 172, 173, 176-178, 180, 181, 186, 207, 208
アタケ・バートゥル　　155
アダット　　→慣習（法）
アッラー　　174
アトバシ　　56, 76, 157, 205
アドバシ管区　　99, 101, 113, 119, 137, 206
アフガニスタン　　199
アブラムゾン，S. M.　　40, 117, 150, 153, 202
アマン・シャブダノフ　　117, 157, 158, 172
アライ地方　　78, 81, 82
アラタフ（アラトー）管区　　16, 45, 64
アラビア文字　　16, 19, 21, 119, 155, 180
アラル海　　45, 52
アーリストフ，N.　　18, 36
アーリムクル，ムッラー　　50
『アーリムクルの生涯』　　201
アルマトゥ　　45, 207
アレクサンドル2世　　59
アレクサンドル3世　　87-89, 92, 103, 174, 192, 203
アンディジャン　　28, 77, 78, 81, 201
アンディジャン蜂起　　153, 164, 199
アンドレーエフ，I. G.　　43
イオノフ，M. E.　　136, 205
イギット　　201
戦の時代　　30-32, 36, 72, 107
イシク・クリ郡　　→ウスク・キョル郡

イシク・クリ　　→ウスク・キョル湖
イシャーン　　152, 153
イスラーム化　　152, 162, 164, 207
イスラーム復興　　149
異族人　　5, 91, 95, 131, 186, 192
イチキリク　　31, 32
イフラーム　　155
移民局　　16, 128, 144, 145
移民事業団　　16, 133-136, 139-141, 144, 147, 183, 184, 206
イラン　　158
イリ（川／地方）　　28, 30, 200
イワノフ，G. I.　　96, 102-107, 115, 123
インド　　45
ウイグル（古代）　　11
ウイグル人　　200
ウイグル知識人　　199　→知識人
ヴェニュコフ，M.　　38
ヴェールヌイ　　62, 63, 179, 183
ヴェールヌイ郡　　76, 101, 102, 107
ヴェールノエ（要塞）　　45, 49, 53
ヴェレツキー，S.　　139, 144, 183
ヴォルガ・ウラル地方　　3, 5, 93, 163, 199, 200
ウクライナ　　1
ウクライナ人　　88
ウスク・キョル郡　　59, 62, 75, 80
ウスク・キョル湖　　28, 30, 45, 50, 52, 53, 117
ウズベキスタン　　199
ウズベク（近現代）　　8
ウズベク（遊牧）　　27, 179, 200
ウズベク・ブシュコイ　　114-116, 179
ウファ　　19, 163
ウメトアリー　　45, 55, 56, 63, 80
ウルー　　31
ウルック　　31
英雄叙事詩　　9, 10, 13, 14, 36, 118, 174, 200
エカテリーナ2世　　93

「エジェン‐アルバト」関係　201
オイラート　27, 28, 73, 91, 118, 150
オシュ　101
オスマンアリー・スドゥコフ　19, 121, 123, 155, 158, 160, 200, 202
オストロウーモフ，N.　63
オスマン（朝／帝国）　158, 201
オスマン1世　201
オスマン・タイリャク　69, 80
オートルプ　127
オムスク　42, 87
オムルベコフ，T. N.　9
オリエンタリズム　18
オルモン・ニヤズベク　40, 42, 53, 56
オレンブルグ総督（府）　16, 52, 59
オン・カナト（右翼）　31, 32, 35, 159

か　行

階級闘争　5, 109
カウフマン，K. P. fon　62-64, 77-80, 83, 84, 92, 130
ガヴリロフ，M. F.　112
カザフ（人）　5-8, 19, 26-28, 30-34, 38, 42-44, 48, 55, 61, 63, 76, 77, 87, 88, 91, 93-95, 129, 130, 141, 151, 169, 177, 181, 194, 196, 199-202, 207
カザフ語　161
カザフスタン　199, 200
カザフ草原　6, 14, 42, 105, 161, 162, 199
カザフ・ハン国　3, 12, 34
カザン　163, 165
カザン・ハン国　3
カシュガル　53, 158, 202
カナト・シャー　48, 72
カフカース　192, 199, 202
ガブドゥルマーン，サブル　18, 119, 124, 155, 170, 176, 177
カマル・シャブダノフ　20, 21, 37, 74, 116, 117, 121, 141, 167, 172, 185, 187, 202, 208
カラテギン（地方）　82

ガリーイェ・マドラサ　163
カルマク　27, 28, 31, 118, 150
カリモフ・フサイノフ商会　19
カルマク　→オイラート
カルムィク　→オイラート
慣習（法）　63, 64, 94, 97, 122, 124, 131, 142, 169, 170, 185, 201, 206
貴族身分　93, 95, 106, 192
キプチャク　41, 50, 77, 104, 201
ギムナジア　107, 162, 179
キュンゲイ・アラトー（山脈）　30
郷書記　99, 101
郷制度　61, 64, 69, 70, 76, 77, 80, 85, 92, 130, 191
匈奴　11, 13, 73, 201
キリル文字　21
キルギズ貸付金庫　131, 205
キルギズバイ　159
ギレイ　33
ギンス，G. K.　206
ギンズブルグ，C.　2
勤務表　95
クテマルディ　53
グラゼナプ，G. E.　34
クラスノフ，A. N.　200
クリヴォシェイン，A. V.　128, 132, 139, 144-146, 165
クリミア戦争　59
クルアーン　170, 174, 207
クルグズ・アラトー（山脈）　53, 99
クルグズ共和国　1, 9, 10, 13, 20, 26, 35, 200
クルグズ語　21, 204
クルグズ自治州　26
クルグズスタン　1, 9, 199
クルグズ・ソビエト社会主義共和国　1
クルマンジャン・ダトカ　81
グロヂェコフ，N. I.　36, 137
グレートゲーム　45, 87
クロパトキン，A.　103-105, 122, 126, 187, 188, 203

クン　63, 124
軍事官位　88, 91, 92, 95, 104, 143, 171, 203
軍事奉仕　76, 79
軍人東洋学者　17, 18, 94
郡長下級補佐　74
郡長上級補佐　64, 74
系譜　159, 160
血縁原理　32
月氏
ケネサル（叛乱）　42, 44, 57, 190, 193, 199
ケミン　75, 76
　小ケミン（谷／川）　51, 75, 173
　大ケミン（谷／川）　51, 75, 117, 153, 170, 173, 176, 188
口頭伝承　14, 20
公民性　61, 91, 92
コーカンド（都市名）　58
コーカンド（・ハン国／政権）　22, 26, 27, 39-41, 44, 47, 48, 50, 51, 53, 56-59, 72-74, 77, 80, 81, 83, 92, 103, 104, 130, 142, 152, 167, 190, 193, 196, 201
コサック　77, 78, 171, 172, 181, 183, 207
コショク（挽歌）　40, 174
国家性　9, 27
コステンコ，L.　93
コチコル（盆地）　53, 55, 64
コパル　43
コパル郡　62, 138
ゴルチャコフ，P. D.　41, 44
コルパコフスキー，G. A.　45, 48-50, 62, 64, 67, 69, 70, 82-85, 92, 130, 141
混成村落　207
コンドラートヴィチ　143

　　さ　行

サイシ　175, 176
再組織委員会　69, 77, 80
ザカスピ騎馬コサック隊　103, 122
ザカスピ州　103, 122
ザカフカース　132

ザーキル・モッラー　163, 165, 167
ザクリャジスキー，G.　18, 28, 64, 67-72, 74, 76, 77, 83, 94, 151, 203
サムソノフ，A.　139, 140, 144-146, 164-166, 184
サヤク族　30, 32, 56, 63, 69, 70, 77, 80, 82, 83, 101, 104, 111, 157, 204
サルト　47-49, 52, 73, 77, 130, 151, 167, 200
山岳地域　97, 101, 104, 113, 137, 205
サンクトペテルブルグ　4, 18, 127, 130, 161, 179, 205
ジギト　37, 56, 57, 67, 73, 77, 78, 81, 82, 85, 103, 109, 118, 156, 170, 183, 190, 201
実業家　114-117, 121, 140, 141
シベリア　63
シベリア・キルギズ国境官庁　16, 42
シベリア・キルギズに関する規則（1822年）　42
シベリア戦略線　45
シベリア要塞線　34
シムケント　51
ジャイルの会戦　30
シャーマニズム　149, 151, 152
ジャダ　152
ジャディード（新方式教育）運動　162, 163
ジャナーザ　170
ジャニベク　33
『シャブダンの叙事詩』　118
ジャマンカラエーフ，A. B.　115
ジャムグルチーノフ，B.　26
赦免　64, 80
シャリーア（イスラーム法）　207
ジャンガラチ　50
ジャンタイ・カラベク　22, 25, 27, 32, 36, 37, 39-41, 44, 45, 47-49, 51, 53, 55-58, 71-75, 102, 152, 202
十月詔書　127
襲撃　37, 43, 53, 56, 63, 64, 68, 69, 71, 76-79, 85, 110, 111, 117, 118, 123, 191, 194, 201
宗務局　161, 162

シュカプスキー, O. 115, 135-137
ジュズ
　小ジュズ　42, 202
　中ジュズ　42, 201
　大ジュズ　42, 43, 76, 201
シュタケリベルゲル伯爵　77, 78, 103, 104, 122, 126
ジュト　116
ジュヌシャリーエフ, D　9, 200
『シューラー』　18, 19, 31, 110, 119, 120, 122, 124, 170, 176
ジューンガル(政権／帝国)　12, 26, 28, 30, 35, 57, 193, 200
巡礼　10, 23, 154, 157
小オルダ　→ジュズ(小ジュズ)
叙勲制度　13
ジョチ(・ウルス)　3
シル川　78
シルダリヤ州(軍務知事)　36, 45, 59, 180
シルダリヤ戦略線　45, 52
白い骨　→アク・スイェク
清(朝／帝国)　11, 12, 28, 30, 51, 87, 199-201
新疆　187, 199
新コーカンド線　51-53
親族集団　32
新方式(教育／学校)　163, 164, 196
スキタイ　11
スコベレフ, M.　78, 79, 81, 82, 92, 167
ステップ委員会　130
ステップ諸州統治規程(1891年)　131, 142
ステップ総督(府)　16, 87, 103, 200, 203
『ステップ地方新聞』　7, 17, 111
ストルィピン(政府)　23, 127-129, 132, 133, 139, 144
スーフィズム／スーフィー　149, 152, 153, 174
スルタン　33-35, 38, 44, 63, 93-95, 158
スンナ派　158
西北辺疆　30
セヴェルツォーフ, N. A.　63

セミレチエ・コサック軍団　143
『セミレチエ州通報』　17, 119, 121, 124, 153, 170, 172, 180, 181, 195
セミパラチンスク州　45, 59, 87, 161
セミョーノフ, P. P.　93, 202
1904年移民法(農村住民及び農業に就く町人の自由な移住に関する法)　132, 134
1905年革命　23, 127, 132, 161, 192
1909年指令(「ステップ諸州統治規程」に基づいて統治される諸州において, キルギズの余剰地を国家フォンドに転換するための指令)　132, 133, 138-140, 144, 207
1916年叛乱　8, 23, 196, 199
戦闘性／戦闘的　36, 38, 57, 61, 76, 77, 79, 190
ソコロフ, A.　36, 41, 56, 120
ソル・カナト(左翼)　31
ソルト族　28, 32, 52, 56, 63, 70, 97, 114, 116, 120, 134, 136, 141, 157, 179, 204
ソルトノエフ, B.　19, 69, 75, 99
ソーロンバイ・フダヤール　53, 55, 141

た 行

第一次世界大戦　6, 7, 186
大英帝国　45, 87
大オルダ　→ジュズ(大ジュズ)
大オルダ・キルギズ官庁　43, 45
大改革　59, 61, 84, 192
戴冠式　89-91, 103, 106, 174, 203
大臣評議会　128, 132, 139, 144-146, 206
対マナプ闘争　22, 95-99, 112, 126, 133-136, 138, 147, 203, 205, 208
タガイ(裔／統)　94, 159, 160
タジキスタン　199
タシュケント　59, 63, 72, 105, 117, 201
タタール(人)　3, 5, 88, 93, 162, 163, 165, 166, 192, 200
タタール語　18
タラス(地方)　39, 40
タラス川　53
タランチ　162, 200

索　引

タルィジン，A.　18, 96-98, 104-106, 113, 115, 122-124, 126, 153, 203
断食　151
チェルニャーエフ，M. G.　51, 53
地区警察　137, 138
知識人　6-9, 167, 179-181, 199, 200, 208
チャガタイ・ハン国　27
チュイ(川／地方／盆地)　30, 39, 51, 64, 75, 117, 134, 142, 205
後チュイ地方　47, 49, 52
中オルダ　→ジュズ(中ジュズ)
仲裁者　123-126
チョイベク・ディカンバイ　111
長期持続　13, 200
チョコ・カイドゥ　101, 102, 119, 177
チョルパンクル・トゥナリン　97, 134, 136-140, 205, 206
チンギス統(原理)　34
チンギス・ハン　33, 36, 94, 111
帝国主義　2, 5, 18
定住移行　129, 136-138, 140, 141, 144, 185, 195, 205, 207
ティムール(帝国／朝)　11, 27, 201
鉄道　154, 157, 166
デュル・ソーロンバイ　107, 177, 179, 180, 204, 208
テュルク(系／語)　1, 5, 13, 16, 18, 19, 21, 119, 155, 160, 180, 201
テュルク・モンゴル系　13, 159, 201
天候調整　152　→ジャダ
東漸運動　28, 30, 200
統治規程案　62, 64, 68, 74, 83-85　→セミレチェ・シルダリヤ州統治規程案
トゥナイ・バートゥル　155
トゥヌシュバエフ，M.　181
ドゥホフスコイ，S.　164, 207
ドゥラトフ，M.　200
トクマク　19, 39, 50, 56, 80, 81, 117, 183
トクマク地区(警察)　163-165, 171, 172, 179, 182, 184, 185

土地整理　129, 130, 132, 134-136, 139, 140, 184, 205, 206
土地整理農業総局　128, 132, 133, 165, 179, 205
突厥　11
友(tamïr)　80
トルキスタン州臨時統治規定(1865年)　52
トルキスタン地方統治規定(1886年)　101
『トルキスタン通報』　17, 170
トルクメニスタン　199
トルクメン　3
トレ(töre)　111
トレゲルディ　53, 55, 67-69, 71, 74, 79, 202
トロイツク　163

　　な　行

内務省　101, 128, 162
ナクシュバンディー教団　152
ナショナリズム　9-11, 13,
ナショナル・ヒストリー　8-10, 197
ナマーズ(礼拝)　150, 151
ナマンガン　78, 92, 158, 167
ナルブート　96, 97, 102
ナルン(川)　56, 69, 80, 92, 97, 207
ナロードニキ(運動)　134, 135
ニコライ2世　95, 183
西シベリア総督(府)　16, 35, 41, 43, 44, 87
日露戦争　134
『ネシュリー年代記』　201
年金　103, 105, 122, 126, 167, 191
農奴解放　59, 61

　　は　行

バイ　121
バイゲ(競馬)　175-177
バイテク　52, 63, 64, 67, 70, 71, 116, 141
バガトゥル　200
バーゲニング　7
バシキール　3, 6, 89, 199
バタ　174

242

ハッジ　23, 154, 156-158, 166
ハージー　153-156, 163, 167, 177, 178, 187, 196
馬蹄銀　177　→ヤンブ
派閥抗争　89, 104, 111, 112, 126, 135, 195
バハードゥル　200
バフシ　151
パミール高原　82
バヤケ　73, 103, 156
バランタ　68, 69
バルムタ　201
パーレン伯　139, 141, 206
ハン　41, 77, 93, 173, 186, 202
汎イスラーム主義　164-166
挽歌(コショク)　152
万里の長城　201
ビー　34, 44, 96, 114
皮革　125
東トルキスタン　28, 51, 53, 70, 187, 199, 200
ヒサメトディン・シャブダノフ　117, 163
ヒジャーズ鉄道　158
ビシュケク　9, 200
ピシュペク　39, 41, 47, 48, 73, 96, 115, 134, 137, 172, 204, 207
フートル　127
フェルガナ(盆地／地方／州)　28, 53, 81, 101, 152, 167, 180, 183, 188, 205
フォリバウム, M. A.　139, 140, 142, 170-172, 181-184, 207, 208
ブグ族　32, 45, 63
部族原理　61, 85, 88, 92
フダヤール　53, 55, 74
フダヤール・ハン　80
仏教　150
ブハラ　19, 158
ブハラ・アミール国
不法移民　133, 134
プライアー, D.　10, 118
プラト・ハン　78
古さの権利(pravo o davnosti)　143

プルジェヴァリスク郡　97, 115, 157
ブルト　30
ブロイド, G. I.　205
プロツェンコ大尉　56
ブローデル, F.　13
併合史　26, 39
ベク　40, 73, 199
ベクレルベク　41
ペレストロイカ　6
ベロヴォツキー地区(警察)　138
ボガトゥィル　200
『北史室韋伝』　200
冒頓　13, 73
ポコチロ, V. I.　139
ホジャ　94, 153, 167
ポーランド人　88
ポルトラツキー, A. V.　63
ホロシヒン, A.　38
ボロンバイ・ベクムラト　45

ま 行

マクタブ　162
マッカ　10, 23, 154, 157, 158
マディーナ　10, 23, 154, 157
マドラサ　162
マナス　9, 20, 36, 37
マナプ
　上席マナプ　52, 53, 57, 75
マッリャー・ハン　48
ミクロヒストリー　2, 189, 199
ミシチェンコ, P.　139
ミリューチン, D. A.　51
民衆判事　88, 103, 112, 114, 124, 136, 203
民衆法廷　96, 112-114, 136, 137, 145, 203, 206
民衆法廷臨時集会　83, 96
民族英雄　9
民族の牢獄　3, 4, 6, 199
民族ブルジョワジー　115
ムハンマド　151, 153
ムハンマド・ムラットアリー　107

索引　243

ムリード　152, 153
メディンスキー　53
モクシュ・シャブダノフ　117, 183, 186, 187
モグーリスターン・ハン国　28
モグール　28
モスク　105, 150, 151, 153, 154, 162, 164, 166, 174, 187, 188, 196
モスクワ　89
モッラー　165, 170
モンゴル（地域）　1, 201
モンゴル時代史　12
モンゴル帝国　11, 27

　　や　行

ヤークーブ・ベグ（政権）　51, 56, 70, 74, 201, 202
ヤヌシケヴィチ，A.　35
ヤンブ（馬蹄銀）　177
遊牧国家／帝国　11
遊牧国家論　12
ユダヒン，K. K.　204
預言者　151
余剰地　131-133, 135, 205

　　ら　行

ラデュリ，E. ル・ロワ　2

陸軍参謀本部　4, 16, 91, 184, 203
陸軍省　16, 59, 191, 205
陸軍中佐（位）　91, 92, 95, 103, 104, 106, 119, 143, 161, 167, 169, 170, 183, 190, 194
掠奪　37, 53, 63, 64, 68, 69, 71, 73, 76-79, 85, 110, 111, 115, 118-120, 123, 191, 194, 201
リョフシン，A. I.　201
流刑　101, 140
ルミャンツェフ，N. P.（外務大臣）　34
ルミャンツェフ，P. P.（植民地官吏）　55, 179
礼拝　→ナマーズ
レーニン　3
ロシア化　4, 5, 161, 192
ロシア革命　6, 199
ロシア語　17, 119, 162, 179, 180, 199, 201, 204
ロシア語・キルギス語学校　105, 204
ロシア語・現地語学校　105
ロシア正教　4, 93, 192
ロシア連邦共和国　26
ロビンソン，R.　5

　　わ　行

ワリハノフ，Ch.　19, 34, 35, 151, 159, 200

著者略歴

1979 年　群馬県桐生市に生まれる
2002 年　明治大学文学部卒業
2010 年　北海道大学大学院文学研究科博士後期課程修了，博士（学術）
日本学術振興会特別研究員 PD（東京大学，東洋文庫）を経て
現　　在　早稲田大学イスラーム地域研究機構研究助手

主要論文

「クルグズ遊牧社会におけるロシア統治の成立──部族指導者『マナプ』の動向を手がかりとして」『史学雑誌』119(8), 2010 年
「ロシア統治下におけるクルグズ首領層の権威について──遊牧世界とイスラーム世界の間で」『東洋史研究』71(3), 2012 年
"Nomads Negotiating the Establishment of Russian Central Asia: Focusing on the Activities of the Kyrgyz Tribal Chieftains", *Memoirs of the Research Department of the Toyo Bunko*, 71, 2013
"Why Was Russian Direct Rule over Kyrgyz Nomads Dependent on Tribal Chieftains "*Manaps*"?", *Cahiers du Monde Russe*, 56(4), 2015

遊牧英雄とロシア帝国
あるクルグズ首領の軌跡

2016 年 2 月 19 日　初　版

［検印廃止］

著　者　　秋山　徹
　　　　　あきやま　てつ

発行所　一般財団法人　東京大学出版会

代表者　古田元夫

153-0041　東京都目黒区駒場 4-5-29
電話　03-6407-1069　Fax 03-6407-1991
振替　00160-6-59964
http://www.utp.or.jp/

印刷所　株式会社三秀舎
製本所　誠製本株式会社

© 2016 Tetsu Akiyama
ISBN 978-4-13-026152-4　Printed in Japan

JCOPY　〈(社)出版者著作権管理機構 委託出版物〉
本書の無断複写は著作権法上での例外を除き禁じられています．複写される場合は，そのつど事前に，(社)出版者著作権管理機構（電話 03-3513-6969，FAX 03-3513-6979, e-mail: info@jcopy.or.jp）の許諾を得てください．

小沼孝博 著	清と中央アジア草原	A5	7500円
野田 仁 著	露清帝国とカザフ=ハン国	A5	7000円
濱本真実 著	「聖なるロシア」のイスラーム	A5	7200円
ティムール・ダダバエフ 著	中央アジアの国際関係	A5	5000円
中村廣治郎 著	新装版 イスラム	四六	2500円
柳橋博之 編	イスラーム 知の遺産	A5	7800円
佐藤次高ほか 編	イスラーム地域研究叢書［全8巻］	A5	各4800円
塩川伸明・小松久男・沼野充義 編	ユーラシア世界［全5巻］	A5	各4500円

ここに表示された価格は本体価格です．御購入の際には消費税が加算されますので御了承下さい．